墨学丛谈

孙卓彩／著

齊魯書社

图书在版编目（CIP）数据

墨学丛谈 / 孙卓彩著. -- 济南 : 齐鲁书社,
2019.7
ISBN 978-7-5333-4132-9

Ⅰ. ①墨… Ⅱ. ①孙… Ⅲ. ①墨家—研究 Ⅳ.
①B224.5

中国版本图书馆CIP数据核字(2019)第133812号

墨学丛谈
MOXUE CONGTAN
孙卓彩 著

主管单位 山东出版传媒股份有限公司
出版发行 齊魯書社
社　　址 济南市英雄山路189号
邮　　编 250002
网　　址 www.qlss.com.cn
电子邮箱 qilupress@126.com
营销中心 （0531）82098521 82098519
印　　刷 山东新华印务有限责任公司
开　　本 880mm×1230mm 1/32
印　　张 11.5
插　　页 3
字　　数 259千
版　　次 2019年7月第1版
印　　次 2019年7月第1次印刷
印　　数 1-1000
标准书号 ISBN 978-7-5333-4132-9
定　　价 49.00元

序

墨子，是先秦诸子中集思想家、哲学家、教育家、科学家、军事家、社会活动家于一身的时代巨人，他创立的墨家学派，也是诸子中唯一以自家名号命名的学派。对于这样一位传奇式人物及其思想学说，盘根于中华大地两千年的封建统治者，必欲打压之于地下而后安，致使墨学长期以来湮没无闻，甚至被排挤出中华文化的主流。但是，这并不意味着墨学思想和墨子精神在思想史上的灭绝。随着历史的变迁和社会的进步，墨学思想和墨子精神日益显现出其光辉的历史文化价值。

墨子学识渊博，是全能型先贤，其思想具有强大的组织力和广泛的影响力。在墨学思想中，“创新”是最大亮点和特色，历久弥新。墨子早年“学儒者之业，受孔子之术”（《淮南子·要略》），后背离儒门，别开生面，创立了与儒学比肩抗衡的“另类”显学。儒者偏重“政治”，“复礼”从周；墨家偏重“民生”，“非乐”法夏。孔子相信“天命”，墨子推崇

“天志”；孔子维护人伦等级，墨子主张爱人平等；孔子“述而不作”，墨子“既述且作”；孔子“仁爱”而中庸温和，墨子“兼爱”而执着热烈；等等。可见，墨家是从儒家阵营走出来的，却又极大地挑战了儒家，形成了与儒家双峰并峙的局面。墨子的创造精神和创新践履，震动当世，启迪后人。毛泽东给予墨子高度的评价，认为墨子是中国的赫拉克利特，是比孔子高明的圣人。

习近平总书记高度重视中华优秀传统文化的传承与发展，强调指出：“在漫长的历史进程中，中国人民依靠自己的勤劳、勇敢、智慧，开创了各民族和睦共处的美好家园，培育了历久弥新的优秀文化。”他要求我们：“要讲清楚中华优秀传统文化的历史渊源、发展脉络、基本走向，讲清楚中华文化的独特创造、价值理念、鲜明特色，增强文化自信和价值观自信。”

在中华优秀传统文化中，习近平总书记给予墨学思想以高度赞誉。2014 年 4 月 1 日，他在布鲁日欧洲学院发表演讲时指出：2000 多年前，中国就出现了诸子百家的盛况，老子、孔子、墨子等思想家上究天文、下穷地理，广泛探讨人与人、人与社会、人与自然关系的真谛，提出了博大精深的思想体系。同年 6 月 28 日，在和平共处五项原则发表 60 周年纪念大会上的讲话中，习近平总书记又明确指出，中华民族历来崇尚“和为贵”“和而不同”“协和万邦”“兼爱非攻”等理念。其中，“兼爱非攻”是墨学思想的核心。2015 年 12 月 16 日，习近平总书记在第二届世界互联网大会开幕式上作主旨演讲，再次引用墨子“兼相爱则治，交相恶则乱”的名句，以阐述“人类命运共同体”思想的深刻内涵。在许多重要讲话中，习近平总书记多次引用《墨子》，比如“尚贤者”，“政之本也”，强调选拔人才、选贤任能的重要性；“国有贤良之士众，则国家之治厚；贤良之士寡，则国家之治薄”，强调建设高素质干部队伍；“力，形之所以奋也”，强调创新是我国现代化经济体系建设的“第一动力”，等等。

枣庄学院，作为墨子故里的唯一一所本科高校，墨学研究和墨学文化成为一大特色。早在 2005 年，学校就成立了“墨子研究院”，由国学大师任继愈先生题写院名。研究院组织专门力量开展墨学研究，出版了一批关于墨子的研究成果，研究院面向全国进行多次重大项目招标，先后出版墨学著作二十余部。枣庄学院的校训“兼爱　尚贤　博物　戴行”、校风“厚德　明道　敬慎　固本”、教风“淳谨　修身　任重　致远”、学风“志强　智达　言信　行果”，都来自墨子，著名书法家欧阳中石先生题写了“兼爱　尚贤　博物　戴行”的校训。

孙卓彩先生是墨子研究院的创始人，长期致力于墨学研究，其研究成果享誉墨学界。《墨学丛谈》是他的第十部著作。这是我第三次受邀为之作“序”。每次作序，都感慨良多，肃然起敬。卓彩先生虽然已年逾古稀，仍于墨学孜孜矻矻，笔耕不辍，其执着的治学精神、严谨的治学态度和勤奋的敬业表现，值得我们学习。《墨学丛谈》，虽是论著，但有温度，读来亲切生动；新作新见，不落窠臼，掩卷后令人回味。书中既有对墨子、墨学的常识性的解读，也有对墨子、墨学的深度挖掘；既有对墨子、墨学的专题性的探讨，也有对墨学与儒学、与先秦其他子学的比较研究，字里行间表现了作者对墨学历史价值的文化自信和发现墨学当代价值为实现中华民族伟大复兴的中国梦服务的文化自觉。

这是一本好书，展现了中华先贤之智慧，对于理解中华优秀传统文化大有裨益。

曹胜强

目 录

下篇 · 墨子与墨学散论

绪　论

中华文明五千年，治久则乱，乱久则治。一次次扭转乾坤的伟业，一幅幅长治久安的画卷，靠的不是英雄的战刀，而是巨人的思想。

巨人的思想是什么？是文化的旗帜，科学的灵魂，人类前行的向导，社会进步的引擎；危乱时它是救世的良方，太平时它是醒世的警钟；它不因历史风雨的剥蚀而褪色，也不随朝代政权的更替而消亡。古往今来，几多王朝，其“兴也勃焉，亡也忽焉”，惟有巨人的思想，历经百代而颠扑不破，任尘封雾锁却熠熠生辉。正像两千四百年前一位巨人的弟子站在一方思想的高地上面向未来的呐喊：“即使天下无人，先生的思想言论还在！”这位巨人，就是墨子。面对权贵的诋毁和封杀，墨子告诉他们：“以其言非吾言者，是犹以卵投石也。尽天下之卵，其石犹是也，不可毁也。”坚定如磐石，声响遏行云。这就是思想的魅力！这就是思想家的伟大！

巨人的思想来自哪里？用毛泽东的话说，不是天上掉下来的，不是人的头脑里固有的。是社会的存在、生活的土壤、斗争的实践，孕育了时代的巨人，成就了巨人的思想。乱而思治，安而思危。只是，历史上居安思危者寡，处乱思治者众，所以“乱世出思想”。史之乱世，首推战国，故而惟于战国，才演绎出诸子蜂起、百家争鸣的最博大深远、最动人心魄的历史活剧，给华夏后人乃至环球列国留下了享用不尽、意味幽远的思想文化大餐。墨子由于其出生于“贱民”的特殊身份，由于其关怀人生、关怀社会、关怀自然的执着情怀，在诸子百家中别开生面，独树一帜。先秦诸子，惟墨子集思想家、教育家、科学家、军事家和社会活动家于一身；先秦诸学，惟墨学人文品格与科技品格并重。墨子学说在声贯古今的诸子合唱中，是一个响亮的声部；在五彩缤纷的文化园圃里，是一支耀眼的奇葩。

战国是一个大变革的时代。大变革的动因是冶铁业的长足发展和铁器的广泛使用所带来的生产力的进步。当时的人们已具有丰富的探矿、采矿知识和冶铁制造技术，铁制器具普遍应用于农耕、军事等多个领域，促进了生产力的提高，带动了水利、商业、手工业等多个行业的发展，引发了阶级关系、政治制度的变化。原来被奴隶主所占有、只是“会说话的工具”的奴隶，被占有一定土地、拥有一定人身自由的个体农民所代替；以奴隶和奴隶劳动为占有对象的奴隶主，转化成以个体农民为剥削对象的地主；个体对土地合法的私有制，取代了王室对土地神圣的分封制；奴隶主对奴隶劳役的无偿占有，转变为地主对农民的地租剥削。这种生产关系的转变，无声地宣告了奴隶制度的瓦解，而新兴的封建生产关系便脱胎而出，应时而生。墨子就诞生并生活于这一由奴隶社会向封建社会过渡的大变革时代。

战国是一个大动乱的时代。战国伊始就是一个动乱的开局。韩、赵、魏三家分晋，田氏公然取姜代齐，加上西方强秦，南方大楚，东北燕国，史称“七雄”。七雄争霸，无视周室。当年“溥天之下，莫非王土；率土之滨，莫非王臣”的周朝大邦，一朝变成衰弱之国，真正是“礼崩乐坏”、岌岌可危了。七个大国，一方面纷纷在国内变法图强，觊觎天下；一方面在忙于兼并周边小国的同时，相互之间进行着剧烈的战争和激烈的争夺。秦国实行商鞅变法，二十年励精图治，奠基霸业；齐国任用邹忌，整顿吏治，奖励农耕，任用孙膑改革军事，兵强国富。两大国攻城略地，东西对峙，其他各国亦互相攻战，此消彼长。战争连绵，天下大乱。随着分封制的日趋瓦解乃至最终退出历史舞台，随着土地私有制的建立，由领主而变为地主的统治者们为了满足他们大量占有土地的欲望，不惜驱民于水火，大动干戈，扩疆辟土，图谋一统。土地，都是为了土地！华夏大地，战火弥漫，民生涂炭。社会需要安定，人民期盼和平。如何弭战平乱，救民于水火，引发了有识之士的忧虑和思考。

战国是一个士阶层崛起的时代。士阶层是应时代和社会需要而产生的，原因大致有两个。一是当时由“学在官府”到“学下私人”的转变。西周以来，学在官府。随着西周政权的衰落、社会的长期动荡和生产关系的变化，这种学在官府的教育体制及其内容已经不适应社会需要了，而官府之外的诸子思潮却代表和适应了社会的新变化和新要求。所以，春秋晚期，邓析、孔子等人就开创了私人讲学的新风且形成规模。战国初期便有了诸子蜂起、百家争鸣的局面。二是诸侯变法图强、争霸天下急需大量的人才资源和智力支持，有知识、有谋略的知识分子便有了施展才华的用武之地。他们从各自的阶级利益出发，勾画理想的社会蓝图，提出不同的施政方略，并通过讲学、游说、参政等社会活动影响各国诸侯。他们介于大夫和庶民之间，虽非官非民，但活动空间和政治能量很大，备受政界推崇。所以史有士人“一怒而诸侯惧，安居而天下熄”（《孟子·滕文公下》）之说。

从出身和来源来看，士分三类。一类是没落贵族子弟，受过正规贵族教育，熟悉各种典章制度，具有礼仪操持技能，不甘败落，以求一逞，以孔子为代表。一类是流落民间的官府成员，熟悉官场，懂得政治，富有才能，以老子（曾任周室史官）为代表。一类是出身农、工、商等庶民阶层，了解下层，吃苦自律，身怀绝技，心忧天下，以墨子为代表。三者学说所以迥异，答案就在于此。孔子站在贵族立场上说话，他要恢复周礼，是一个改良主义者；老子看破红尘，无力回天，一心回归自然，跂望“小国寡民”，是一个逃避主义者；墨子出身“贱民”，立说为民，同情弱者，抨击现实，是一个革命者。

针对社会现实需要，立足于下层百姓利益，墨子继春秋晚期邓析、孔子兴办私学之后，在战国初始于民间办学授徒，讲学立说，创立了与儒学并称的天下“显学”。墨子学说风格独具，特色鲜明，最为夺目的有三大亮点：

一是平民性。

墨子的十大主张都是说给“贼虐万民”的统治者听的。其理论核心是“兼爱”，而“兼爱”的实质是“爱民”。

儒学主张“仁爱”，但“亲亲有术”，尊贤有等，是根据血缘关系的亲疏远近实施不同程度的爱，从维护周礼和王室的立场出发，给出了一个“君君、臣臣、父父、子子”的宗法体制模式。这体现在伦理上是一种差等之爱，体现在政治上则是一种贵族性质。墨子反对宗法制度，反对“乱之所自起”的按血缘关系施受的差等之爱，主张普遍地同等程度地爱所有的人。墨子所念念不忘的是处于弱势地位的天下百姓，其“视人如己”的“兼爱”与孟子“推己及人”的“仁爱”，以是否具有平民性质为分水岭，有泾渭之别。

从学说体系看，墨学的平民性质一以贯之，始终不移。从兼爱天下百姓的立场出发，主张尚贤，“虽在农与工肆之人，有能则举之”，“王公大人骨肉之亲、无故富贵、面目美好者，焉故必知哉?”这是为平民百姓仗义执言，也是对血缘伦理、宗法制度的对抗和挑战。尚同是选择贤人治理天下，贤人必尚同于天，“顺天意者，兼相爱，交相利”。诸侯之间繁为攻战。对这种“贼灭天下之万民”的不义之战，墨子从理论和实践上都予以坚决的反对。针对统治者的穷奢极欲、挥霍无度和广大百姓的生存危机，墨子提出“节用”，主张“用财不费，民德不劳”。针对“辍民之事，靡民之财”的厚葬久丧，墨子力主“节葬”，指出“衣食者，人之生利也，然且犹尚有节；葬埋者，人之死利也，夫何独无节于此乎?”

在王公大人声色享受和广大百姓衣食之财不可兼得的情况下，墨子所取的是后者。当时“民有三患：饥者不得食，寒者不得衣，劳者不得息”，第一位的是人的物质生存的需要。当时统治者“亏夺民衣食之财以拊乐”，一家独乐，何曾与民同乐？所非者还是王公大人的骄奢淫逸，所关怀的还是广大百姓的衣食之苦。墨子认为，人不同于禽兽，“赖其力者生，不赖其力者不生”；而儒者认为“死生有命，富贵在天”。显然，墨子的“非命”是送给广大百姓向不平等的社会现实发起挑战的理论武器；而儒者的“有命”，则是使广大百姓安于贫贱的麻醉剂。墨子笃信鬼神的存在，主张尊天事鬼，但究其本意，还是为民的。“天之意何若?”天之意“兼爱天下之人”。杀害无辜，贼虐万民，“天鬼”将予之不祥。

墨子及其弟子不仅出身贱民，而且始终是贱民之中的一分子。墨子一生“度身而衣，量腹而食，比于宾萌，未敢求仕”（《吕氏春秋·高义》）。他们以“贱民”自许，从“贱民”之业，为“贱民”张目，从不改平民本色。

二是平等性。

在人际关系上，墨子反对差别，追求平等，主张“兼以易别”；孔子承认差别，寻求平衡，推行“中庸之道”。

墨子认为，所有人都是上天的子民，人人生而平等，“天有邑人，何用弗爱也?”所以上天“兼天下而爱之”，不仅爱得普遍，不分亲疏贵贱，而且爱得平等，一视同仁，视人如己。

好为攻战者，都是大攻小、强执弱、富侮贫、贵傲贱、诈欺愚，都源自国与国、人与人之间的不平等，所以墨子强调非攻，以争取大国与小国、强大与弱小、富贵与贫贱之间的平等。

墨子尚贤、尚同，主张无论出身贵贱，要唯贤是举。贤者能上同于天，爱利万民，平等待人，能“有力相营，有道相教，有财相分”。这是呼吁统治者实行用人制度的平等，这是为平民争取上升的空间、政治上的平等，也是对孔子“唯上智与下愚不移”等级思想的否定。

厚葬久丧，对于贵族往往是盗取“孝”名、光宗耀祖而劳民伤财，对于百姓则往往荒废耕织、伤生害事而荡竭家室；统治者行礼作乐，以炫耀自己的尊严，满足自己的私欲，百姓则是赋税如山，不堪其苦。一方极富极贵，一方极贫极贱。面对天壤之别的不平等现实，墨子力主“节葬”“节用”“非乐”，这是为天下百姓争取经济生活、文化生活上的平等。

孔子认为人在贫富贵贱上的不平等，都源自“天命”，要人们安贫知命，以此保持心理上的平衡，进而实现社会的平衡和安定。墨子认为，这是害人的说教，若信奉“天命”，则上不听政，下不从事，那人类怎么生存，社会怎么发展？墨子“非命”，主张事在人为，生而平等，是让人们打破现实的不平等，而靠自己的努力去争取人与人之间的平等。

在墨子看来，上天有意志，神鬼有魂灵，天“欲义而恶不义”，能赏“义”而惩“不义”。“义”是什么？“义”是“兼相爱，交相利”，是互爱互利，平等交换。所以墨子推出“天志”，祭出鬼神，以震慑制造不平等的不义之人，为弱势群体虚拟了一把争取平等的保护伞。

纵观墨子的十大主张，有一条红线贯穿始终，这条红线就是平等。

三是创新性。

孔子“信而好古”“述而不作”。生活在春秋末期的他，认为古代圣贤的东西都是完美的，西周典章制度都是完善的，“郁郁乎文哉，吾从周”，因此，只相信、听从、传承，而不创新、创造，信古好古，诲人不倦；讲学游说，不立文字。墨子主张“古之善者则诛（述）之，今之善者则作之，欲善之益多也”，一方面要传承过去的好的东西，一方面要创造对今天有用的好的东西，既述且作，既传承又创新。

墨子学说既有完整的理论体系，也有卓绝的实践活动。无论其理论还是其实践，处处都闪耀着创新的光辉。

墨子学说和墨家学派本身就是创新的产物。墨子原是儒家门徒，但因不满意不认同儒家的贵族立场和替贵族执言的说教，便毅然背离儒门，自立新说，另创学派，直至与儒家比肩并显。墨学既有对儒学的传承，更多是对儒学的创新和发展。

在社会科学方面，儒家讲“仁爱”，墨子将其视为“别爱”而推出自己的“兼爱”。儒家也“尚贤”，但认为“唯上智与下愚不移”，是为了“兴灭国，继绝世，举逸民”；墨子“尚贤”，主张“虽在农与工肆之人，有能则举之”，是因为贤者能兼爱天下。儒家也“尚同”，是为了恢复周礼之制；墨子

“尚同”，志在推行上下政令、法制、人的思想感情的统一。儒家赞成天子对诸侯的征伐，墨子反对一切攻战。儒家主张对亲人之死要服丧三年，墨子主张三月即可。儒家倡导行礼作乐，但也说过“宁俭勿奢”；墨子却反对一切音乐娱乐活动，认为那是“亏夺民衣食之财”，要作为“天下之害”而除之。孔子信“天命”而远鬼神，墨子奉“天志”而信鬼神。墨子曾师承儒家，所以了解熟知儒学；墨子出身贱民，所以事事为贱民说话。墨子针对儒家的所有主张，都是为民的主张、创新的主张。

在自然科学方面，墨学别开生面，独树一帜，为儒家及其他诸子所没有。他们对圆、力、运动、时空等多达一百八十多项的科学定义，对科学任务和物体的构成、存在方式的描述，至今颠扑不破；他们的“小孔成像”“光沿直线传播”的原理，与今遥相契合；他们所发明创造的科技成果在当时堪称“世界之最”，在今天仍有借鉴实用价值。如墨子用木片制作的木鹰能翱翔蓝天一日不下，用三寸之木须臾间制作的车轴能承载五十石之重。还有用于生产生活的杠杆、辘轳，用于军事防御的连弩车、爵穴炬、轒辒车、瞄准仪、刨甲、艾烟、烟矢、炭火木桶等，都是后世先进科技产品和先进军事武器的源头之作。于今看来也许太过原始，而在两千四百年前的墨子和墨家那里，却是别人不能我独能、别人没有我独有的生活、生产、科技、军事领域的奇葩。其间创造、创新的艰苦卓绝和难能可贵，令后人仰叹不已。

在秦汉至晚清两千多年的封建专制时代，墨学因其先天的平民性质和原始的民主思想为历代统治者所不容；墨子的科技思想，也因其不合重人文伦理、轻自然科学的文化传统，而为主流文化所排斥，艰难流传，湮没不彰。20世纪初，国势积贫积弱，民主科学风兴。天时假以墨学，墨学隐而复显。20世纪80年代后，改革开放，盛世修学，覆盖于墨学的历史尘埃得以拂去，墨学的思想价值得以重现。其学说思想重光，多与今人今世契合。学人视之为经典，世人予以青睐，领袖人物做出高度评价。资产阶级革命派主办的《民报》评价墨子是最讲“爱”字的博爱主义大家。毛泽东称墨子是比孔子更高明的圣人。江泽民引用墨子的话说明中华民族是一个爱好和平的民族，并指出他的著作里包含了丰富的自然科学知识。胡锦涛认为墨子所提出的爱无差等的理想社会方案，反映了广大人民群众对美好生活的向往。习近平总书记在有关传承和弘扬中华优秀传统文化的一系列讲话中，只要提及诸子百家，总要推出墨子，他在十九大报告里点赞的科技亮点中，就有墨子号量子通信卫星。墨子自苦为民而又自信于己，但他不会想到，在两千多年后的今天，他的名字能闪耀于太空。

国逢盛世，墨学复兴。然而，因墨学尘封既久，远不如儒、道诸学那样普及于校园学子，深入于社会人心。继承这笔丰富的文化遗产和宝贵的精神财富，是历史赋予我们的光荣使命和重要课题。认识墨子，可提升我们的文化自信；弘扬墨学，应成为我们的文化自觉。让不朽的墨子精神和伟大的墨家学说，通过传承、创新，在新时代发扬光大。

上篇·墨子论

（墨子）是一个劳动者，

他不是官，

而他是比孔子更高明的圣人。

——毛泽东

没有结果的争论

——“墨子里籍”研究综论

墨子及其学说崇高的历史文化地位，早为学界、社会所确认，墨子的里籍问题，却成为千年悬案。虽一直聚讼纷纭，但迄今仍无定论。

根源在于“暴秦”。若不是秦始皇听信李斯的话“焚书坑儒”，何至于此？当年被一把火烧了的不只儒家经典，诸子众多书籍也难逃厄运，有关墨家典籍自然也在劫难逃。若非如此，料想墨子的里籍问题也许就不会成为千古之谜，也许就没有了今天无从敲定结论的争吵不休。

在获知暴秦“焚书”的风声之后，孔子九代孙孔鲋冒着身家性命之险，将儒家书籍砌于屏墙之内，使其免于一劫，五十八年后方重见天日。其他先秦诸子，不是里籍无定考，就是生卒皆“约数”。唯孔子的里籍、生卒，确考无疑。儒家典籍得以保存和流传，这对中华文化和世界文明，幸莫大焉；孔鲋砌壁藏书，更可谓功莫大焉。

秦始皇“焚书坑儒”，想来也是出于政治斗争、维护政权的需要。面对彼时的儒生非秦、儒术背秦、不能与秦保持一致的舆论环境和政治生态，当政此举自然是为了震慑。震慑之后，儒生并未坑尽，书籍并未焚尽，也不可能杀光烧光，因为文化这东西不是那么容易被灭绝的，正是“野火烧不尽，春风吹又生”。《墨子》一书，七十一篇，历经劫难辗转，到底还是剩下了五十三篇，虽脱衍错讹，疑窦重重，但还是筚路蓝缕地走了过来，这是不幸中之大幸。遗憾的是，墨子的里籍、生卒却无从考证、湮没难寻了，又是大幸中之不幸。

就连能“究天人之际，通古今之变，成一家之言”的史学泰斗司马迁，对此也无可奈何，在他的号称“史家之绝唱”的《史记》中，对墨子只用“盖墨翟，宋之大夫，善守御，为节用，或曰并孔子时，或曰在其后”寥寥数笔，一带而过，既未涉及墨子里籍，也没明确墨子生卒。是他不想吗？非不想也，是不能也。“墨氏之学亡于秦季，故墨子遗事在西汉时已莫得其详。”① 司马迁其人其书，言必有据，书必翔实，他没有墨子里籍、生卒的确考依据和翔实材料，只能粗而略之，模糊处之。在自古而今论及墨子里籍、生卒的史家和学者中，司马迁是最早者，在时间上是离墨子其人其事最近的，因缺乏实据，严谨治学的他只能做如是处理。

---

① 孙诒让《墨子间诂》，中华书局2001年版，第682页。

第一个说出墨子大概里籍的是东汉末年的高诱。他在《吕氏春秋·慎大览·序》中说："墨子名翟，鲁人也。"① 不知他可曾料到，一个"鲁"字，引出了诸多后人关于"东鲁""西鲁"之争的笔墨官司和口水之战。后人所谓"东鲁"，指的是春秋战国时代的鲁国，"西鲁"指的是春秋战国时代的"鲁阳"（今河南鲁山）。距今近两千年了，不知当年是否有对"鲁国"与作为楚国辖区的"鲁阳"并称为"东鲁""西鲁"之说呢？如果没有，那么，高诱所说之"鲁"当为鲁国无疑；如果有，那么，高诱为什么不指明是"鲁国"还是楚国下辖的"鲁阳"呢？是不想、不能，还是疏忽？是无意"以其昏昏，使人昏昏"，还是有意"以其昭昭，使人昏昏"呢？一个"鲁"字，为后人留下了争执的话题。

此后，儒家日益兴荣，墨学一路衰微。至于墨子的里籍问题，更是无人问津。

直至清乾隆年间，墨学偶苏。当时治墨成就至大者当属毕沅，其《墨子注》一书在学界有较大影响。他在该书"叙"中，明确解读了一千五百多年前高诱所留下的墨子"鲁人也"的疑团。该"叙"中说："高诱注《吕氏春秋》以为鲁人，则是楚鲁阳，汉南阳县，在鲁山之阳……非鲁卫之鲁，不可不察也。"语气肯定，判断决然，墨子是鲁阳人。为什么如此不容置疑？下文既不见立论之原由，也没有判断之考据，令人疑惑。

---

① 萧鲁阳《墨子里籍论略》，《江汉论坛》1998年第8期。

十几年后，学者武亿于嘉庆元年修《鲁山县志》，为毕沅墨子是“鲁阳”人的观点进行了辩解和确认，“墨子名翟，鲁人也。鲁即鲁阳，春秋时属楚。古人于地名两字，或单举一字，是其例也……盖墨子居于鲁阳，疑尝为文子之臣”①。但字里行间也露出了其笔下之虚。“或”，此处意为“有人，有时”，别无他解。既是“古人于地名两字”，只是有人或有时“单举一字”，并非所有人、所有时候都“单举一字”，那凭什么证明高诱对“鲁阳”二字就单举了一个“鲁”字呢？后两句“盖墨子居于鲁阳，疑尝为文子之臣”，更值得推敲。句首“盖”字，一为“大概”之义，一系承接前文之句首语助词，对应下文句首“疑”字，其字义当取前者。因此，墨子是否“居于鲁阳”，只是大概的推测；是否做过“文子之臣”，也是“疑”而不定。还有，“居于鲁阳”并非“生于鲁阳”，在哪个国家做什么人的臣子也不能证明一个人的出生之地。如此看来，武亿关于墨子是鲁阳人的论断大有问题，根本立不住。

九十多年后，墨学复苏，集当时墨子研究之大成者孙诒让，否定了毕沅、武亿的说法，指出：“考古书无言墨子为楚人者。《渚宫旧事》载鲁阳文君说楚惠王曰‘墨子，北方贤圣人’，则非楚人明矣。毕、武说殊谬。”② 并得出结论，墨子“似当以鲁人为是”③。墨子是鲁人吗？好像是，大概是，一个

---

① 萧鲁阳《墨子里籍论略》，《江汉论坛》1998 年第 8 期。

② 孙诒让《墨子间诂》，中华书局 2001 年版，第 684 页。

③ 孙诒让《墨子间诂》，中华书局 2001 年版，第 683 页。

“似”字，表现了孙氏对墨子是鲁国人的不能确定。退一步说，即使确定了墨子是鲁国人，然具体是鲁国什么地方的人呢？孙氏无言，为后人留下了争论的空间。

“墨子里籍”本应是一个严肃的学术问题，到了20世纪二三十年代，却被一些人搞得面目全非，乃至荒诞不经。胡怀琛说墨子是印度人。为证明这一观点，他不仅将兼爱非攻、自苦为义的墨家思想与风格混之为来自印度的佛教精神，将墨家的名辩理论归之于印度的因明学说，将墨家的节葬之法混同于印度的火葬风俗，而且将墨子的姓名“墨翟”改成富有印度特色的“墨狄”，还把墨子打扮成一个浑身黑色的印度和尚形象。卫聚贤也说墨子是印度人，与胡氏所不同者，是让墨子改换了门庭，不再是佛家弟子，而是婆罗门教徒。金祖同更是异想天开地指认墨子是伊斯兰教教徒，不是印度人，就是阿拉伯人。立论浅薄荒诞，论据牵强附会，立即遭到学界的批驳。台湾学者王冬珍说：“凡我大中华儿女，应勤奋探研我悠久之历史文化，与渊博之学术思想，并时刻审思明辨其渊源、其流传、其成就，绝不可因我先哲先贤之思想偶有与外人思想相类似，即穿凿附会，谓其为外人，或谓外人传入者也。墨子之学说思想和印度之因明、释迦牟尼以及回教相似者，正其伟大之处，亦我黄帝子孙之光荣者也，吾人能不勤勉研讨，并发扬光大乎？”①

20世纪80年代以后，国家改革开放，思想解放，传统文

① 王冬珍《墨学新探》，世界书局1980年版，第18页。

化大张。沉默了两千年的墨子与墨学，重新被发掘而研讨，一下子变得热闹起来，其中最热的还是“墨子里籍”问题。

在以经济建设为中心的大背景下，“文化搭台，经济唱戏”的地方模式应运而生，政府操作，文化开路，打造平台，寻找商机，争夺历史名人，抢占知名度高地，风靡一时。所谓“文化搭台，经济唱戏”，说得直白一点，就是以文化赚钱，文化为经济服务。经济、政治、文化本来是一个国家、社会赖以支撑和前行的并行不悖的三大支柱，三套马车，虽互有联系、互相促进但又各自相对独立，任何一方都不是另外哪一方的附庸和工具。“文化搭台，经济唱戏”现象的出现和盛行，不能不说是因人心浮躁、急功近利而产生的一种怪事。在金钱、浮名的驱动之下，一些地方风起云涌、趋之若鹜地争抢文化名人、文化遗产。在被争抢者中，墨子处于前列。各种研讨会、发布会、招商会等，花样翻新，层出不穷。像抢夺一件宝物，仿佛谁先抢到就归谁，把一个严肃的文化学术问题，炒作成了一场各说各话、互相攻讦的闹剧。

发掘墨学遗产，研讨墨子精神，是传承、弘扬中华优秀传统文化的重要内容，是国人文化自觉和文化自信的一种表现；探讨、考证墨子里籍问题是研究墨学的题中应有之意。不可否认，在最近三十多年来对墨子里籍的研究工作中，也涌现出不少严肃而有分量的学者和学术文章，虽各执一词而不失学者风范，纵难成定论但秉持严谨态度。

新时期，最先发文探讨墨子里籍问题的是曾任山东社会科学院院长的刘蔚华先生。通过史料考证，他认为，史有“东鲁”“西鲁”之别，且西鲁之“鲁”（鲁阳）早于东鲁之“鲁”（鲁国），孙诒让的看法不能推翻毕沅墨子是鲁阳人的观点。他说：“鲁阳本不属楚地，虽扩张为楚县之后，在楚王室贵族心目中同对待其本土之县，仍有所不同。所以鲁阳文君向楚惠王介绍墨子时说他是‘北方’贤圣人，并不奇怪。实际上，这里说的‘北方’就是指鲁阳。”①

这段话明显缺乏底气，说服力不足。虽然鲁阳原不是楚地，但分明已被扩张为楚县，早就隶属于楚国。作者就此推知楚国的王室贵族对待同属于楚国的鲁阳与其他县邑“有所不同”，凭的是什么呢？鲁阳是在什么时候从哪个国家被楚国“扩张为楚县”的呢？既然墨子是楚国人，为什么却被同属于楚国人的鲁阳文君推介为“北方”贤圣人呢？说是“并不奇怪”，其实令人很奇怪。这些说辞，推翻不了孙诒让墨子为鲁人非楚人的论断。

当然，刘先生还有“止楚攻宋”一事为证，认为，墨子若从鲁国出发，迢迢二三千里，任其“裂裳裹足，日夜不休”，而步行十日十夜到达楚都郢，是根本不可能的；但如果从鲁阳出发，“路程仅及鲁国至郢的三分之一，倒是很可能的”②。这一事证，后被徐希燕先生予以否定。徐先生经过计算、考证，认为鲁国至楚都郢的直线距离为1140里，按绕道计算约为1482里，“显然持鲁阳说者的重要论据‘二三千里’

① 刘蔚华《墨子是河南鲁山人》，《中州学刊》1982年第4期。

② 刘蔚华《墨子是河南鲁山人》，《中州学刊》1982年第4期。

是计算错误了，假定墨子一天一夜行十五小时，以一般人行走速度约为5公里/小时计，则日行路程为15小时×5公里/小时=150里，则十日夜行1500里，这是完全可能的，墨子当年约三四十岁，况且当时还有车马呢！……又如《墨子·贵义》篇曰：'墨子南游使卫'，若自鲁阳往，当曰北游。以上各点完全否定了墨子出生鲁阳这一说法"①。

鉴此，刘先生"墨子是河南鲁山人"的立论依据明显存在瑕疵。毕竟刘先生治学严谨，并不武断，所以在文章最后说："当然，我这个考证，也不是'确证'，只是一种可能性，在我看来，是一种较大的可能性。"② 无论大小，还是"可能性"。

20世纪80年代末至21世纪初，是墨子里籍"东鲁"—"西鲁"之争最为激烈的时期，分别以山东大学张知寒和河南省社会科学院萧鲁阳两位先生为代表，形成了"山东滕州派"和"河南鲁山派"两大阵营。他们或在各类报纸杂志发表文章相互驳难，或在各级研讨会上唇枪舌剑，各执其理，各举其证，各圆其说，都有大家做后盾，成为传统文化论坛上的一个亮点、一大景观。

"东鲁说"认为，墨子是春秋战国时期的小邾国人。学者发现《左传》有"昭公三十一年冬，黑肱以滥来奔"的记载，"自此之后，'滥'就成为鲁国的下邑；如说墨子是鲁国人，自

① 徐希燕《墨子姓名里籍年代考》，《复旦学报》1999年第1期。

② 刘蔚华《墨子是河南鲁山人》，《中州学刊》1982年第4期。

然是完全可以的。因为小邾国及其‘滥邑’，均在今山东省滕州境内，所以说‘墨子应为今之滕州人’”①。

何以知道墨子是小邾国人呢？因为墨子是“目夷子”后裔。古音“目”与“墨”可以通假，疑“目夷”即“墨夷”，所以童书业先生认为墨子“以墨夷为氏，省为墨也”②。“目夷子”是宋桓公之子，因封地在“目夷”而得名。那么“目夷”又在哪里呢？晋代著名的《左传》专家杜预说“狐骀，邾地，鲁国蕃县东南有目夷亭”，古代“狐”与“目”同音，“骀”“胎”“台”与“夷”同音，同音字可互为通假，故杜预认为“狐骀”即“目夷”，“目夷”属“邾地”，即小邾国。既然小邾国在今山东滕州境内，墨子自然就属于今山东滕州一带古人了。那么墨子又是今滕州哪里人呢？为确凿、具体、服人起见，学者引王献唐先生的话说，“滕东南有木台，亦即墨胎”③。依前通假说，“木台”亦为“目台”；那么“木台”是今滕州什么地方？学者引明代万历十三年《滕县志》说，所谓“‘木石’者，疑亦‘目台’之讹也”④。七拐八弯，终于说明白了，墨子是今之山东滕州木石人。

上文所谈都是用古字的同音通假推测出来的，可有实物、史料、理据等能证其确实否？当然有。但能否使墨子是“滕州木石人”的论断立得住，却很难说。

---

① 张知寒《再谈墨子里籍应在今之滕州》，《文史哲》1991年第2期。
② 张知寒《再谈墨子里籍应在今之滕州》，《文史哲》1991年第2期。
③ 张知寒《再谈墨子里籍应在今之滕州》，《文史哲》1991年第2期。
④ 张知寒《再谈墨子里籍应在今之滕州》，《文史哲》1991年第2期。

物证有：1. 滕东南有（1）“狐台山”。“狐台”通假为“目夷”，“目夷”通假为“目台”，“木石”是“目台”之讹；于是乎“狐台”就是今之“木石”了。（2）“目夷亭”。（3）出土铜器“虖夷戈”，学者张知寒判断“虖夷戈”即“目夷戈”。2. 距木石不远处的微山有“目夷子墓”。3. 小邾国北境有“染山”，因墨子于此见染丝而叹得名。

两点疑问：1. 这些物证与墨子有什么关系？2. 墨子“染于苍则苍，染于黄则黄”的感慨，是在“染山”而发的吗？“染山”有人染丝且墨子亲见而叹，有何凭证吗？“滕州说者”明白，想象代替不了事实，所以加了“相传”二字。只是“相传”而已。

至于史料，全是出自《墨子》一书。虽然孙诒让、张纯一、方授楚等墨学大家都有说辞，但所指皆是“墨子为鲁国人”，与“小邾国”（今滕州）无涉。

理据也不少，均难圆其说——

如，“三郳地区……自唐、虞、三代以来，其经济、文化就领先于各地。入周之后，又一直是东方的经济、文化中心”①。

令人生疑者有二：一是三郳地区之经济、文化在有周以前领先于各地。此说是出自文献史料、实物考证，还是出自一己之判断？二是入周后三郳一直是东方的经济、文化中心。试问，那曾作为商都和鲁都的曲阜呢？若承认东方一直有两个经济、文化中心，倒是说得过去，但“中心”能有两个吗？

---

① 张知寒《再谈墨子里籍应在今之滕州》，《文史哲》1991 年第 2 期。

又如,“只有在郳娄或邹鲁文化区里，才能培养出讲道德、说仁义、重伦理关系的孔、墨一类的思想家”,“其他文化区，尚不具备培养高水平人才的社会条件”①，荆楚文化、燕晋文化、戎秦文化皆不可能。

此说拘于一偏，不及其余，显然太绝对化了。

再如，三郳地区的先进科技培养了墨子的科学思想和科技成就。学者引用王献唐先生的判断，认为屦、箸、屋、炉、锄、铚、耧、臿、锹、镂刀乃至舟、车等衣、食、住、行等方面的器物，都是三郳先民发明的。何以见得?都是“郳”“娄”二字通假而来，“皆是以族名而名物的”②。真是“通假”万能，一通百通。

不可否认，语言文字是考订古代史实及典章文物的活化石,“通假”是解读古字古文的一把钥匙。但屡屡用“通假”手段去打通浩繁复杂的历史难题，且由此下判断、出结论，总难免有穿凿附会、牵强生硬之嫌。

还有，因为认定“三郳地区自古就有爱鸟、敬鸟的习俗。这里的居民，把‘玄鸟’视如祖先”，而认为“墨子用‘翟’为名，以示不忘所出，也可证明他乃小郳国的遗民”③ 云云，不知证据何在?

最后，用方言证里籍。“春秋战国时期，邹鲁地区语言的

① 张知寒《再谈墨子里籍应在今之滕州》,《文史哲》1991 年第 2 期。
② 张知寒《再谈墨子里籍应在今之滕州》,《文史哲》1991 年第 2 期。
③ 张知寒《再谈墨子里籍应在今之滕州》,《文史哲》1991 年第 2 期。

语助词为‘焉、哉、乎、也’。”“楚国语言的语助词为‘只、些、兮’三调。”“墨子的文章，从来不用‘只、些、兮’。”①

问题在于，当时用“焉、哉、乎、也”四字为语助词的真的只有邹鲁地区吗？翻开历史典籍，华夏各地用此四字为语助词者比比皆是，怎能因此说墨子就是邹鲁（郳娄）人呢？身为楚人的鲁阳文君在与墨子的对话中，也常用这四个语助词。如“鲁阳文君曰：‘鲁四境之内皆寡人之臣也’”，“郑人三世杀其父，天加诛焉”，“君喜则赏其父，岂不恶俗哉”，“处则静，呼则应，可谓忠臣乎”② 等。也许有人会说，这是墨子或其弟子用邹鲁语言转述的。那么请问：你怎么证明鲁阳文君所用的不是这几个语助词而是楚方言的语助词呢？

鉴上，我们不否认墨子是鲁国属下的小郳国人即今山东滕州人的可能性，但如果以此作为确定无疑的结论，那是妄断。

“西鲁说”认为，墨子里籍在今河南鲁山，此说是建立在墨子是“楚人”说之上的，有五大支撑。

（一）“墨家学派以楚国为根据地”。主要例证是墨家学派能派出近二百名弟子为楚鲁阳文君守城，可见其在楚国势力之大、影响之大，这“与墨子为楚鲁阳人，有直接关系”③。

若此说成立，那对墨子派遣三百弟子为宋国守城以止楚攻宋又做何解释？莫非墨子又成了宋国人不成？此其

---

① 张知寒《略述我所考定的墨子里籍》，《东岳论丛》1998 年第 1 期。

② 水渭松《墨子直解》，浙江文艺出版社 2004 年版，第 159～160 页。

③ 萧鲁阳《墨子里籍论略》，《江汉论坛》1998 年第 8 期。

一。其二，带领弟子守鲁阳城的头领是墨家巨子孟胜，其时墨子已不在人世，此事与墨子里籍何干？其三，即便楚国确是墨家学派根据地，那么，“根据地”就等同于墨子的“出生地”吗？

（二）毕沅《墨子注·叙》、武亿《鲁山县志》据高诱注《吕氏春秋·慎大览》，以为墨子是鲁阳人。毕、武二人是卓有成就的墨学大家，所以持“西鲁”说之学者强调，其观点“应予珍视”。

应当指出的是，高诱所说“墨子，名翟，鲁人也，著书七十篇，以墨道闻也”①，从未提及“鲁阳”二字。再说，大家之言也是一家之言，虽“应予珍视”，但未必是不刊之论。何况，毕、武之说早已被孙诒让、张纯一、方授楚等墨学大家所否定。如，孙诒让说：“鲁阳文君说楚惠王曰：‘墨子，北方贤圣人’，则非楚人明矣。毕、武说殊谬。”张纯一说：“鲁君与墨子问答者再，设非鲁人，何不云游于鲁见鲁君耶？”方授楚说：“墨子平日交接者如公输般辈，以鲁人为多，亦足为一旁证。”②

（三）“墨学只能诞生于夏人之区鲁山”。“儒家源于周礼，墨家源于夏礼。儒家学派出现于周礼传统浓重的鲁国曲阜一带，墨家也应而且只能诞生于夏礼传统浓厚的夏人之区。”那么，“夏人之区”在哪里呢？“今之鲁山，古之鲁阳，远古之

---

① 萧鲁阳《墨子里籍论略》，《江汉论坛》1998年第8期。

② 张知寒《再谈墨子里籍应在今之滕州》，《文史哲》1991年第2期。

鲁，古属夏人之区。”[1] 很明显，“夏人之区”不只是鲁阳，鲁阳仅是“夏人之区”的一部分而已；作为一种文化，“夏礼”属于华夏大地、华夏民族，不可能只局限于鲁阳一带。而且，墨学渊源并非只有“夏礼”一脉，其儒学传统之浓厚，并不亚于“夏礼”。《吕氏春秋·当染》篇记载：“鲁惠公使宰让请郊庙之礼于天子，桓王使史角往，惠公止（留住——笔者注）之，其后（后人——笔者注）在于鲁，墨子学焉。”《淮南子·要略》中说，墨子曾“学儒者之业，受孔子之术”。唐代大儒韩愈说，“儒墨同是尧舜，同非桀纣，同修身正心以治天下国家”，“孔子必用墨子，墨子必用孔子，不相用不足为孔墨”。[2] 可见，周礼、儒学也是墨学渊源之一脉。说墨学只能诞生于夏人之区鲁山，显然是片面化、绝对化了。

（四）“方言可证”。《墨子》书中的“隆火”“安生生”“阴暴”三个词，鲁山人至今使用，属鲁山方言。假定例证不虚，但仅凭三两个方言词语作为确定墨子里籍的力证和一大支撑，的确是“水之积也不厚，则其负大舟也无力”。何况，《墨子》书中的“安生”等词语，至今也还被滕州人所普遍使用着呢。

（五）有墨子传说、传人、遗迹、遗事可证。“传说”，多出自不见经传、无从考证的无稽之谈。“东鲁说”学者也曾用墨子母亲梦大鸟入怀而生墨子，墨子因此名“翟”，木石山因此名“凤凰山”等的传说，证明墨子是滕州人；“西鲁说”学

① 萧鲁阳《墨子里籍论略》，《江汉论坛》1998 年第 8 期。

② 韩愈《读〈墨子〉》。

者如法炮制，也有诸如墨子与鲁班于鲁山县风筝山放木鸢、墨子诞辰是农历九月初八等以证明墨子是鲁山人，均不足为据。除了“传说”，传人、遗迹、遗事最重要，考订墨子里籍，迄今最珍贵、最缺少的就是有关墨子实物、实迹的确证材料。“西鲁说”学者深谙此理，列举了不少“墨子遗迹”，如墨子祠、墨子洞、墨子城、墨子故里碑、墨子著经阁等。至于墨子传人，一是新中国成立前有一直活动在鲁山一带的“成义堂”“堂匠班”，都跪拜墨祖；二是鲁山县有黑姓人尚存。为什么改姓“墨”为姓“黑”了呢？“墨”下之“土”掉沟里去了，只剩下了上一半“黑”，有地名“土掉沟”和祠名“黑隐寺”为证。“墨”者，“黑”也，意思一样，所以今鲁山县“黑”姓人皆是墨子后人。

遗迹尚存，传人仍在，似乎铁证如山。然稍事推敲，仍是天衣有缝，难以置信。退一步说，若墨子青壮年时曾活动于鲁阳，或晚年客居鲁阳乃至卒于鲁阳呢？毕竟活动、客居、亡故之地，不能等同于出生之地吧？“墨子是河南鲁山人”之说，难掩破绽，欲圆不能，说到底还只是一种“可能”。

对墨子里籍问题，能自圆其说者也不是没有。徐希燕先生通过对大量史料的分析考证，认为“墨子出生在春秋战国之际的宋国，其学习与活动中心在鲁国……晚年客居楚国的鲁阳”①。徐先生的推断和观点，与长期争论中的“宋人说”“鲁人说”“鲁阳人说”都不相矛盾。可惜的是，其说虽圆，但缺

① 徐希燕《墨子姓名里籍年代考》，《复旦学报》1999 年第 1 期。

少了实证，依然是一种可能。

综上所述，这场旷日持久的关于墨子里籍问题的争论，连篇累牍，各执一词，均无确证，概非定论，争来争去争出来的都只是一种“可能性”。当然，毋庸置疑，当下和此前有关墨子里籍问题的争论，无论何派何说，都提供了一种可能性的判断，其对墨子、墨学的发掘和研究，虽无果而有益，功不可没。被埋没了两千年的令国人引以为傲的墨子和墨学，以墨子里籍问题的研究和争论为发端，在新时代走向了振兴，传播到海外，影响了世界。

墨子里籍问题的走向和未来，也许会像墨子本人那样“与世长辞”，成为永远的悬案；也许有朝一日通过考古而发现确证，或者像一百多年前发现甲骨文那样不经意间偶然得之，使墨子里籍这一千古之谜真相大白，一朝得解。目前来看，在缺乏实物考证的现有条件下，最重要的问题不是墨子里籍问题，再争论下去亦无必要，最重要的是应当搁置己见，走出争论，携起手来，大力传承和弘扬墨子精神、墨家学说，通过创造性转化，创新性发展，向全社会、全人类奉献新的更大、更多的研究成果，让中华优秀传统文化薪火相传，永放光辉。

莫衷一是的推测

——“墨子生卒”研究论列

墨子生活于战国初期，具体生卒年代，史无记载，无从考证。司马迁说“或曰并孔子时，或曰在其后”（参见《史记》），模棱两可，且宽泛不明；班固说“在孔子后”（参见《汉书·艺文志》），排除了司马迁“并孔子时”的说法，但仍失之笼统；刘向说，《墨子》书有文子，文子即子夏之弟子，问于墨子，《史记索隐》据此认为墨翟生卒年代当“在七十子后”（参见《史记索隐》引《别录》），又进了一步，但“后”于何时，不清楚；张衡说，“当子思时”，子思生于周敬王三十七年（公元前483年），此说给出了墨子生卒年代的明确参照，但仍没有确定的起止时点。清代毕沅、汪中等人对此也有说辞，然都疏于考证，不足为据。孙诒让通过对墨子生平事迹及其活动语境和历史事件的严肃考证，定墨子生卒年为“（贞）

定王元年讫安王二十六年，凡九十有三年”（《墨子间诂·墨子年表第二》），即公元前468年至公元前376年，成为一家之言。

此后又有多种说法，兹列其要者如下：

约公元前468年至公元前384年，享年八十四岁（梁启超）。

约公元前470年至公元前381年，享年八十九岁（孙以楷）。

约公元前480年至公元前420年，享年六十岁（任继愈）。

约公元前480年至公元前390年，享年九十岁（李广星）。

约公元前468年至公元前376年，享年九十二岁（2009年版《辞海》）。

比较以上各说，墨子生年前后最多相差十二年，卒年前后最多相差四十四年，墨子享年最多相差三十二岁。何者足信？莫衷一是。

从墨子生年看，上说有三个时间：公元前468年，公元前470年，公元前480年。考墨子事迹，其止楚攻宋乃公元前441年，若按其生于公元前468年或公元前470年计算，时墨子二十七岁或二十九岁，尚不到而立之年，此说似乎难以置信。墨子只身赴楚，先后受到楚国君臣接见，且能通过口舌之辩、现场较量，一举制止了一场侵略战争，可以想见此时的他已经声名远播，彰显于包括楚国在内的各诸侯国，在学术界和社会上料定已是一个威望颇高的知名人士。二十多岁年纪，即使已经学有所成，但毕竟阅历不深、积淀不厚、事迹不丰，何以能名扬天下、有此壮举？再者，此时其大弟子禽滑厘已深得其真传，且能率领其他师弟三百人用墨子守城之法和防御军械待敌于宋城之上，使宋城固若金汤，胜券稳操。二十多岁的青年学者就有如此成熟、如此众多的弟子，同样也难以置信。

从墨子卒年看，上说有五个时间：公元前 384 年，公元前 381 年，公元前 420 年，公元前 390 年，公元前 376 年。除任继愈持墨子卒年为公元前 420 年，其余几说最多相差十四年，不是太多。对于任继愈的推定，孙以楷认为经不起事实的检验。孙以楷根据《史记 · 邹阳传》所载“宋信子罕之计而囚墨翟”的史料，考定此事发生于公元前 404 年。若从任继愈墨子卒于公元前 420 年之说，那么，公元前 404 年宋囚墨翟之事又从何而来呢？据此，墨子卒于公元前 420 年之说难以成立。

如前分析，孙诒让等人推断墨子生于公元前 468 年为时偏晚，任继愈推断墨子卒于公元前 420 年为时过早，又多数学者推断墨子享年九十岁左右，则墨子生卒年代约为公元前 480 年至公元前390 年，前后相差不超过五年，似乎圆通合理了一些。但合理不等于事实，到底还是推测。晋人葛洪《神仙传》有墨子长寿不老的记述，虽是将墨子神话为仙人的荒诞之词，倒可作为墨子高寿的旁证。所谓“仁者寿”，墨子大爱大仁者也。

闪光的人生足迹

墨子是由平民上升为“士”进而创立“显学”的思想家，也是由“工匠”而通过好学创新、发明创造终于成为当时独树一帜、后世引为自豪的科学家。他一生讲学授徒，为社会培养了大批德才兼备的贤能之士，弟子遍天下，学说传四海，是从乡间作坊走上学术讲坛的一名“人民教师”，一名伟大的教育家。他反对一切以大攻小、以强凌弱的不义之战，但主张并支持一切以自卫为目的的保护战、防御战。他既有在国内外建立反战“统一战线”、国内实行“全民皆兵”和无战备战、未战先止、有战抗战的军事思想，也有备御救守、指挥若定的军事实践，所以他又是一位伟大的军事家。墨子一生除了作为一名教师从事教学、科研活动，还经常带领弟子出游各国，一是游说诸侯，说教行义，推行自己的学说、主张，一是止战抗战，为国家关系的和谐与和平、人民生活的安定与幸福奔走呼号，所以，他还是一位伟大的社会活动家。

其一生主要事迹如下：

一、学兴鲁国

墨子在鲁国滞留的时间最长，主要活动是授徒讲学，创立学说，与儒者论辩，也曾面授鲁国国君对付齐国侵略的方略。下面是几则墨子在鲁国论辩的例子：

一次是墨子找上门去与人辩论。《墨子 · 鲁问》篇载，鲁国南部有一个叫吴虑的人，亲自耕种庄稼、制作陶器，“自比于舜”，并说：“行义是个人的事，何必说教于别人呢？”墨子告诉他：“一个人耕种所得，不能使天下人都吃上饱饭；一个人纺织所得，不能使天下人都穿得暖和；一个人单独作战，不能抵御三军的进攻。不如用先王之道、圣人之言，上说王公大人，国必治；下说平民百姓，行必修。虽然自己不耕种，但饥者有饭吃；自己不纺织，但寒者有衣穿。所以自己虽然不耕不织，但功劳大于亲自耕织。”吴虑不服，仍持己见：“义耳义耳，焉用言之哉？”墨子进一步指出：“假设天下人都不知道耕种，教会别人耕种比不教会别人耕种而还是自己一个人耕种，谁的功劳多？”吴虑说：“教会别人耕种的人功劳多。”墨子反问：“假若讨伐不义之国，击鼓率众进军与不击鼓率众进军而只是一个人单枪匹马作战，谁的功劳多？”吴虑说：“击鼓率众进军的人功劳多。”墨子得出结论：“现在天下很少有人知道义，教天下人知义行义，功劳当然多。为什么不说呢？”

从此例可看出，墨子十分重视宣传教育的作用，为推行“义”而强说强教，不辞劳苦。

墨子脱离儒家，自创新说，名声日高，得到鲁国国君的垂询。一次鲁国国君问政于墨子：“我有两个儿子，一个好学，一个好分人财，你以为立哪个做太子合适?”墨子没有直接回答，只是建议说:“垂钓人的辛勤，不是对鱼的恩赐；用食物做毒鼠的诱饵，不是因为爱老鼠。至于哪个可立为太子，希望您要把动机和表现结合起来考察他们。”（《墨子·鲁问》）

二、北上之齐

墨子曾四次去齐国。其中，一次遇淄水上涨未遂，一次半路上遭到一个朋友的阻止。这个朋友告诉他:“现在天下没有谁行义，你一个人自苦行义有什么用呢? 不如停止吧!”墨子说:“听说有个人，他有十个儿子。一个儿子耕种，九个儿子游手好闲，那个耕种的儿子能不急吗? 吃饭的人多，耕种的人少。现在天下没有人行义了，你应该鼓励我去行义，为什么要制止我呢?”（《墨子·贵义》）墨子后两次是为了止齐攻鲁而去齐国。第一次是因齐国“三侵鲁地”，墨子曾派弟子胜绰前去制止，而胜绰不仅没有完成止战的使命，反而三次从齐侵鲁。所以墨子亲自去齐国止战，并撤回了胜绰。第二次是墨子去齐国面谏齐王，说服他不要攻打鲁国。墨子问齐王:“有一把刀用来砍人的头，一下子就砍掉了，用这把刀砍去很多人的头，很快把很多人的头都砍掉了，您说这刀锋利吗?”齐王说

“锋利”。墨子紧逼问道：“刀是很锋利，但是谁会遭受不祥？”齐王说：“刀享受锋利之快，用刀杀人的人遭受不祥。”墨子乘势追问：“吞并别人的国家，倾覆别人的军队，残杀别国的百姓，谁将承受不祥？”齐王说：“我将受其不祥。”（《墨子·鲁问》）墨子用一连串的比喻告之攻鲁的后果，使齐王收回成命，避免了一场流血的战争。

三、辞封越国

墨子推荐他的弟子公尚过到越国做官，公尚过向越王宣传墨子的学说、主张，越王听了很高兴，告诉公尚过：“如果你能把你的老师请到越国来当面教导我，我会在越国划出方圆五百里的地方封给你老师。”公尚过同意后，越王亲自套车，让公尚过去鲁国接墨子。公尚过拜见墨子后，把越王的愿望告诉他。墨子问公尚过：“你看越王是什么意思？如果越王听从我的言论，实施我的主张，那么我可以去。但我只是以一个普通臣民的身份，量腹而食，度身而衣，哪能为了封地而去呢？如果越王不听从我的言论，不实行我的主张，那么去越国是出卖、背叛自己一贯主张的‘义’。要出卖义的话，我何必去越国？在本国不是一样吗？”（《墨子·鲁问》）

四、南游使卫

墨子出游卫国，与卫国的公良桓子讨论过节用与养士的问题。他看到公良桓子家里新车几百辆、良马几百匹、妇女几百人，于是对公良桓子说，卫国是个小国，夹在齐、晋两个大国之间，就好像贫穷家庭处在两个富豪家庭之间。穷家学习富家的衣食用度，豪华奢侈，必然很快灭亡。你把这么多车马、妇女的花费用来蓄养士人，会有一千多个。若国家有难，会前后各有几百人保卫你，比几百个妇人在你周围安全得多。所以你不如拿出钱财来养士。(《墨子·贵义》) 卫大夫公良桓子怀有被大国吞并之忧，故问计于墨子。墨子有针对性地提出两条对策，一是节俭储财，二是以财养士。这正体现了墨子的节用、非攻思想。

五、自鲁游楚

《墨子》一书记载，墨子曾两次从鲁国出发南下游说楚王，第一次是止楚攻宋，第二次是献书楚惠王。墨子在征服公输般、说服楚惠王放弃攻打宋国之后，为推行自己的“兼爱”“非攻”等主张，通过穆贺这个人给楚惠王献书。楚惠王因为墨子救助宋国而没能实现攻宋的目的，还对墨子耿耿于怀，心存芥蒂，再加上墨子的主张都是为平民百姓说话而不合楚惠王的意愿，所以楚惠王“以老辞”，派穆贺去接待墨子。墨子只能向穆贺宣传自己的主张。穆贺说：“您的主张确实是好，但国君是天下之王，恐怕对您的主张因是贱人所为而不用吧？”墨子反驳说：“那要看可行不可行。比如药物，本是一草之本，天子吃了能治好病，怎能因为是一草之本而不用呢？比如农民向官府纳税，怎么会因为是‘贱人之所为’而不收呢？所以，虽然是平民百姓，比如农民、医师，难道还不如‘一草之本’吗？”（《墨子·贵义》）接着，他举出商汤王不分贵贱任用贤人伊尹的例子，说明“尚贤”的道理和个人主张的正确性和可行性。

六、仕宋救宋

《史记》说“盖墨翟，宋大夫”，《汉书·艺文志》的注录中也说墨子“为宋大夫”。这说明墨子很可能曾在宋国做官，但在什么时候、做什么官，言之不详。墨子止楚救宋应该是“仕于宋”以前的事。《墨子·公输》记载，墨子在楚国赢了公输般、说服楚惠王之后回鲁国的时候路过宋国，遇到天下大雨，墨子想在宋城门下避雨，守门人拒而不纳。可见，他此时还未在宋国做官。“仕于宋”恐怕是止楚攻宋以后的事。

七、客居鲁阳

鲁阳当时属于楚国，在今天的河南省鲁山县。据《墨子》一书和有关史料推断，墨子晚年一直率弟子客居鲁阳，最终客死鲁阳。他的弟子孟胜在他死后被推举为巨子，曾按照墨子生前嘱托，帮助鲁阳文君在阳城驻守。后因楚国发生事变，阳城失守，孟胜舍生取义，以死明志，与自己的一百八十多个弟子集体自杀。

墨子在鲁阳与鲁阳文君的对话见于《墨子·鲁问》《墨子·耕柱》等篇，此处举三则，以见其“非攻”“尚同”等主张：

（一）墨子对鲁阳文君说：“有一个人，家里的牛羊等食物吃不了，看到别人的一块饼子，就迅疾地抢过来。这个人是有‘窃疾’吧？”“楚国田地开辟不尽，很多地方空着无人居住。看到郑国、宋国的城镇，就想很快把它抢过来，这与那个有窃疾的人有什么不同吗？”鲁阳文君回答：“彼此一样，没有不同。”——这是宣传“非攻”。

（二）墨子与鲁阳文君谈丧葬习俗。鲁阳文君告诉墨子：“楚国南面有一个吃人的国家。第一个孩子生下来，就分解了吃掉他，认为这样有利于后面的孩子。吃着感觉味道好，就赠送给他们的国君，国君吃着好吃就奖赏小孩的父亲。这不是恶劣的习俗吗？”墨子回应说：“中原各国的习惯，就像这一样。国君驱赶人民打仗，战死了就奖赏他的子孙，这和吃人家的儿子又赏人家的父亲有什么两样呢？”——这是抨击战争的奖赏制度。

（三）鲁阳文君对墨子说：“有人告诉我怎样做才叫忠臣：叫他趴下就趴下，叫他站起就站起；不叫他不说话，叫他了才答应。这是忠臣吗？”墨子回答：“叫他趴下就趴下，叫他站起就站起，这就像人的影子；不叫不言语，叫他才说话，这就像人的回声。您的影子与回声对您有什么用处呢？我所认为的忠臣，君上有过错就去劝谏，自己有好的意见就向君上提出来，纠正错误而采纳善言，同君上保持一心而不在下面结党营私。这样，美好的名声和政绩在君上，而臣下保持忧患意识。这才是忠臣。”

伟大的人格魅力

孟子非墨，却说："墨子'兼爱'，摩顶放踵利天下，为之。"（《孟子·尽心上》）庄子也非墨，却说："墨子真天下之好也，将求之不得也。"（《庄子·天下》）孟、庄作为反对墨家的儒、道两家的代表人物，对墨子的人格魅力却有口皆碑。墨子本人所具有的和通过其学说所表现出来的人格魅力，不仅在当时堪称理想人格的典范，而且对中华民族精神的形成和发展也有着积极而深远的影响。

墨子的人格体现于"爱""义""信""勇""公"五个方面，可一言蔽之为"大"。

一、大爱无疆的情怀

较之孔子"尊贤有等，亲亲有术"的差等之爱，墨子爱人如己，爱人以利，一视同仁，悲天悯人，可谓爱得广泛，爱得彻底，爱得实在，真乃大爱无私。

“爱”是墨子学说思想的核心，是其学说体系的宗旨和归宿。清代学者俞樾在《墨子间诂·序》中说：“墨子惟兼爱是以尚同，惟尚同是以非攻，惟非攻是以讲求备御之法。”此说深中肯綮。墨子上说下教，要人们“贫则见廉，富则见义，生则见爱，死则见哀”；心怀对人的无限之爱，行为举止对人无比谦恭，说话待人无比和善，将内心的修养体现于外在的行动，坚持到老仍不舍弃，这才是圣人（“藏于心者，无以竭爱；动于身者，无以竭恭；出于口者，无以竭驯。畅之四肢，接之肌肤，华发隳颠而犹弗舍者，其唯圣人乎!”）（《墨子·修身》）。墨子正是这样一位爱于心、见于行的圣人。他出身平民，更知平民的疾苦；他成为士人，仍心忧天下百姓。他反对攻战、淫乐，主张节用、节葬；他不辞劳苦，奔走列国，下教庶民百姓，上说王公大人，都是为了广大人民的生存发展、和睦相处、安居乐业。他对人、对社会有着高度的道德责任感和社会责任感，比其他任何学者都来得积极、执着和强烈。道家主张清静无为，全真养性，消极避世，自不待言。就是主张入世的儒家，也比墨家逊色得多，单是“入世”的态度，两者就大相径庭。虽然孔子主张入世并一度官至司寇，而且培养教育其弟子能参政者参政，但那是有条件的，“危邦不入，乱邦不居。天下有道则见，无道则隐”（《论语·泰伯》）。对于其学说，“用之则行，舍之则藏”（《论语·述而》），言语中明显暴露了孔子其人其学消极的一面和明哲保身的圆滑。墨子其人其学，无论天下有道无道，无论是治邦乱邦，都不惜蹈刃走险，强说强教。“国家昏乱，则语之尚贤、尚同；国家贫，则语之节用、节葬；国家熹音湛湎，则语之非乐、非命；国家淫僻无礼，则语之尊天、事鬼；国家务夺侵凌，即语之兼爱、非攻”（《墨子·鲁问》）。儒家入朝参政，主张“君子若钟，击之则鸣，弗击不鸣”（《墨子·非儒下》），表现得似乎谦恭实则世故。对此，墨者予以强烈抨击，认为“事上竭忠，事亲得孝，务善则美，有过则谏，此为人臣之道也”（《墨子·非儒下》）。墨子知难而进、义无反顾地入世参政，都是为了推行其“兼爱”主张，普施爱心于天下苍生。

二、大义薄天的节操

对自己的学说主张，墨子十分自信，十分坚定。他说：“以其言非吾言者，是犹以卵投石也。尽天下之卵，其石犹是也，不可毁也。”（《墨子·贵义》）其弟子同样表现出对墨子学说的坚定信仰，他们说：“天下无人，子墨子之言也，犹在。”（《墨子·大取》）为了坚守和推行自己的道义，墨子真正表现出了贫贱不移、威武不屈的大丈夫气概。他认为“万事莫贵于义”（《墨子·贵义》）。为了义，他和他的弟子都能做到死不旋踵。墨子冒杀身之险止楚攻宋，其弟子孟胜等一百八十三人杀身殉义，都是典型的例证。墨子为了义甘守贫贱，对为义而辞官的弟子大加褒扬，对见禄忘义的弟子予以责罚。其弟子高石子在卫国官至卿位，俸禄优厚，在朝堂上尽心尽言，但卫君听而不行，高石子辞官离卫，回见墨子。高石子问："卫君待我不薄，我这样做，卫君会说我狂妄吗?"墨子告诉他："离卫辞官是为了道义，别人指责你狂妄又有什么损害呢?"墨子又召集他的弟子，教育他们说："背叛道义而追求俸禄的人，我常听说；但最难能可贵的是不求俸禄而恪守道义，如今在高石子身上看到了。"（《墨子·耕柱》）墨子对高石子背禄而向义的行为大为赞赏，并要求其他弟子以高石子为榜样义无反顾。墨子曾派弟子胜绰在齐将项子牛帐下为官，不料胜绰怂恿项子牛侵略鲁国，而且三侵三从。墨子立即将胜绰撤回，对胜绰严厉斥责："我派你到齐国是为了劝阻项子牛的骄横，使其纠正错误。你却因为俸禄的优厚而助纣为虐，嘴上讲义却不去实行，你这是见利忘义，明知故犯。"（《墨子·鲁问》）从以上事件足可看出，墨子及其弟子不为富贵所动，不为威武所屈，不为死亡而惧，孜孜矻矻守望在"义"这块高地上。即使有义而难行，也从不言弃。正如墨子所说："为义而不能，必无排其道。譬若匠人之斫而不能，无排其绳。"（《墨子·贵义》）这是何等执着！

三、大信无华的风格

如果说儒、道等学对道德修养看重的是自我内省体验，那么，墨学更强调艰苦卓绝、身体力行的实践磨炼；如果说儒、道等学对自己的学说看重的是说教和传播，那么，墨学更强调对自己学说的践行和兑现。墨子说："士虽有学，而行为本焉。”（《墨子·修身》）“言足以复行者，常之；不足以举行者，勿常。不足以举行而常之，是荡口也。”（《墨子·耕柱》）他多次告诫弟子，要“言必信，行必果”。他在行教践义、备攻止战的同时，始终“与百姓均事业，齐功劳”（《荀子·富国》）。对学说、主张韧性的坚守加之刚性的实践，墨子及其弟子都能甘于艰苦，安于贫贱，临辱不惊，临危不惧，献身大义，枯槁不舍。所以，荀子称之为“役夫之道”（《荀子·王霸》），庄子认为“其行难为”（《庄子·天下》）。正是在其他学者和世人看起来难为之事，墨子及其弟子都做到了。墨子在得知公输般为楚国造好了云梯准备攻打宋国的消息后，立即背起行囊，从鲁国出发，不远千里，日夜兼程，去楚国郢都游说楚国君臣息兵偃战。墨子一路上跋山涉水，行色匆匆，鞋子磨破了，赤脚赶路；脚磨破了，撕下衣襟把脚裹上继续前行。他力主“非攻”，践行“非攻”，说到做到，知行合一，赴汤蹈火，在所不辞。其弟子禽滑厘为实行墨子训诫，“手足胼胝，面目黧黑”（《墨子·备梯》），埋头苦干，从不多话。其弟子孟胜率一百八十三人以集体自杀的方式，兑现对阳城君的承诺，义薄青云。他们认为，“行不信者名必秏”，“务言（致力于言辞——笔者注）而缓行，虽辨（同辩：善辩有理——笔者注）必不听；多力而伐（伐：夸耀——笔者注）功，虽劳必不图”，“惠者心辩（心辩：心中明察——笔者注）而不繁说，多力而不伐功”。（《墨子·修身》）所以，他们总是少说多做，说到做到，言出必行，行而必果，不贪功，不求名，一切为了行义、为了他人。

四、大勇无惧的气概

墨子是一个勇者。他像一个学成出家的僧人，凭一身勇气“打”出山门，自成一派；他敢于站在下层百姓的茅棚里，直面庙堂上的王公大人，向权贵讨公道，为“贱民”鸣不平；他到处捕捉磨刀霍霍的战争苗头，只身赴险，挺身止战；他同情弱小，抱打不平，哪里有战火，他就率领弟子走到哪里，不畏大国强敌，帮助弱国小城，演绎出一幕幕以少胜多、以弱胜强的惊世壮举。

史书记载，墨子曾学儒者之业，受六艺之术，乃儒家门徒。他勤学精思，很快就成了一个满腹诗书礼仪、通达天地古今的饱学之士。随着学识的积淀和思想的成熟，他发现儒学原来不是替底层“贱民”说话的，他亲自看到、亲身体会了“周礼”的烦扰迂腐、儒家所主厚葬久丧的靡财害民，于是毅然走出儒门，自己办学收徒，另立新说，与儒学分庭抗礼。面对儒门弟子的追打围攻，他从不闪躲，有战必迎，舌剑唇枪，义正词严。他鹤立鸡群，勇敢地创立和捍卫了自己的学说；他横空出世，将自己的学说发扬光大为一世“显学”；他扎根百姓，心忧天下，面对诸侯王公的攻战杀伐、穷奢极欲，勇敢地站起来说“不”；他指着处高台厚榭之上、浸酒色淫乐之中的达官贵人，高喊“官无常贵而民无终贱”，这需要何等的胆识和勇气！

为了推行自己的学说，行大义于天下，谋福祉于苍生，墨子自苦为极，不计生死，奔走于刀光剑影，无私无惧。楚国之行，他明知山有虎，偏向虎山行。他抱定必死的决心，做好了两手准备：若说服成功，制止战争，则造福楚、宋两国百姓；若说服不成，他也死而无憾。事前他已安排弟子在宋城之上待敌迎战，给战争的制造者以严厉的惩罚。所以，在楚国朝堂上通过推演较量挫败了公输般之后，当公输般告诉他“我知道对付你的办法，但我不说”的时候，墨子坦然揭破——“你们的办法不过是杀了我”以解除攻宋之患。楚君臣哪里会想到，墨子此来就没打算活着回去，在赴楚之前就已向弟子面授机宜，正等着楚人攻城送死，收取破敌之功。墨子大仁大义，大智大勇，止楚攻宋，成就千古佳话。

五、大公无私的精神

墨子的学说、墨子的为人处世等，都集中体现了公正、公平、正义无私的品格。他主张“兼爱”，待人平等；主张“非攻”，大小国一律平等；主张“尚贤”，用人平等；主张“尚同”于天，因为上天爱人平等；主张节用、节葬，是为了追求贵族与平民物资生存和政治地位的平等；他“非乐”，反对的是贵族与平民生活的不平等；他“非命”，是唤起人们通过自己的努力改变处于卑贱贫穷地位的不平等；他推出“天志”“明鬼”学说，是为了威慑制造不平等之人，以实现天下的平等。他的整个学说体系自始至终贯穿着一条红线：兴利除害，兼爱苍生，世事太平，天下为公。比较分析诸子学说，各有千秋，惟墨大公。

墨子及墨家之弟子，学说为公，待己待人、说话处世亦为公。墨子教育他的弟子：“谮慝之言，无入之耳；批扞之声，无出之口。”（《墨子·修身》）他从来不听诋毁别人的恶语，从来不发攻击别人的言论。他从来不因观点不同而攻击对方的人格，对论敌正确的东西他也称道不已。他虽自信却不护短，为公义能大义灭亲。墨子曾在与儒家弟子程子的辩论中称道孔子，程子不解地问：“你非儒，为什么还称赞孔子呢?”墨子回答说是因为他有正确而不可改变的东西，并打比方进一步肯定孔子的可称道之处——鸟怕炎热而高飞，鱼怕炎热而下沉。对这等合乎自然、合乎规律的事情，即使是禹、汤之类的圣人，也不可改变。“我怎么能不称道孔子呢?”学说观点对立，但不怀门户之见，虽是对手，仍予称道。其风范气度，令人敬仰。墨子也有识人不准、用人不当的时候。他派弟子胜绰事齐将项子牛，本意是让弟子帮项子牛弃恶从善，不料弟子却助纣为虐。于是他果断将胜绰撤回，并严加训斥，让众弟子引以为戒。墨家后人腹䵍秉承墨子遗风，秉公执法，不徇私情，其子杀人，按律当斩。秦王念其年高德劭，赦免其子。但腹䵍不依王之偏爱，亲杀己子以正国法。大公无私，名垂史册。

墨子其人，以天下为己任；墨子其学，惟大公显天下；墨家后学，以墨子为宗师，能“以绳墨自矫，备天下之急”。其人格风范，高山仰止。

墨子弟子之所以都能做到义无反顾，令行禁止，皆源自墨子的言传身教和伟大人格的感化。正如方授楚在其书《墨学源流》中所说：

> 墨子虽不欲人尊师，而弟子尊之者，盖其人格之伟大而崇高，弟子受其感化而不自觉。
>
> ……
>
> 化字最能传达神旨，亦即《所染篇》之染也。死乃人所最难，而能赴火蹈刃，视死如饴，则墨子感人，必有在学问、文字、言语以外者。古语曰："以言教者讼，以身教者从"：其此之谓矣。墨子以其施教之勤与教法之善，故虽由一贱人倡导，终成显学。①

① 方授楚《墨学源流》，上海书店出版社 1989 年版，第 132 页。

显学高徒

在百家争鸣、诸学林立的战国时代，墨学何以能成为“显学”？除了其思想主张、言论学说如黄钟大吕足以警醒世人、如日月经天足以光耀八荒，还在于由其思想学说、人格魅力的吸引而形成的门派之大。墨子一生广收门徒，广纳贤士，弟子云集，遍布天下。墨子一生究竟有多少弟子，史书没有记载。后人只知道他的弟子分为“说书”“谈辩”“从事”三类。《墨子·公输》记载，在墨子止楚攻宋时仅帮助宋国守城的“从事”类弟子就有三百人之多。弟子如影随形，贤士归之如潮。其弟子之多，由此可见一斑。所以，《吕氏春秋》说：“孔、墨，布衣之士也，万乘之主、千乘之君，不能与之争士也。”“孔丘、墨翟，无地为君，无官为长，天下丈夫女子莫不延颈举踵而愿安利之。”墨子为了推行自己的学说主张，主动招徕生徒，不惜强说强教，以天下为己任，以行义为宗旨，可谓锲而不舍。

《墨子·公孟》篇有一则小故事：有一个路过墨子门下的年轻人，身体强壮，天资聪明。墨子想让年轻人跟自己学习，告诉他："如果你愿意跟我学习，我会让你做官。"这个年轻人就跟着墨子学习了一年，一年后并未如愿做官，便责问墨子。墨子给他讲了一个故事，说鲁国有一家弟兄五个，长子是个酒鬼，父亲死了，他却整天酗酒不操办父亲的丧事。他的四弟告诉他，你带我们兄弟几个埋葬了父亲，我给你买酒喝。长子见有人给买酒喝，便答应并埋葬了父亲，接着向他的四弟要酒。四弟回答说，父亲是我们共同的父亲，又不是我一个人的父亲，你不埋葬自己的父亲，别人会说你不孝，所以才劝你埋葬父亲。于是墨子教育这个弟子说："你学习是为了义，我教你也是为了义，咱两个都是为了义。你不学义，别人会笑话你。所以劝你学习。"这则故事很可能产生于墨子办学不久、门徒尚少、墨学未张的初期，但从中可以看出墨子劝人向学、教人行义的主动和执着。

墨子教授弟子能够面向社会因需施教，针对学生素质因材施教。他把学生分为能谈辩者谈辩、能说书者说书、能从事者从事三类，对不同材资、不同类型的弟子传授社会所需要的不同的课业。"谈辩"类弟子学习谈辩游说技能、治国安邦之道和各种社会知识，培养目标是出仕从政的政府官员；"说书"类弟子学习古文化典籍、圣王之道，学成后要传授墨子学说，培养目标是老师；"从事"类弟子学习工匠技艺、军事技术，培养目标是工程技术人员和军事人才。

墨子认为，世上书籍很多，但并不是书上所说都是对的：“同归之物，信有误者。”（《墨子·贵义》）何况即使是对同一本书，不同人也有不同的看法：“民听不均，是以书多也。”（《墨子·贵义》）那么，怎么读书呢？他教导弟子“揣曲直而已”（《墨子·贵义》）。尽信书不如无书，读书要揣摩书中的是非曲直，取其精要，不可照搬照抄。

无论教授哪一类弟子，墨子都有一以贯之的教育方针。一是不怕挫折，恪守道义。“摩顶放踵利天下，为之”，为“义”献身，“死不旋踵”。“义”是一切行为的最高准则，犹如工艺匠人无论技艺高低，都不能放弃绳墨；犹如商人为了赚钱，不怕关隘之难、盗贼之险。二是加强自身道德修养，终生向学，不断改造，“善无主于心者不留，行莫辨于身者不立”（《墨子·修身》）。三是注重实践，强调言行一致，知行合一。他认为“士虽有学，而行为本焉”（《墨子·修身》），要少说多做，说而必行，行而必果。

三类弟子，虽然所学课业各有侧重，但都忠于和奉行墨子的学说主张，都在墨子的带领下，从事工艺制造、游说诸侯、传播墨学、非攻止战等各种实践活动。“谈辩”类弟子在学成之后，经考察合格，便有针对性地被派往有关诸侯国，通过游说宣传墨子的学说，得到国君接纳、赏识后参政从政，进而推行墨子的思想主张。“说书”类弟子学成以后，主要任务是传播墨子学说。“从事”类弟子学成以后，其社会活动主要是从事器械制造和守城保卫工作。“从事”类弟子的杰出代表是禽滑厘。他不仅勤奋好学，忠诚奉行墨子之道，而且尤其能践行

“以自苦为极”的墨家精神。他深得墨子真传，是墨子最得意的大弟子，在墨子弟子中享有很高的威望，被称为“子禽子”。《墨子》一书有关“城守”的十一篇文章，多处记载墨子与禽滑厘的对话和墨子对禽滑厘有关军事器械、军事设施、防御战略、守城战术等方面的当面教诲和传授。在止楚攻宋的重大军事事件中，师徒二人配合默契：一个只身赴楚，进行和平谈判；一个率众赴宋，准备武力反抗。一外一内，一文一武，未战先止，有战备战，战之能胜。他们用光辉的反战理论和卓绝的反战实践，贯彻了自己“非攻”“兼爱”的政治主张。

后学遗事

由前述可知，墨子“谈辩”类弟子游说诸侯，出仕为官；“说书”类弟子纪录、整理墨子言行思想，向后学传授墨子学说；“从事”类弟子研究、制造守御器械，帮助弱小国家守卫城池。三类弟子都以推行墨子学说为第一要务，分工配合，统一行动，形成一个有着统一思想信仰、统一行动计划和严密组织纪律的政治、学术团体。墨子是这个团体的老师，也是领袖。根据《墨子》一书所提供的墨子生平事迹的线索和有关史料推测，墨子晚年客居楚国鲁阳，老死于鲁阳，因年迈之故，曾传位给大弟子禽滑厘，但禽滑厘先于墨子去世。至于禽滑厘是怎么死的，没有史料可查。今人姚思源长篇历史小说《墨子大传》，说禽滑厘是被混进墨家学团的一个叫秦仲生的齐国贵族杀手行刺身亡。这部小说的基本情节、主要人物大都有史料可查，基本尊重了历史的真实，但既是小说，一些细节也不乏虚构和推测，故只能作为参考。禽滑厘死后，墨子又传位于孟胜。至此，墨学社团的制度发生了改变，对领袖的称谓由“子”改为“巨子”，墨家的制度改为“巨子”制。“子”乃老师，如“子墨子”“子禽子”；“巨子”则是大师、大先生。孟胜接任“巨子”之位后，继续带领墨家弟子从事各种社会活动，完成墨子的未竟事业。

一、孟胜殉义

楚国是排斥墨家和墨学的。当年墨子阻止并粉碎了楚国进攻宋国的图谋，大概是楚国排墨的主要原因。在楚国看来，凭自身的强大吞并弱小的宋国以扩大疆土、扬威诸侯是不成问题的，但即将得手的好事让墨子搅了局，能不耿耿于怀吗？可是，作为楚国属下的阳城君却容留墨家领袖及其弟子，并与之交好。所以，在孟胜看来，阳城君对他们有知遇之恩，于是就有了以后孟胜及其弟子“士为知己者死”的悲壮故事。

楚悼王在世时，曾任用大将吴起进行变法改革，确实起到了富国强兵的功效，但同时也大大损害了贵族利益。权贵们对吴起恨之入骨，必欲除之而后快。一年后，楚悼王驾崩，停尸朝堂。太子熊臧借给悼王吊丧之名，招回在魏国作战的吴起到悼王灵前吊丧，暗中组织各地贵族埋伏于朝堂以射杀吴起，同时布置甲兵在外面又把贵族们包围起来。贵族们见到吴起分外眼红，刀丛剑林般向吴起杀来。吴起躲在悼王尸体旁掩护自己，一时箭如飞蝗，射杀了吴起，悼王尸体也如刺猬一般插满了箭镞。因贵族射杀吴起时箭中王尸，太子熊臧按照楚国法律，箭中王尸，与谋逆同罪，诛九族，指挥事前埋伏好的甲兵诛杀了贵族。阳城君也在射中王尸的贵族之列，但没有被太子的甲兵诛杀而侥幸逃脱。太子熊臧一石双鸟，既除掉了自己长期怀恨在心的大将吴起，又诛灭了尾大不掉的贵族势力。熊臧即位，是为楚肃王，收回了贵族的封国，阳城君的封国鲁阳当然也在被收回之列。

阳城君去郢都前与守城将领孟胜有约：阳城君去郢都吊丧，孟胜率弟子守城，等候阳城君事后回国。阳城君逃亡、封国即将被收的消息传到阳城后，孟胜当如何抉择呢？第一，他可率领弟子固守阳城，凭着他们的英勇善战和军事实力，完全可以和楚军奋力一搏；第二，他可以率领弟子们逃走，远离楚国的是非纷争。他却做了第三种选择，“舍生取义”。《吕氏春秋·上德》记下了这一悲壮的场面，孟胜对弟子们说：“为阳城君守国，与阳城君有约。而今阳城君已逃，封国被收，凭我们的力量又不能改变现状。只能以死殉义。”“如果不死，那么从今以后，人们寻求严师一定不找墨者了；寻求贤友一定不找墨者了；寻求良臣一定不找墨者了。”换句话说，不死就是不义；如果不义，人们就不再把墨家的人看作严师、贤友、良臣。为师要做严师，严师出高徒，这样才能传扬光大墨子学说；交友要做贤友，以信取人，这样才能壮大墨家队伍；为官要做良臣，忠勇奉献，这样才能更好地施展墨者的才华和主张。这正是墨家“义”的具体体现，这正是墨家的理想追求。孟胜话音刚落，一个叫徐弱的弟子率先响应，说：“就照老师的话做，我先在前面开路。”说罢，手起刀落，自刎而死。孟胜自裁之前，决定把“巨子”之位传给在宋国的田襄子。在徐弱已死、其余弟子尚未全部自决之时，派两个弟子去宋国把这一消息报告给田襄子。两弟子走后，孟胜和其余弟子约一百八十人集体自杀。两个报信的弟子告知田襄子后，要立即返回阳城，田襄子以新巨子身份勉力劝止，但两弟子“当仁不让于师”，义无反顾，返回阳城，自杀身亡，和孟胜及其他弟子死在一起。大义大勇，义薄云天。

二、腹䵍杀子

专家据史料推断，孟胜死于公元前 381 年，临死前匆匆传巨子位给田襄子。田襄子仅仅是个贤者，在学术、政治、军事等方面都缺乏才能和实力，渐渐失去了作为领袖的权威性、号召力和凝聚力。墨家学团不时引发派别之争，往日那种一呼百应、令行禁止的局面已经风光不再。这一时期，地处西部的秦国国力日益强盛，采用张仪的连横策略不断扩辟疆土，霸业基础已成。完成统一霸业，急需大量人才。当时儒者西行不至秦，而墨者却纷纷西入秦国，争相求用。《吕氏春秋 · 去宥》有一段记载：东方墨者谢子西行到秦国要求拜见秦惠王，秦惠王向已在秦国的墨者唐姑果询问谢子的情况，唐姑果害怕谢子比自己贤明而受到秦惠王赏识，就回答说：“谢子是东方的辩士，为人凶险，将会摇唇鼓舌来取悦于您。”秦惠王听信其言，很不高兴地接待了谢子。谢子向秦王陈述自己的主张、见解，秦王不听，致使谢子辞别而东回。这个故事一方面说明墨者争相事秦的人数之多，另一方面也说明墨者内部已经出现纷争。作为巨子的田襄子已经控制不了墨家学团，墨家学团已经不像过去那样有统一的行动规划和严密的组织纪律。

秦惠王时期，秦国墨者声势浩大，深得秦王信任。见于史书记载的秦国墨者就有腹䵍、唐姑果、田鸠等人。

那么，田襄子居巨子位多少年呢？继田襄子之后的下位巨子又是谁呢？这要从《吕氏春秋·去私》这部文献里的一个事件说起。书中说，秦国有一个墨家巨子腹䵍，他的儿子杀了人。按照秦律，杀人偿命。秦惠王却对腹䵍说："先生年纪大了，又只有这一个儿子。我已经对行刑官下令不杀他了。希望你听从我的意见。"腹䵍却不惧违抗王命，不惜父子之情，回答说："墨者之法规定，杀人者要处死，伤人者要判刑。这样才能禁止杀人伤人。禁止杀人伤人，是天下的大义。大王您虽然赐他不死，但我腹䵍不能不行墨者之法。"腹䵍最终没有接受秦王的恩赐，亲手杀死自己的儿子。书中赞叹道："儿子，是人之最偏爱的，割舍自己最偏爱的人而履行大义，巨子真可谓公矣。"这个故事发生在秦惠王年间。秦惠王是公元前337年即位，距孟胜临死前传巨子位给田襄子的公元前381年已经四十多年了。据此推断，作为巨子，腹䵍杀子事件距田襄子接位巨子的时间，接近半个世纪。故事中说"先生之年长矣"，可知此时腹䵍年事已高，其接任巨子的时间，较其杀子时间更早。如此推断，田襄子做墨家巨子四十年左右后传位给腹䵍，基本上是可以肯定的了。

三、墨离为三

腹䵍接任巨子之后，也没能挽回自田襄子时代就已开始了的墨家学团内部的纷争。《庄子·天下》篇这样描述当时墨家内部的变化：

> 相里勤之弟子，五侯之徒，南方之墨者苦获、已齿、邓陵子之属，俱颂“墨经”而倍谲不同，相谓“别墨”。以“坚白”“同异”之辩相訾，以觭偶不仵之辞相应；以巨子为圣人，皆愿为之尸，冀得为其后世，至今不决。

意思是：当时墨家分相里勤弟子群和南方墨者群两派，他们都研读“墨经”，但各持己见，观点相背，相互指责对方为墨家的另类。拿“坚白”“同异”两个辩题相互斥责，拿“觭偶不仵”的辩题互相挑战；都把已故的巨子当作圣人，都愿替已故的巨子接受弟子们的祭祀，争相成为墨家的巨子，至今不能分出是非。

从这段话里，可以看出以下两种可能：一是作为巨子的腹䵍已经没有了巨子的权威；二是巨子腹䵍已死，巨子位已经不传。可以肯定的是，腹䵍是墨家的最后一位巨子。

其后，“相里氏”之墨又分化出“相夫氏之墨”，加上原有的“邓陵氏之墨”，已有了三派。《韩非子·显学》篇说：“自墨子之死也，有相里氏之墨，有相夫氏之墨，有邓陵氏之墨。故孔、墨之后，儒分为八，墨离为三，取舍相反不同，而皆自谓真孔、墨。孔、墨不可复生，将谁使定后世之学乎？”

至此，我们不难理出战国时期墨家学派发展演变的一条线索：墨子创立墨学和墨家学派，弟子分为三类，统一号令，统一纲领，统一行动，统一制度，弟子称墨子为“子墨子”，即老师墨子，我们不妨称之为“导师制”→孟胜接墨子位称“巨子”，即“大师”，我们不妨称之为“大师制”，率“从事”类弟子一百八十三人殉义阳城→田襄子接孟胜巨子位无所作为→腹䵍接田襄子巨子位无力统一墨家学派→巨子位不传，“墨离为三”。

应当说明，“墨离为三”并不意味着墨家衰微，也不是墨学衰微的原因。同“儒分为八”一样，内部不同观点的争论反而有利于学说的发展。在战国时代的二百多年间，墨、儒一直并称“显学”。

四、墨为道用

墨子推出尊天事鬼学说，本意在于威慑世人，劝善戒恶，让人顺从天意，兼爱交利，兴利除害，以正世风；墨子问津自然，注重实验，崇尚发明，在光学、力学、数学等自然科学领域创造了无与伦比的科技成果，皆因应于当时社会生产、生活的需要；墨家学派有明确的行为宗旨、稳定的学团组织、严明的组织纪律、统一的行动部署，旨在推行墨家学说，践行墨家道义。但历史开了一个玩笑，到了六百年后的东汉末年，墨学却被我国最早的宗教组织——太平道所利用。在他们的经典《太平经》中，大量吸纳、改造了墨子的言论、主张，打着信奉黄老之道的旗号，建立起“天人一体”的神学思想体系，使墨学蒙上了神秘的宗教色彩。墨子说，“天子有善，天能赏之；天子有过，天能罚之”，“天子赏罚不当，听狱不中，天降疾病祸祟”（《墨子·天志下》）；《太平经》说，“王者行道，天地喜悦；失道，天地为灾异”，“天大怒不悦喜，故病灾万端”。墨子说，“鬼神之明，不可为幽间广泽山林深谷，鬼神之明必知之”，“鬼神之所赏，无小必赏之；鬼神之所罚，无大必罚之”（《墨子·明鬼下》）；《太平经》说，“天遣神往记之。过无大小，天皆知之”，“有善者财小过除，竟其年耳。如有大功，增命益年”。两相对照，如同翻版。早期道教组织在借用墨子思想、言论的同时，仿效墨家社团的组织制度、严明纪律和统一行动的经验，发扬光大墨家社团轻生敢死的任侠精神，以张角为首领，建立起“军教合一”的道教组织，以“苍天已死，黄天当立”为口号，派弟子到各地教化民众，笼络人心，发动了波澜壮阔的农民大起义，动摇了东汉王朝的统治。

早在西汉武帝年间，就有方术道士利用墨家的光学知识、机械制造原理制作种种法术器具，迷惑世人。此后，在许多道教经典中都有伪托墨子之书，如道书目录中的《墨子枕中五行记》，《隋书·经籍志》中的《墨子枕内五行纪要》，《太平御览》中的《墨子枕中记抄》，宋郑樵

《通志·艺文略》中的《灵奇墨子术经》，后汉方士的《墨子隐形法》，葛洪《抱朴子·金丹》中的《墨子丹法》，《大唐开元占经》中的《墨子占法》，《云笈七签》中的《墨子行气闭气法》，等等。晋代葛洪在其《抱朴子·遐览》中介绍墨子之术，“其法用药用符，乃能令人飞行上下，隐沦无方。含笑即为妇人，蹙面即为老翁，踞地即为小儿，执杖即成林木，种物即生瓜果可食，画地为河，撮壤成山，坐致行厨，兴云起火，无所不作也”。墨子何以能如此法力无边呢？原来，道家已经把他神仙化了。

葛洪在他的《神仙传》中记载，墨子在他八十二岁那年，慨叹道：“人世间的事情我都看透了，声望、地位都不是能够长久保持的，我要告别世俗，从此出游四方，超然世外。”于是进了周狄山，神游以道家之法，想做一个逍遥的神仙。后来多次听到在周围山中有朗朗的读书声，墨子睡卧以后，有一个人向他走过来，衣服遮着脚。墨子静静地观察他，没说话。倏然间，这个人站到了面前，墨子就站起来问他：“您难道是此山中的灵气吗？将要超度世人成为神仙吗？希望您少待片刻，教导我修仙成道的要领。”神人说：“我知道你有志于道术，所以在此等候你多时了。你有什么要求？”墨子说：“愿求长生与天地共始终。”于是神人传授给他制药之法、教规教戒、五行变化之类的书籍，共二十五篇，并告诉墨子：“你有仙人之骨，又天资聪明，有了我给你的这些东西，就能修炼成功，不需再去拜师。”墨子拜受并按要求修炼，最终得其要领，并编撰成书，这书就是《墨子五行记》。从此，墨子成为地仙，离开动荡不安的战国社会而隐居山林。到了汉武帝时代，皇帝派一个叫杨违的人带着帛璧去聘请墨子，墨子辞谢不出。使者观察墨子的面色，不过是五六十岁。墨子周游各地名山大川，从不住在一个地方。墨子得道成仙之神话，还真的有后人信以为真。陶弘景在他的《真诰·稽神枢》中说:“服金丹而告终者，臧延甫、张子房、墨狄子。”玉清三元宫还把墨子列为其中的一位真人。

墨子之学为道教所借用，墨子形象被道家所扭曲。这里有一个问题，诸子百家为什么惟有墨子及其学说被道家所青睐呢？究其原因，大致有以下四点：第一、墨子和道家创始人兼道教经典《太平经》的作者张道陵都出身社会下层，在墨子那里，他们能找到更多的共同语言。事实上，《太平经》里的许多言论都源自《墨子》，可谓异曲同工。第二、《墨经》中的一些科技知识和科学原理都为道家所熟悉、所运用。葛洪《神仙传》云河东孙博“治墨子之术，能令草木金石皆为火，光照数里”。孙博所运用的很可能就是《墨经》中的光学原理。第三、先秦诸学中，惟墨子的“天志”“明鬼”学说最具宗教性质；先秦百家中，惟墨家有结社组织，其教义、戒规、行为等亦类似后来的宗教气质。因此，道教惟能从墨家、墨学中找到契合点。第四、道教出现以后，为了与儒、佛相抗衡而占有并巩固自己的社会地位，必然要吸纳众家之长，成其一家之大，而诸学中曾经是“显学”且又多有契合而又便于改造的墨学，当然是成就其道教的最合适的选择对象。他们甚至把许多有名的人物如张良、诸葛亮等人也拉入道教之列，这就不难理解他们为什么要借墨子之名拉墨子为伍了。从这个角度看，他们以墨为用，似乎有点拉虎皮扯大旗之嫌了。总之，道教对墨子及其学说的伪托和扭曲，恐怕是墨子在世时所不曾想到的。

《墨子》 其书

《墨子》一书是继《诗经》《尚书》《易经》《春秋》《论语》《老子》等经典著作之后的又一部先秦经典著作。它和《论语》《老子》一样，是造就中华文明、中华文化的源头之作。

《墨子》是墨家学派的一部著作总集，其学说内容从经济、政治、伦理、哲学、军事到自然科学、逻辑学等包罗万象，是一个综合性的宏大学术思想体系。它上能治国，下可利民；外究自然，内化人心，真可谓“达于天人之理，熟于事物之情”。

和先秦其他大家著作一样，《墨子》一书并非一人所著、一时所成，而是墨家学派集体学说思想的集成，但基本保留和反映了墨子的学说思想。

《汉书 · 艺文志》载“《墨子》七十一篇”，但《墨子》

现仅存五十三篇，佚失十八篇。十八篇中，有八篇尚存目录，没有内容；另外十篇，连目录也亡佚了。

大体地说，《墨子》一书可分为五个部分。

第一部分可称之为“杂篇”，包括《亲士》《修身》《所染》《法仪》《三辩》《辞过》《七患》等七篇。整体看，这七篇缺乏一个明确的主题，基本上是“十论”有关篇章的余论，其成文可能经历了一个比较长的时期。不是墨子自著，而是墨家后学的作品。

第二部分包括《尚贤》（上、中、下）、《尚同》（上、中、下）、《兼爱》（上、中、下）、《非攻》（上、中、下）、《节用》（上、中）、《节葬》（下）、《天志》（上、中、下）、《明鬼》（下）、《非乐》（上）、《非命》（上、中、下）、《非儒》（下），共计十一论二十四篇。由于《非儒》篇与本部分的前十论主题不一致，所以除去《非儒》，把本部分称为“十论”。

一般认为，“十论”皆由墨子所述，由其弟子所记录、整理，所以集中反映了墨子的思想主张，是把握墨子学说的关键。

至于“十论”的成文成书，未必是墨子生时写定，很有可能是在他死后由其弟子根据当时的记录整理、追忆而成。有一个例子可以证明，《非乐上》有“齐康公兴乐万”一句话，与墨子的生活年代不相符，明显是墨子的门人弟子在墨子去世后成书时加进去的。

《非儒下》一篇较为特殊。本篇中的有些内容与墨子的思想和历史事实不符。墨子虽然非儒，但从不诋毁孔子。而《非儒下》却对孔子的思想、主张乃至人格都进行了猛烈的攻击，所列事实不少是无中生有。本篇当是后世墨者因不满于儒家对墨家的攻击而发出的反击儒家的愤激之词。其内容及成书与墨子关系不大。

“十论”都分上、中、下三篇。现存的《墨子》一书中，有的上、中、下三篇都有，有的只存其一二，余皆亡佚。现存上、中、下三篇各论，三篇之间文字上虽有差异，但思想内容完全一致。对这种现象，有各种各样的解释，较为可信的是栾调甫的说法。

栾氏根据方言、语词运用和地域文化等方面的差异，解释各论分上、中、下三篇的原因。当时，墨家弟子遍布全国各地，其活动中心不断迁移。大体说，墨家活动中心的迁移是从鲁到楚、宋再到秦。鲁为儒家文化中心，重《诗》《书》《礼》《乐》；楚谈辩之风最盛；秦崇尚实际。故东方（鲁）之墨重说书，“十论”各中篇征引《诗》《书》最多，当是鲁墨所作；南方（楚）之墨重谈辩，“十论”各下篇言繁好辩，当是楚墨所作；秦墨重从事，“十论”各上篇最为简洁，当是秦墨所作。所以“十论”的上、中、下之分，很有可能形成于鲁、楚、秦三地的不同传本。

第三部分为“墨经”，包括《经上》《经下》《经说上》《经说下》《大取》《小取》共六篇。也有人称六篇为“墨辩”，或前四篇为“墨经”、后两篇为“墨辩”。

对“墨经”的作者问题，迄今说法不一。有人认为是墨子本人，有人认为是墨子后学。比较权威的观点是胡适的判定——墨子思想的核心是兼爱，他所关心的是社会政治生活，为天下兴利除弊，而“墨经”各篇除了数学、光学、力学、几何学、逻辑学，较少涉及墨子思想主张，这与墨子形象不符；另一方面，也与墨子生活的年代不符。胡适以为这些都应该是墨子死后名辩思潮兴盛的产物。

还有，“墨经”中的各条都是与当时各家辩论的产物。其批驳对象有名家的惠施、公孙龙，有阴阳家的邹衍、道家的庄子及其他一些辩者，而这些人都在墨子之后，不与墨子同时。因此，“墨经”的作者应是墨子后学，成书较晚。

第四部分为“墨语”，包括《耕柱》《贵义》《公孟》《鲁问》和《公输》共五篇。主要记述墨子的言论事迹，类似儒家的《论语》，故叫“墨语”。本部分都是墨子的门徒弟子所作，故文中多出现“子墨子”的说法。本部分是了解墨子生平事迹的最重要的依据。

第五部分包括《备城门》《备高临》《备梯》《备水》《备穴》《备突》《备蛾傅》《迎敌祠》《旗帜》《号令》和《杂守》共十一篇。主要记述墨家防御、守城技术，可称之为“墨技”。

十一篇中，《号令》《杂守》两篇出现汉代官名，如城守“司马”、“城门候”、都“司空”等，也有汉代刑法制度，如“城旦”等；《备城门》《备高临》《备梯》《备水》《备穴》《备突》《备蛾傅》等七篇涉及秦朝官制和刑法。所以基本可以断定，此十一篇当成书于战国中叶至汉代初期，作者为秦国的墨者或者后学。至于《迎敌祠》和《旗帜》两篇，学者们认为可能是后人的伪作，非墨家之作。

总上五个部分可知，《墨子》一书并非墨子本人所作，有的是墨子讲学、后人通过记录或追忆而整理成书，有的是墨子的门徒弟子或墨家后学所作，但对墨子的学说、思想都有较为完整的反映和保留。最能反映墨子本人思想和事迹的是“十论”和“墨语”两部分。

中篇·墨学论

世之显学，

儒、墨也。

儒之所至，孔丘也；

墨之所至，墨翟也。

——韩非

墨学思想

墨子学说内容宏富，思想远大。现择其要者简述如下：

一、为节用生财为民：墨子经济思想

墨子出身工匠，自身也是一名工匠，他的工匠技术与当时名扬天下的著名工匠鲁班比肩。他能用木片制作木鹰，在天上飞翔；他能用“三寸之木”，须臾间砍削成能载五十石重物的车轴。他勤奋好学，《庄子 · 天下》篇称他是“好学而博”。他生活在儒学的发祥地鲁国，早年所学主要是孔门儒学。史书记载，他曾跟周王室礼官史角的后人学习周礼，也有人推断他曾是儒门弟子。刘安《淮南子 · 主术训》中说：“孔丘、墨翟，修先圣之术，通六艺之论，口道其言，身行其志。”这里，孔丘、墨翟并论，说明了墨子及其学说在当时的显赫；同时不难看出，墨子作为和孔子之孙子思同时代的人，那“先圣之术”“六艺之论”肯定是孔子传授下来的。所以，《淮南子·要略》中说：“墨子学儒者之业，受孔子之术。”虽然依赖自己的学习和学业成就，由“贱民”上升为“士”，但墨子的立场还是在“贱民”一边的。随着学业和思想的成熟，通过自己的思考和观察，墨子认为儒家所倡导的周礼“烦扰而不悦”，儒家所主张的厚葬“靡财而贫民”，儒家所推行的服丧“伤生而害事”，“故背周道而用夏政”。孔子曾说，“郁郁乎文哉，吾从周”——博大深远而富于文采啊，我追随周代。而在墨子看来，周礼繁文缛节，浮华奢侈，令人烦扰；而“夏政”呢？简朴实用，有利苍生。当年夏禹治水，栉风沐雨，事必躬亲，形骸槁枯，自苦为极，献身社会，为民造福。墨子说，不能如此，就不是夏禹治国之道，就不是墨家之人，所以主张“背周道而用夏政”。鉴此，墨子提出了自己的“节葬”“节丧”“节用”“非乐”主张，发生了与儒家厚葬久丧、繁饰礼乐的对立。请看下面的辩论：

儒家弟子公孟子对墨子说：“你认为服丧三年不对，那你所主张的服丧三月也不对。”（《墨子·公孟》）儒家认为，国君、父母等人死了，要服丧三年，三年之中，要住在于死者坟前搭起的茅棚里，头枕土块，身卧柴草，饭不能吃饱，衣不能穿暖，往往面目枯槁，身体消瘦，人扶着才能站立，拄拐杖才能行走。这样必然“伤生害事”，当官的不能治理官务，老百姓不能做工务农。所以墨子力陈其害，予以反对。针对公孟子的责难，墨子反驳说：“你用三年服丧否定我的三月服丧，就好像光着屁股骂别人撩起衣襟不知羞耻一样。”（《墨子·公孟》）儒家为什么要坚持服丧三年呢？公孟子说：“小孩长到三岁才能离开父母的怀抱。父母死了，服丧三年，就像做小孩的时候三年离不开父母。”墨子用调侃的语调予以反驳：“小孩儿不懂事，只知道依恋父母。父母不可得，就哭嚎不止。太愚蠢了！儒者的智慧，不跟这不懂事的小孩一样了吗？”（《墨子·公孟》）

为表示对死者的敬重和怀念，儒家主张装殓死者“贵贱有仪，上下有等。天子棺椁七重，诸侯五重，大夫三重，士再重”（《庄子·天下》）。坟冢要大，衣物要好，陪葬物品要多，以致掏空家室，不如此不能尽孝。墨子认为，这纯粹是靡费钱财，财富来之不易，却连同死者被大量地埋在地下，再加上长久服丧，伤害身体，妨碍从事，这就像不去耕种却想获得收成、让人伏卧在剑刃上却祈求长寿一样，百姓怎么能富裕、国家怎么能富强呢？

与“节葬”“节丧”主张一脉相承的是墨子的节用学说。面对贵族统治者暴夺民财、骄奢淫逸、大兴土木、挥霍无度和民不聊生的社会现实，他主张：为衣服之道，冬能保暖、夏能清凉即可；为饮食之道，能填饱肚子、补充体力、增进健康即可。这样才能使财产不浪费、百姓不劳苦。世间的财富来之不易，世人的生存、发展，都是靠劳动得来的。“赖其力者生，不赖其力者不生”（《墨子·非乐上》），所以要尊重劳动，珍惜劳动果实。他用大量历史事实警告统治者，“俭节则昌，淫佚则亡”（《墨子·辞过》）。凡是增加费用但不能给百姓带来好处的事情，坚决不要去做。他之所以反对厚葬久丧，主张节葬节丧，就是因为那样不仅伤生害事，而且浪费钱财；他之所以主张法夏而不法周，就是因为夏风简朴实用，而周道奢侈浮华。因此，他要对儒家所奉行的周礼进行改革。由此，他与儒门弟子公孟子生出一场辩论。公孟子主张，君子要说古言，穿古服，这样才能达到“仁”的境界，才能算得上一个“仁人”。公孟子所说的“古言”“古服”，指的是西周时期的语言和服装。春秋战国时期，周室已经“礼崩乐坏”了，公孟子实际上是要人们恢复周礼。对此，墨子反驳说，过去商纣王等是天下的暴人，微子等是天下的圣人，同穿商代之服，同用商代语言，但前者不仁，后者为仁人；周公旦和关叔同在周朝，穿的都是周朝时的服装，说的都是周朝时的话语，但后者不仁，前者为仁人。这说明仁与不仁不在于说不说古言、穿不穿古服。况且，夏朝比西周要“古”得多，和夏朝相比，所谓西周之“古”并不是“古”（《墨子·公孟》）。这是墨子主张实施夏朝简朴之德而反对周礼奢侈之风的一次典型的论争。

墨子为什么要“非乐”呢？请看当时的社会现实：一方面是“民有三患：饥者不得食，寒者不得衣，劳者不得息”；一方面是王公大人暴夺民衣食之财，荒废民耕稼纺织，建高台厚榭，制大钟鸣鼓，拘年轻男女，供寻欢作乐。朝廷荒淫，国库虚空，民生艰难。如此大兴声乐，误国害民，怎能不“非”？有人认为墨子“非乐”太绝对化了，是他的局限。其实这种批评也失之表面化。墨子“非乐”，反对的是统治者不顾百姓死活、国家兴亡而沉溺于声乐，他是告诫统治者要更多地体恤民情，要有忧患意识。在统治者轻歌曼舞、灯红酒绿和老百姓衣食无着、呼饥号寒的两极中，他作为平民出身的思想家，当然要替百姓说话。在这一问题上，墨子与儒者也进行了激烈的辩论。公孟子说："国家动乱就治理使之安定，国家安定就兴乐；国家贫穷就竭力做事，国家富裕就兴乐。"墨子针锋相对地指出："你这是口渴了才去挖井，人死了才去求医。过去夏桀、商纣、周幽王、周厉王三代暴君，都不顾百姓，大兴礼乐，结果都自身难保，国家灭亡，都是走的你说的这条道。"(《墨子 · 公孟》) 墨子告诉人们一个道理，为人君者，无论何时都要居安思危，否则会走向灭亡。

墨子质问儒者："你们为什么要兴乐?"儒者回答："为了快乐而兴乐。"墨子讽刺说："你根本没有回答我的问题。就好像问为什么要建造房屋，你却回答说为了房屋制作房屋。"(《墨子 · 公孟》) 从这一则辩论可以看出，对于兴乐问题，墨子是理直气壮，而儒者则是搪塞无词、答非所问。

二、尚贤同非攻弭战：墨子政治思想

墨子所处的春秋战国之际，社会动荡，战争频仍。春秋时代，"弑君三十六，亡国七十二"，孟子概括为"春秋无义战"。至战国时代，七雄争霸，国无宁日，不义之战愈演愈烈。当时老百姓所受战争之苦，更甚于厚葬久丧、繁礼淫乐。墨子忧天下之忧，苦百姓之苦，先以"义、利"之辩游说止战，继以"天志"思想震慑诸侯，逐渐形成并完善了自己的"非攻"

理论。

在人与人、国与国的关系问题上，墨子主“和”而非“斗”，主“义”而非“攻”。子夏的弟子曾问墨子：“君子有争斗吗?”墨子回答：“君子没有争斗。”子夏的弟子反问：“猪狗都有争斗，人怎么能没有争斗呢?”墨子感慨道：“太可悲了！你言必称商汤、文王，行动却称道于猪狗，太可悲了!”(《墨子·耕柱》)鲁班制作了一种叫“钩强”的兵器，这种兵器进能刺人，叫“强”；退能钩人，叫“钩”，曾帮助楚国进行舟战，打败越国。鲁班得意地对墨子说：“我舟战有钩强，不知你也有钩强吗?”墨子义正词严地回答：“我的钩强是义，远远胜于你舟战的钩强。我对人钩之以爱、强之以利，那么人们就会互爱互利，亲密恭敬。你用钩强去刺别人、钩别人，别人也会去刺你、钩你。难道我的义之钩强不能胜过你的舟战之钩强吗?”(《墨子·鲁问》)

墨子游说诸侯，制止攻战，总是先晓之以“义”。他认为“攻其邻国，杀其民人，取其牛马粟米货财”是“大不义”。他在劝说鲁阳文君不要攻打郑国的时候做了一个类比，说偷窃他人一只狗、一头猪，人们都说他不义；而窃夺他人的国家和都城却视为义，这是什么逻辑呢?接着还要晓之以“利”。他认为诸侯攻战是“天下之巨害”。对于攻战双方来说，都是农夫不得耕，妇人不得织，都是“丧师多不可胜数”，“丧师尽不可胜计”，自我劳苦，得不偿失，上不符合天的意志，中不符合先人的意愿，下不符合百姓的利益。仁人治国，应率领天下百姓从事农业生产，这样才能强国富民。无奈，墨子以“义”

“利”说教、劝和、止战的声音在诸侯互相攻战的搏杀声中太微弱了。诸侯国君生杀予夺，大权在握，对墨子的主张，他们要么姑妄听之，要么我行我素，一意孤行。于是墨子又以“天志”威慑之，劝说之。天意是什么？天意是让人们相爱相利，不让人们相恶相贼。所有的人都是上天的臣民，上天爱护天下所有的臣民。爱护人民，上天奖赏他，保佑他；残害人民，上天就要惩罚他，灭亡他。而且上天明察细微，无论谁在什么时候什么地方做了什么事情，无论行善作恶，都逃不出上天的监督，都会受到上天的奖赏或惩罚，因为天欲义而恶不义。义就是爱人利人，而攻战是最大的不义。

从晓之以义到告之以利到警之于天，墨子的“非攻”理论形成了一个完整的体系。但这种为国为民的理论对好战的诸侯，其作用是十分有限的，现实是攻者照攻、战者自战。墨子只好率领弟子，帮助弱小国家拿起自卫的武器，防御备战。

墨子“非攻”的思想和实践在《墨子 · 公输》篇中表现得尤为充分和典型——

公输般给楚国造好了云梯要攻打宋国。墨子知道后立即启程，步行十天十夜到达楚国郢都劝说公输般和楚王。墨子告诉公输般说：“有个人侮辱我，请你帮我杀了他。”公输般听了很不高兴。墨子说：“我给你十斤金子。”公输般说：“我奉行道义，绝不杀人。”墨子正色说道：“楚国土地博大，人民稀少，你驱使百姓去攻打宋国，这是牺牲本来就稀少的人民去争夺多余的土地，你不算聪明；宋国没有罪过，而你去攻打他，你不讲仁义；明知不对却不劝谏楚王，你是不忠；劝谏不成就随波逐流，你算不上刚强；你奉行道义不愿杀一个人，却要杀众多的人，你很不明智。”公输般理屈词穷。墨子说服了公输般，但不能从根本上解决问题，紧接着他又面见楚王，用类比的方法一步步逼楚王收回成命。他说：“现在有一个人舍弃自己的新车，去偷邻人的破车；舍弃自己华丽的衣服，去偷邻人的粗布衣服；舍弃自己精美的饭菜去偷邻人的糟糠之食。请问这是什么人啊?”楚王说：“这个人一定有窃疾。”墨子紧逼不舍，说：“楚国地大物博，宋国贫穷弱小。楚、宋两国就如同新车与破车，锦绣与短褐粱肉与糟糠的关系。你攻打宋国不同样也有窃疾吗？况且你若真的攻打宋国，料你也得不到宋国，只会丧失了道义。”形象的类比，严密的逻辑，正义的言辞，使楚王无言以对。但楚王自恃强大，野心膨胀，且箭在弦上，不得不发，仍不放弃攻宋的念头。为了打消他们的侥幸心理，墨子与公输般解带为城，木片作兵，进行了一场战前推演，使楚方九攻九败，黔驴技穷。楚王欲杀墨子，以绝攻宋后患，不料墨子早已置生死于度外，且派三百弟子按墨子守城之法坚守在宋城之上，众志成城，严阵以待。一场有可能血流成河的战争，被墨子扑灭在磨刀霍霍的酝酿之中。

非攻止战，使社会安定，人民休养生息，安居乐业，这是治理国家的要务。那么，治理国家、政务的根本是什么呢？墨子认为，一是“尚贤”，一是“尚同”。

“尚贤”就是尊重、提拔、任用贤人治国理政。他列举大量正反两方面的历史事实告诫人们，得人才者得天下，失人才者失天下。所以他总结说“尚贤者，政之本也”。那么，什么是“贤”呢？“贤”的标准是什么呢？他指出，贤者“厚乎德行，辩乎言谈，博乎道术”，就是说，品德操守要笃厚、高尚，学识能力要广博、高超，还要善于表达，能言善辩。他还指出，贤者要“有力相营，有道相教，有财相分”（《墨子·天志中》）。那么，“贤”在哪里呢？如何求“贤”呢？要“不党父兄，不偏富贵，不嬖颜色”（《墨子·尚贤中》），“虽在农与工肆之人，有能则举之”，“官无常贵而民无终贱，有能则举之，无能则下之”。（《墨子·尚贤上》）最后，怎么用“贤”呢？“高予之爵，重予之禄，任之以事，断予之令”（《墨子·尚贤上》）。选拔人才，重用人才，则国治民安。所以说“尚贤者，政之本也”。

墨子主张“尚同”，要选拔贤人担任自下而上的各级官员直至天子。上下政令统一，最终统一于“天”。因为天的意志是让人们互不攻打，互不残害，相爱相利，平等相处，是“兼爱”天下万民。至此，他的主张又回到了其理论起点“兼爱”，画了一个圆满的句号。

三、倡义利兼爱天下：墨子伦理思想

厚葬久丧，伤生害事，败坏钱财；繁礼淫乐，扰民误国，搜刮百姓；攻伐兼并，无义无利，涂炭生灵。为了减轻人民负担，改善人民的生存环境，墨子提出“兼爱”，呼吁爱利苍生，天下平等。可以说，兼爱是墨子节葬、节丧、节用、非乐、非攻等主张的出发点。反过来，如果人们都能为了民之生计不再为死人厚葬久丧，不再为了个人享受而夺民衣食、制礼作乐，不再攻城略地，杀害百姓，那么会出现“兼相爱，交相利”即“人人为我，我为人人”的人际环境和和谐社会。所以，“兼爱”又是墨子一切主张的落脚点。“兼爱”是墨子学说的理论核心，是墨子对人类社会勾画的理想蓝图，是墨子对人类生存和发展的终极关怀。

孔子的“仁爱”与墨子的“兼爱”，一字之差，却有质的区别。孔子的“仁爱”是“亲亲有术，尊贤有等”（《墨子·非儒下》），是以“我”为原点，由爱自己到爱自己的父母、兄弟等家人到爱其他人，是由亲到疏、由近及远的推己及人之爱，是以血缘关系为纽带的有差别、有等级的爱，目的在于维护周礼，维护“君君、臣臣、父父、子子”的宗法制度和贵族统治。墨子的“兼爱”是没有差等、不分亲疏远近的平等之爱，是人人都能视人若己、互惠互利的普遍之爱。墨子说：“天有邑人，何用弗爱也？”（《墨子·天志上》）各色人等都是上天的子民，人人生而平等，为什么不能平等相爱呢？为什么要分亲疏远近、差别等级呢？墨子的兼爱观点，无疑是站在下层人民、弱势群体立场上向当时的宗法观念和等级制度的挑战，因此遭到了信奉周礼、维护宗法制度的儒者的强烈反对，被孟子斥为“无父无君”的“禽兽”。墨子主张要“视人之国若视其国，视人之家若视其家，视人之身若视其身”（《墨子·兼爱中》），对待别人的父母像对待自己的父母。这样，“爱人者，人必从而爱之”，“天下之人皆相爱，强不执弱，众不劫寡，富不侮贫，贵不敖贱，诈不欺愚”（《墨子·兼爱中》)；这样，就社会和谐、天下太平。而在孟子看来，如果人人都把别人的父母看作自己的父母，这不等于不认自己的父母了吗？如果不认自己的父母，这不就和动物没有什么两样了吗？《墨子·耕柱》篇记载了墨子和儒家弟子巫马子的辩论。通过这一辩论可以看出墨子“兼爱”与儒家“仁爱”的不同：

巫马子对墨子说：“我跟你不一样，我不能兼爱。我爱邹人胜过越人，爱我们鲁国人胜过邹人，爱我家乡的人胜过家乡之外的本国人，爱我家里的人胜过家乡的人，爱我的父母胜过爱我家的其他人，爱我自己胜过爱我的父母，因为跟我自己最近。打我疼在我身上，打别人不疼在我身上，我为什么自己身上疼不去抚摸，而别人身上疼偏要去抚摸呢？我杀别人有利于我，不能杀我以利于别人。”墨子反驳巫马子：“你的道义、主张是要隐藏起来呢，还是要告知于众人？”巫马子回答：“我为什么隐藏我的道义、主张？当然要告知众人。”墨子说：“按照你的主张和逻辑，有一个人喜欢你，但这个人为了他自己的利益想杀你；如果天下人都喜欢你，天下的人都为了自己的利益想杀你。反过来说，因为你发表的言论不吉祥，不能给人带来好处，因为你要为了自己的利益去杀别人。所以，一个人不喜欢你，一个人要杀你；十个人不喜欢你，十个人要杀你；天下的人都不喜欢你，天下的人都要杀你。这样无论喜欢你还是不喜欢你的人都要杀你。”墨子的推论无懈可击，一个人若以自我为中心，把是否对自己有利作为言行的准则，不顾他人的利益，这是极端的利己主义，其结果只能是害人害己。所谓以我为核心、以血缘关系为纽带的推己及人的差等之爱，只能是自欺欺人之谈。

巫马子不甘服输，又无理可说，只好退一步说："你兼爱天下，没见有什么好处；我不爱天下，没见有什么坏处。两种主张都没有功效，你为什么单单肯定你的观点而否定我的观点呢?"墨子用一个比喻进行反驳说："如果有一人家失火，一个人要提水灭火，一个人要鼓风加柴助长火势，即使都未奏效，但你赞成哪个人呢?"巫马子回答："我赞成救火的，不赞成助火的。"墨子水到渠成，结束辩论："我就是那个提水救火的，所以我肯定我的主张；你就是那个煽风点火的，所以我反对你的主张。"

归结起来，墨子的"兼爱"与儒家的"仁爱"有三点区别：

（一）出发点不同。"兼爱"是站在平民立场上为弱势阶层说话，是向宗法等级制度的挑战；"仁爱"站在贵族立场上，维护以血缘关系为纽带的宗法等级制度。

（二）内容不同。表现于两个方面：一是"兼爱"是视人如己、不分人我的平等之爱，"仁爱"是自我中心、推己及人的差等之爱；二是"兼爱"主张爱、利不分，爱人必利人，利人即爱人，"兼相爱则交相利"。不能给人带来好处的"爱"不是真正的爱，爱就要互惠互利，"投我以桃，报之以李"。"仁爱"不言利，若谈利就是小人，就不是君子。孔子有言："君子喻于义，小人喻于利"，"君子怀刑，小人怀惠。"（《论语·里仁》）

（三）性质不同。当时战争规模日益扩大，作战武器日益先进，兵器的制造技艺日益进步，工匠的作用日益重要，地位日益提高；奴隶制向封建制的过渡进程明显提速，地主阶级凭借经济实力大步走上政治舞台，要求平等的呼声日渐高涨；士阶层迅速崛起，人才成为当时各国诸侯兴国强兵、争霸称雄的第一需要。鉴于这种社会变革和政治环境，儒家志在恢复周礼、用于调整贵族间关系的“仁爱”理论，显然有些不合时宜，是一种“复古”；而墨子“兼爱”理论旨在调整所有社会成员之间的关系，是一种追求平等的理论，更符合下层劳动人民和新兴地主阶级及广大士阶层的要求和利益，无疑对当时的社会和伦理关系是一种改进、一种改革。为什么在儒学已成显学之后，后起的墨学一跃而与儒学并肩，也成为“世之显学”，这就不难理解了。

四、尊天鬼察本非命：墨子哲学思想

人世间和自然界是没有鬼神的，但墨子为什么在他的学说中要推出鬼神并且列举大量所谓的事实不厌其烦地论证鬼神之有呢？难道墨子真的信奉鬼神吗？如果墨子相信鬼神的存在，这不与他赖其力者生、不赖其力者不生的事在人为的主张相矛盾吗？这不是其思想学说的杂质和局限吗？如果墨子不信鬼神，他为什么又推出鬼神而且论证其有呢？

毋庸讳言，墨子确实相信鬼神之有。这不仅表现于他论证鬼神存在的大量言论，也表现于他与儒家弟子的辩论之中。儒学师祖孔子对鬼神问题从来不置可否，他有个观点：“未能事人，焉能事鬼？”（《论语·先进》）所以“子不语怪、力、乱、神”（《论语·述而》），表现得比较圆通。儒门弟子公孟子则明确地说“没有鬼神”，但主张“君子必学祭祀”，即学习祭祀鬼神、祖先的礼仪。抓住这一破绽，墨子以子之矛攻子之盾，反驳道：“主张没有鬼神又学习祭祀鬼神的礼仪，这就好像没有客人而学习待客之礼，没有鱼而去编织渔网。”（《墨子·公孟》）应该指出，相信鬼神肯定是墨子的局限和墨子学说的糟粕；同时应该指出，任何人任何学说都不可能是完美无瑕的，都跳不出历史知识、时代语境的局限。我们没有理由用现在的科学知识和认识能力去苛求古人。继承、发扬其精华的东西，厘清、剔除其糟粕的部分，以弘扬中华民族优秀传统文化，这才是历史唯物主义的态度。如同科学巨人牛顿晚年转而信奉“上帝”，但牛顿仍不失为一个科学巨人一样，殷商时代人们相信鬼神，鬼神文化是殷商文化的重要部分，这在殷商甲骨文中有充分的体现。墨子作为殷商的后人，作为继殷商以后周朝的一名工匠出身的知识分子，他没有摆脱和走出上代及当时世俗社会鬼神文化的影子和局限，也在情理之中。

两千多年前的思想巨人墨子信神，两三百年前的科学巨擘牛顿也信神，都有各自的无奈和局限。牛顿是在取得了辉煌的科学成就之后面对没有止境的未知世界的无奈，墨子是虽有救世良方但没有回天之力的无奈。所以，墨子推出“天志”。“天志”就是上天的意志。上天的意志是什么？用墨子的话说就是“欲义而恶不义”（《墨子·天志上》），即要求人们行义而憎恶人们多行不义。“义”是什么？“义”表现为“兼相爱，交相利”；表现为大不攻小，强不执弱，富不侮贫，贵不傲贱；

表现为兴利除害，造福人民。他用最简明的一句话概括为“义，利也”（《墨子·经上》）——义，就是有利于人，给人好处。这不分明是墨子自己的主张吗？但墨子说这是上天的意志，并把上天的意志规定为衡量人间是非、善恶的最高标准、终极标准：“我有天志，譬若轮人之有规，匠人之有矩。轮匠执其规矩，以度天下之方圜，曰：‘中者是也，不中者非也。’”（《墨子·天志上》）从下层百姓到政府官员到诸侯国君，从下到上，要逐级统一于天，都要服从天的意志。

在墨子学说中，上有青天，中有鬼神，下有众生。“鬼神”同“上帝”一样无处不在，无时不有，洞察细微，明辨是非，能惩恶扬善，奖贤罚暴。从这里，我们分明看出墨子借助天志鬼神宣传、推行自己主张的愿望以及回天乏术的无奈。

墨子只是一名学者、一名游说之士，他有的是良知和学识，有的是才华和胆识，他能吃苦奉献，能身体力行，但他手中无权，人微言轻，他不能让自己的主张变成统治者的意志。虽然他的主张很好，但统治者对他的说教可以充耳不闻、闻而不行，不听他、不容他。何况，墨子是站在平民立场上替平民张目，站在贵族的对立面向贵族喊话。高高在上、大权在握的权贵们对他只能是恨之有余，不可能言听计从。事实正是如此，史料记载，墨子在楚、宋等国曾几次遭险罹难，所幸都险中逃生，免于一死。

在当时人分三六九等而等级森严、贵族生杀予夺而民如草芥的宗法社会，墨子直面执政者的骄奢淫逸、挥霍无度，痛斥诸侯国君的攻战杀伐、无信无义，这是何等的胆识！他敢于喊出“官无常贵而民无终贱”的口号，他敢于发出“虽在农与工肆之人，有能则举之”的声音，他敢于发起向皇权贵族世袭制度的挑战，又是何等的气魄！但是权贵当道，大道难行。对此，孔子来得圆通，他说：“天下有道则见，无道则隐。”(《论语·泰伯》)“道不行，乘桴浮于海。”(《论语·公冶长》)但是墨子不会圆滑，他一生执着，一生奉献，一生吃苦为民，身体力行，自身无力回天，便请来了“上帝”“鬼神”帮助他。他的主张就是“上天”“鬼神”的意志，不按“上天”“鬼神”的意志从事，就要遭受灾祸，受到惩罚。桀、纣、幽、厉等历代暴王，虽贵为天子，但由于违反天意，自身难保，政权覆亡，子孙遭殃。所以墨子告诫人们：“天之意不可不顺也。”(《墨子·天志中》)

孔子不言鬼神，但他信“命”。他认为“死生有命，富贵在天”(《论语·颜渊》),“不知命，无以为君子也”(《论语·尧曰》)；人世间“唯上智与下愚不移”(《论语·阳货》)，这是命中注定的。与孔子相反，墨子相信鬼神，不相信天命，并对“有命论”进行了强烈的指责和坚决的反驳。他认为决定国家治乱强弱和人民贫富贵贱的不是“命”，而是“力”，赖其力者生，不赖其力者不生，主张事在人为。他说人不同于鸟兽，鸟兽凭天生本能维持生存，人只能靠努力从事才能生存、发展。如果人都相信“命”而不努力从事，国家会动乱贫弱，人民会饥寒冻馁。他进而指出，有命论是历代暴君用来麻醉人民的理论，是那些懒惰无为、不思进取的人自我麻醉的邪说。他说，儒者认为人各有命，贫富寿夭，治乱安危，都是定数，不能改变。如果为官者听信它，必然不能治理政务；为民者听信它，必然不能努力做事，这足以丧失天下（《墨子 · 公孟》）。

为了驳斥“有命”，论证“无命”，墨子提出了认识问题、指导言行的“三表法”：

何谓三表？子墨子言曰：有本之者，有原之者，有用之者。于何本之？上本之于古者圣王之事。于何原之？下原察百姓耳目之实。于何用之？废以为刑政，观其中国家百姓人民之利。(《墨子 · 非命上》)

“本之于古者圣王之事”，是追溯历史事实，借鉴历史经验，以古鉴今，察古知今，这是一种历史唯物主义的态度；“原察百姓耳目之实”，是考察事实，用事实说话，一切从实际出发，是一种实事求是的态度；“废以为刑政，观其中国家百姓人民之利”，是说把一种理论主张、言语行为用在治国理政的实践上，看它是否符合国家和人民的利益。墨子的“三表法”，既有朴素的唯物辩证思想，也有“人民利益”至上的民本思想，至今仍有重要的借鉴价值。

五、重科技述而尚作：墨子科学思想

墨子科学思想主要表现于《墨子》一书中的《墨经》部分。一部《墨经》，涵盖了数学、力学、光学、几何学、逻辑学等多种科学知识，其中有许多科学概念的表述仍沿用至今，颠扑不破。如墨子对科学研究任务的表述：“摹略万物之然，论求群言之比。”——观察、研究、把握万事万物的真相，选取最准确的语言文字给予最恰当的表达。对“圆”（圜）的定义是“一中同长也”——中心到周边的距离相等；对“力”的定义是“刑之所以奋也”——力是使物体运动的原因；对“运动”的定义是“或（域）徙”也——运动是从一个地方移动到另一个地方，是物体所在的位置发生了变化；对时间和空间的表述分别是：“久，弥异时也”，“合古今旦暮”——长久（宙），包括不同时间，涵盖古今早晚；“宇，弥异所也”，“蒙东西南北”——空间，包括所有地方，涵盖东西南北。据统计，一部《墨经》仅科学定义就有一百八十条，还创立了与印度因明理学相媲美的逻辑学。所以梁启超评价说：“在吾国古籍中，欲求与今世所谓科学精神相悬契者，《墨经》而已矣，《墨经》而已矣。”

其他诸子学说多重经世治国、伦理纲常、道德人心，不重自然科学，或者说就没有自然科学。对各种自然现象，他们只是作为各自人文关怀的比附，是附属品、副产品。下面两段话是对先秦诸子重人文轻科学、用自然现象比附人文社会的典型例证：

（一）《淮南子》：

人主之情，上通于天，故诛暴则多飘风，枉法令则多虫螟，杀不辜则国赤地，令不收则多淫雨。四时者，天之

吏也；日月者，天之使也；星辰者，天之期也；虹霓、彗星者，天之忌也。(《天文训》)

天之与人有以相通也。故国危亡而天文变，世惑乱而虹霓见。(《泰族训》)

（二）董仲舒《春秋繁露·必仁且智第三十》：

灾者，天之谴也；异者，天之威也。谴之而不知，乃畏之以威。……凡灾异之本，尽生于国家之失。国家之失乃始萌芽，而天出灾异以谴告之；谴告之而不知变，乃见怪异以惊骇之；惊骇之尚不知畏恐，其殃咎乃至。

先秦是我国传统文化的轴心时代，源远流长，影响国人两千多年，由于其自然科学层面的缺失，人文科学与自然科学并重的墨学长期衰微，导致我国长期以来较之西方自然科学落后，不能不说这是中华民族文化科学发展史上的遗憾。而如今，重新审视、研究、弘扬墨子科学思想，更显其重要的现实意义。

科学研究贵在创新，儒家不重视、不涉猎自然科学，所以“述而不作，信而好古”（《论语·述而》）——只传承、讲述，不创新、创造，一味仰慕、追随古人。墨子认为“述而不作，非君子之道”，应该“古之善者则诛（述）之，今之善者则作之，欲善之益多也”（《墨子·耕柱》）。他反驳儒家“述而不作”的主张，古代后羿创造弓箭，季仔制造铠甲，奚仲造车，巧垂造船，难道他们都是小人吗？现在你们所沿用的，都是古人和今人所创造制作出来的，难道你们所遵循的是小人之道吗？（《墨子·非儒下》）墨子不仅有科学的理论，而且重科学实验，如小孔成像理论的发明，就是他和他的弟子反复实验的结果；不仅有明确的科学对象、科学任务和科学方法，而且亲自参加各种制作发明的实践活动。墨子在先秦诸子中独树一帜，墨学在先秦文化中别开生面。墨子是中华千古平民圣人，也是世界古代科学大师。

六、兴教义知行合一：墨子教育思想

墨子教育思想主要体现于以下五个方面：

（一）应世之需的教育目标

墨子生活的战国初期，正值中国封建制社会制度即将脱胎于奴隶社会制度的强烈阵痛之际，是新兴地主阶级与奴隶主贵族生死搏斗的大动乱、大变革时期。一方要为登上历史舞台而剑指奴隶主贵族，一方要为维护既有的统治而顽强抵抗，作拼死一搏，战争连绵，烽烟四起。为夺取战争的胜利，双方都需要物质资源的支撑和智力资源的支持。两种资源的需求都折射到一个焦点上，那就是人才。安定社稷需要人才，攻城略地需要人才，制造先进的劳动工具以发展生产，发明先进的军事武器以打赢战争，都需要人才。人才来自哪里？来自教育。当时的官学已满足不了社会对人才的需求，也培养不出社会所需要的人才。大势所趋，诸子蜂起，纷纷应时之需，办起了私学。

随着周王朝的“礼崩乐坏”,“学在官府”的旧式教育退出了历史舞台，而“学下私人”所产生的各类人才日益为各方政治集团所青睐。办学最早且规模最大者当属儒、墨两家，都是“从属弥众，弟子弥丰，充满天下”。

墨子办学,“义”字挂帅，德育为先。“义”就是爱利百姓，属于最高尚的道德。他把德育教育放在教育教学的首位，把“厚乎德行”作为对学生的第一培养目标。“万事莫贵于义”(《墨子 · 贵义》)，义是德的核心。其次是“辩乎言谈”。弟子要“上说王公大人，次匹夫徒步之士”(《墨子 · 鲁问》)，能言善辩，明晰事理。这样，才能将义传布天下。再次是“博乎道术”。墨子培养弟子，不仅讲究行义传道，而且讲究懂科学有技术，要有动手的本领，不仅能说，更要会做，不尚空谈，重在行动。墨学认为这样才能获得国君赏识，帮助国君实行“义政”。

根据学生资质，墨子把总体教育目标又分解为“从事”“说书”“谈辩”三类不同的科目，有侧重地培养社会所需要的三类人才。

从事类弟子侧重学习工匠技艺、守城保卫、军事技术等知识，学成之后，或者从事各种工艺器具的制造，用之于生产活动；或者制造先进兵器帮助弱小国家抵御外侮，从事军事活动。春秋战国之交，冶铁业有了长足的发展，用先进的铁制器具取代传统、落后的青铜、木料、石材等器具用于生产、生活、军事等领域，以推动生产力的发展和社会的进步，已成为当时的急务和必然。顺应社会的发展和需求，墨子打破“劳心者治人，劳力者治于人”的贵族观念，一反重伦理道德、轻科学技艺的传统教育理念，不仅招收、培养工匠制造等应用类弟子，而且把课堂从教室搬到了作坊，把教学内容从书本转向了实践，亲自施教，率先垂范，传承创新，且学且作，培养了一批又一批的应用人才和能工巧匠，使“蓝领阶层”异军突起，遍布城乡，为当时和后世创造并留下了宝贵的物质财富和精神财富。

从事类的培养目标就是应用型人才，教学内容就是科学技术和工艺制造，可见墨子对职业教育的重视。这类弟子先后以禽滑厘、孟胜为代表。禽滑厘带领三百多从事类弟子帮宋国守城，孟胜曾率领一百八十多名墨家弟子为阳城君护国。他们所运用的都是墨家门派自己制造的守城器械、作战武器和防御设施等。两人都是通过墨子职业教育培养出来的墨家学派的代表。前者以不战而屈人之兵告胜诸侯，后者以集体殉义扬名天下。

说书类科目培养的是师资。师资不仅为墨家所急需，也为当时社会所急需。墨子“弟子弥丰，充满天下”，仅靠墨子一人，肯定是应顾不暇，必须大力培养、打造师资队伍以分赴各地办班授徒。这类弟子侧重学习墨子学说思想和古代圣王之道及文献典籍。学成之后要讲述、宣传墨子学说和圣王之道，以“义”教化天下，匡正世风。这类弟子中有一个叫县子硕的人，原是乡里暴徒，为害一方，遭世人唾骂，后师从墨子而成为“天下名士显人，以终其寿，王公大人从而礼之”（《吕氏春秋·尊师》）。

谈辩类弟子侧重学习墨子的论辩之术和治国之道，学成之后或自谋职业，或经导师推荐，以自己的饱学多识和能言善辩而游说诸侯国君，跻身官场，为官从政，劝善止恶。如曹公子仕宋，高石子仕卫，公尚过仕越，胜绰、高孙子仕齐等，都是例证。

三类弟子，各学其业，各司其职，但都以“义”为最高目标和行为宗旨，无论挫折与成功，都必须恪守道义，以“兼爱”为本。墨子告诫他的弟子：“为义而不能，必无排其道。譬若匠人之斫而不能，无排其绳。”（《墨子 · 贵义》）

（二）以教行义的教育方针

兴教为了育人，育人为了行义。“义者，利也。”行义就要兴天下之利，除天下之害。而天下之害，皆起于不相爱；天下之利，则源于兼相爱。墨子为了推行他的“兼爱”主张，不拘一格，广收弟子，不辞劳苦，强说强教。儒门弟子公孟子曾讽刺墨子：美女在家不出门，人们也争相追求；如果美女为自己做媒，人们都会笑话她。你到处讲义，逢人便说，也太辛苦了吧！墨子反驳说：“今处乱世，求美女的人多，美女不出，也有很多人追求；但追求善的人少，不强力说教，没有人知道啊。……你我都主张仁义，强力说人成效多，为什么不强力说教呢?”（《墨子 · 公孟》）

为了以义教化天下，墨子筚路蓝缕，游说各国。他教育自己的弟子，“默则思，言则诲，动则事”（《墨子 · 贵义》），一思一言一行皆为义。他苦口婆心教人学“义”，其弟子既有仰慕其名而自投门下者，也有心非自愿而被劝入门者。《墨子 ·

公孟》记载，有一个人路过墨子之门，墨子问他："为什么不进来学习呢?"此人说："我们家族的人没有求学的。"墨子开导他，人人都追求美好、富贵，不会因为别人怎样而自己不去追求；义是天下最重要、最珍贵的东西，不要管别人如何，自己一定要勤奋学习。为了招徕弟子，他甚至许之以学后为官而收之门下。《墨子·公孟》记载，有一个"身体强良，思虑徇通"的人，墨子"欲使随而学"，墨子问他："你愿意跟我学习吗？我会让你做官。"其人动心，学于门下。无奈其人求官心切，一年尚未学成，就因入仕不遂而责问墨子。墨子做了如下的答复："今子为义，我亦为义，岂独我义也哉？子不学，则人将笑子，故劝子于学。"

由于墨子当时已学显天下，其弟子也备受诸侯欣赏，所以，墨子对学有所成的弟子经考察后就推荐给各国出仕为官。弟子上任前，墨子还要做些解疑答难的指点。如其弟子魏越问他："既得见四方之君，子则将先语?"墨子告诉他：

> 凡入国，必择务而从事焉。国家昏乱，则语之尚贤、尚同；国家贫，则语之节用、节葬；国家憙音湛湎，则语之非乐、非命；国家淫僻无礼，则语之尊天、事鬼；国家务夺侵凌，即语之兼爱、非攻。(《墨子·鲁问》)

经过墨子的教育和培养，入仕的弟子大都守道不移，勉力行义，在"义"与"官"发生冲突的时候，宁可取义而辞官。高石子就是一个典型的例子。卫君虽对高石子"致禄甚厚"，予官至卿，但对高石子之言听而不行。高石子愤而辞官离去。其“倍禄而乡义”之举，备受墨子赞赏。对个别入仕忘义的弟子，墨子果断处置，从不姑息。胜绰跟随齐将项子牛三侵鲁地，墨子派人立即将其撤回，严加责罚。墨子以教行义，以身作则，对弟子言传身教，使弟子感同身受。在越国做官的公尚过对越王宣传墨子学说，越王颇为仰慕，要拿五百里之地封给墨子，用五十辆车接墨子去越国。但墨子深知越乃好战之国，“抑越不听吾言，不用吾道，而吾往焉，则是我以义粜也”（《墨子·鲁问》），毅然守义辞封。

墨子以义教育弟子，以教行义于天下。在他的感召下，其弟子“皆可使赴火蹈刃，死不还踵”（《淮南子·泰族训》），可见墨子教育方针的正确和教育事业的成功。

（三）知行合一的教育理念

墨子对弟子的教育，不仅重视书本知识的学习，更重视社会实践的锻炼；不仅重视言语谈辩的培养，更重视实际的行动和效果。言信行果，知行合一，是墨子一贯的教育理念。墨子认为，“士虽有学，而行为本焉”，“本不固者末必几（‘几’，意‘危’——笔者注）”，“行不信者名必秏（‘秏’，混乱——笔者注）”，“务言而缓行，虽辩必不听”，“君子以身戴行者也”。（《墨子·修身》）公孟子曾向墨子推崇孔子：“孔子博于《诗》《书》，察于礼乐，详于万物。若使孔子当圣王，则岂不以孔子为天子哉?”墨子认为，渊博的知识不能适合于社会的需要，不能应用于社会实践，便不可治世。“子曰‘孔子博于《诗》《书》，察于礼乐，详于万物’而曰可以为天子”，这就像数着别人记录财富的刻契（账本）就认为自己拥有这些财富一样虚假可笑。(《墨子·公孟》) 他的弟子告子曾向墨子夸口说能治理国家、管理政务，墨子教育他说：“政者，口言之，身必行之。今子口言之，而身不行，是子之身乱也（身乱：言行相悖，自身矛盾——笔者注）。子不能治子之身，恶能治国政?”(《墨子·公孟》) 墨子教育他的弟子，“言足以复行者，常之；不足以举行者，勿常”。(《墨子·耕柱》) 对人不仅要听其言，更要观其行，而且要看行为的效果，“钓者之恭，非为鱼赐也；饵鼠以虫，非爱之也”，要“合其志功而观焉”。(《墨子·鲁问》) 在这种知行合一、以身戴行的教育理念的指导下，墨子所培养的学生都能效忠他的学说，笃守墨家规纪，言出必行，行而必果。

墨子对弟子的社会科学教育是如此，对自然科学教育也是如此。在教育教学中，墨子亲自率领弟子从事各种工艺制作、科学实验活动。他通过实验发现并创立了光学、力学、数学、几何学等多种理论知识，并编成教科书向学生传授，然后又带领学生把这些理论知识运用于生产活动、军事实践中去，制造出各种生产、生活器具和军事防御器械。正是这种亦教亦行、且学且行、理论与实践密切结合的教育理念，筑就了他们卓然拔世的科学高峰，留下了令国人自豪、世界惊叹的科学遗产。

（四）全面发展的教学内容

墨子志在为天下兴利除害，而当时的社会积弊成山，灾祸蔓延。

要除弊救世，需要培养大批全面发展的人才；要造就全面发展的人才，需要授之以全面发展的教学内容；而能有此资格、负此重任者，唯墨子而已。何以言之？一方面，他勤奋好学，通古达今，有渊博的人文科学知识；一方面，他善于观察，勇于创新，勤于实践，长于发明，有丰富的自然科学知识。其既通人文又通自然的全面的知识积累，非其他诸子所能比。他能开出包括人文科学和自然科学在内的多门课程。从哲学、伦理学、政治学、经济学、军事到力学、光学、数学、几何学、逻辑学、工程技术学，从理论学习到技术培训，其教学内容在当时几乎无所不包。他培养的弟子，坐下来能讲学传道，走出去能说教行义，拿起绳墨能制造器具，铺下图纸能搞建设工程，身处庠序能从事科学实验，登上城头能指挥防御战争，入国为仕能参政议政。

据统计，一部《墨经》，内容包罗万象，创新比比皆是。为培养全面发展的人才，墨子一反儒家“述而不作”的传统学问方式，设置了全面创新的教学内容。既有以“兼爱”为核心的一系列政治学、经济学、伦理学等人文社会科学方面的教学内容，也有其他诸子所没有的自然科学和军事科学等方面的教学内容。在教育教学中，墨子坚持传承与创新相结合，“古之善者则诛（述）之，今之善者则作之”（《墨子·耕柱》）。正是这种与时俱进的创新理念，确立了全面创新的教学内容，促进了弟子的全面发展。

（五）因材施教的教学方法

墨子承袭了孔子“因材施教”的教学方法，并取得了显著的成效。在对弟子的教学中，墨子曾告诉弟子公尚过“揣曲直而已”。可是，他出游时“载书甚多”，当弦唐子“见而怪之”、问其何故的时候，他却说：“翟上无君上之事，下无耕农之难，吾安敢废此?”对公尚过，墨子看他聪明过人，学至精微，触类旁通，“是以不教以书也。而子何怪焉?”（《墨子·贵义》）同门弟子，或教之以书，或不教之以书，因资质有别，采用了不同的施教方法，成就了不同的人才。公尚过学成后出仕为官，弦唐子学成后“说书”传道，各展其才，各有所成。对曾是齐国暴人的高何和县子硕，墨子能招为弟子，并将之育成名显诸侯的贤人。试想：若墨子不是因材施教，而是用教育其他弟子的同样内容、同样方法，定然无此效果。“染于苍则苍，染于黄则黄”（《墨子·所染》），墨子用自己的人格和卓有成效的教学方式，感化了他们，改变了他们，成就了他们。

墨子发展了孔子“因材施教”的教学方法。他根据社会需要，考查学生材资，用不同的教学方式传授不同的教学内容，使他们成为充当不同社会角色的有用之才。同是“为义”，但不同的人可从事不同的工作，发挥不同的作用。弟子问他：“为义孰为大务?”他回答：“譬若筑墙然，能筑者筑（筑，夯实泥土——笔者注），能实壤者实壤（实壤：往筑墙的夹板里填充泥土——笔者注），能欣者欣（欣：用木制工具铲土——笔者注），然后墙成也。为义犹是也。能谈辩者谈辩，能说书者说书，能从事者从事，然后义事成也。”（《墨子·耕柱》）同是为义，所学不同，分工不同。

墨子与儒家所不同者，在于如何发挥教与学的两个主动性的问题。儒家主张“君子共（‘共’同‘恭’——笔者注）己以待，问焉则言，不问焉则止。譬若钟然，扣则鸣，不扣则不鸣”（《墨子·公孟》）；墨子主张扣亦鸣，不扣亦鸣。所指虽然是朝廷为臣的作风，但也包含和体现了双方的教育思想。延及教学方法上，按儒家观点，对于师者，学生问则说，不问则不说；对于学者，师问则说，不问则不说。所谓“不愤不启，不悱不发”（《论语·述而》），对于发挥教师的主导性和学生的主动性，其效果恐怕会大打折扣。按墨子的观点，教学双方可以互问互动。学者可以主动提问，师者亦可强说强教。在互动中发现问题，考查学生，进而“因材施教”，有的放矢。这正是墨子不同于儒家的因材施教的亮点，也是墨子孜孜行义、劝学劝教精神的一种体现。

七、善守御扶弱抑强：墨子军事思想

墨子为推行自己的“非攻”主张，奔走游说，息兵弭乱，甚至“祭”出“天帝”“鬼神”威慑好战的诸侯。然而，在野心勃勃、穷兵黩武的大国面前，墨子的努力和主张显得苍白而无约束力。他只好站在被攻打的弱小国家一边，号召他们拿起自卫的武器，以军事的防御对付军事的进攻，并在防守自卫的反战实践中形成了自己的军事思想。

墨子的军事思想主要表现在三个方面：一是止战，二是备战，三是抗战。

通过谈判、说服等和平手段，挫败战争发动者的战争意图和军事谋略，将战争的隐患消除在萌芽状态，从而制止战争，是反战的上上之策。面对大国对小国的蚕食鲸吞和广大百姓惨遭荼毒的现象，墨子以政治家的博大胸怀和战略家的敏锐目光，带领弟子奔走列国，冒死止战。“止楚攻宋”“止齐伐鲁”“止鲁阳文君攻郑”都是成功的范例。

对于森林大火一般四处蔓延的战争，墨子倾其所能的止战努力，不过是杯水车薪。面对无可避免的战争，墨子只好号召和帮助弱小国家尽力谋划，搞好备战。他一面教导人们树立反战思想，一面帮助人们做好反战准备。他告诫人们国有“七患”，如治宫室而无守备，外敌至而无外援，民力财力尽于无用，官员贪图享乐、君臣关系不和，国君自诩高明而不能居安思危，朝廷忠奸不辨，粮草等物资储备不足等，“以七患居国，必无社稷；以七患守城，敌至国倾；七患之所当，国必有殃”（《墨子·七患》）。对备战之事，他要人们慎之又慎，警钟长鸣。墨子指出：

> 仓无备粟，不可以待凶饥。库无备兵，虽有义不能征无义。城郭不备全，不可以自守。心无备虑，不可以应卒。……故备者国之重也，食者国之宝也，兵者国之爪也，城者所以自守也，此三者国之具也。（《墨子·七患》）

墨子的“七患”“三具”之说，构成其备战的完备理论体系。墨子有备战理论，更重备战实践。他身体力行，亲自参与并指挥备战事宜。《墨子》一书现存的十一篇军事文章中，有七篇直接记载和反映了他的备战实践。“七备”各篇，对敌人攻打城门、堆土攻城、用云梯攻城、从突门攻城、挖隧道攻城、蝼蚁般缘墙攻城、用决水淹敌之法守城等各个方面，都准备得周至缜密。有关战略的设计、战术的运用、工事的构建、武器的配备、人员的部署、财物的配置、严明如山的军令、赏罚分明的军纪等，应有尽有。尤其值得一提的是墨子利用力学、光学、数学、形学等所制造的种种守城兵器、所构建的种种防御工事，在两千多年前绝对是领先于当时的“世界之最”，令人叹为观止。

墨子的反战思想和反战实践，不仅表现于“未战先止”和“无战备战”，也表现于“有战抗战”。他对战争的态度正如今人所言，一是反对，二是不怕。墨子抵挡不住好战者磨刀霍霍的战争意图和铤而走险的战争步伐，就帮助弱小国家的人民以武制暴、以战反战。首先，他主张建立广泛的反战阵营。在国内，他发动男女老少一齐参战，做到全民皆兵，而且各有分工，各尽所能。他指出：“使人各得其所长，天下事当；钧其分职，天下事得；皆其所喜，天下事备；强弱有数，天下事具矣。”（《墨子 · 杂守》）在对外关系上，他争取和团结一切同情和支持反战的同盟者和积极因素，共同扶弱击强，外救内守，从而战胜侵略，赢得和平。其次，在国内外同仇敌忾、众志成城的大环境下，开展积极的防御战。在战略上以少胜多，以弱胜强；在战术上则是速战速决，守中有攻，灵活机动。

总述墨子的抗战思想和实践，如孙中原先生所说，是“最大限度地利用小国、弱国的人力、物力，采取政治、经济、军事、外交等多种手段，最大限度地削弱攻掠一方的有生力量，以争取小国、弱国防御战的胜利”①。

---

① 孙中原《墨者的智慧》，生活·读书·新知三联书店 1995 年版，第 255 页。

墨学史略

以儒学和墨学为显学的先秦子学铸就了中华传统文化的轴心，而先秦以降的中华传统文化，在很长时间内却是以儒学为主，以释、道为辅而构成的三位一体的复合文化。儒学一路风光，墨学黯淡不彰，一显一隐，命运迥异。那么，墨学在中华传统文化中究竟充当什么角色，具有何等价值？

一种学说的兴衰显隐自有其社会历史原因和学说自身原因，对此我们将另有论析。但应当指出的是，衰不等于绝，隐不等于无。如同世上所有的事物，长盛不衰者自有其不竭的活力，一时隐伏者亦有其复显的生机。在历史文化长河中，一种学说的兴衰起伏都是因时而变，势所使然。墨学自战国初期至今历经约两千四百年，由显扬而衰隐，由衰隐而再兴，在时代风雨中历经坎坷，屡遭封杀，但始终不绝如缕，而今又焕发出勃勃生机。事实证明，其光辉的学说思想，丰厚的文化底蕴，巨大的社会价值，并没有因人为因素而从中华传统文化主体上被剥离。相反，它作为中华传统文化重要的有机部分，与时俱进，日见生机。较之儒学，墨学只是在表现形式上时起时伏、有显有隐，不似儒学那么显荣而已。

一、战国：诸子争鸣，墨、儒并显

墨子辞世后，尽管墨家学派内部出现“真墨”“别墨”之争，但仍然“弟子弥丰，充满天下”，无论哪一派弟子，都竭力推行墨子学说，墨学仍是天下显学。正因其为显学，所以诸子百家都对墨学投入了较多的关注，站在各自的立场上，或抨击，或褒扬，就墨学是非展开争鸣。下面，我们以儒家代表孟子、道家代表庄子和法家代表韩非子有关对墨子和墨学的争鸣言论为梗概，对当时的争鸣状况作大致的描述。

随着生产力的发展和生产关系的重大变革，人际关系发生了重大变化。杨朱张扬个性的“为我”学说，墨子主张平等的“兼爱”学说，越来越引起更多人的批评。以儒学正宗自诩的孟子，为维护“爱有差等”的血缘宗法传统，对杨、墨进行了激烈的抨击。他在《孟子·滕文公下》中说：“世道衰微……圣王不作，诸侯放恣，处士横议，杨朱、墨翟之言盈天下。天下之言，不归杨，则归墨。”从其话中可看出两点，一是当时确是礼崩乐坏，人心不古；二是杨、墨之学名扬天下，大有市场。孟子接着指斥杨、墨之学：“杨氏为我，是无君也。墨氏兼爱，是无父也。无父无君，是禽兽也。……杨、墨之道不息，孔子之道不著，是邪说诬民，充塞仁义也。”言辞激烈，可谓痛心疾首。孟子为什么如此激烈地抨击杨、墨之学呢？他自己解释说：“我亦欲正人心，息邪说，距诐（诐：不正——笔者注）行，放（放：驱而远之——笔者注）淫辞，以承三圣者。岂好辩哉？予不得已也。能言距杨、墨者，圣人之徒也。”孟子言论纵横捭阖，犀利尖刻，以善辩著称。孟子对此辩解说，这都是为了继承尧、舜、禹三代圣王而以正视听，不是自己好辩，是不得已而为之。孟子抨击墨家“兼爱”的思想主张，但他并不否定墨家的实践精神和人格魅力。他在《孟子·尽心上》中说：“杨子取为‘我’，拔一毛而利天下，不为也。墨子‘兼爱’，摩顶放踵利天下，为之。”他对杨朱的“为我”学说进行了毫无保留的批判，而对墨子的批判却有所保留，贬中有褒。

《庄子》一书对墨子学说和墨家事迹的记载和评说较《孟子》一书更为丰富。出于“万物齐一，万论皆同”的观点，庄子认为墨、儒之争，都是“是其所非而非其所是”，即肯定、坚持那些错误的东西而否定、排斥那些正确的东西，因而没有是非可言。他为什么把儒、墨都作为自己的对立面而给予同样的攻击呢？因为儒、墨都主张效法古代先王，宣扬仁义道德，尽管各持一家之见，但在治国治民的大方向上是一致的，这与道家所主张的“任自然，存天性”，“绝圣弃智”的无为思想是大相径庭的，所以他在抨击儒家的同时也抨击墨家。他认为：“三皇五帝之治天下，名曰治之，而乱莫甚焉。三皇之知，上悖日月之明，下睽（睽：违背——笔者注）山川之精，中堕四时之施。”（《庄子·天运》）在他看来，儒、墨所鼓吹的道德、仁爱都是虚伪的，都会导致人类天然本性的迷失。如他在《庄子·天下》篇抨击墨子“兼爱”学说的虚假和矛盾时指出：“今墨子独生不歌，死不服，桐棺三寸而无椁，以为法式。以此教人，恐不爱人；以此自行，固不爱己。”对墨子及其弟子“自苦为极”践行道义的行为，庄子一方面指出了它的不可行，但也赞扬了他们的人格精神。他说墨子“其生也勤，其死也薄，其道大觳（觳：恐惧——笔者注）；使人忧，使人悲，其行难为也，恐其不可以为圣人之道，反天下之心，天下不堪。墨子虽独能任，奈天下何”，“后世之墨者，多以裘褐（裘褐：粗陋衣服——笔者注）为衣，以跂屩（跂屩：木制或草编的鞋子——笔者注）为服，日夜不休，以自苦为极，曰‘不能如此，非禹之道也，不足谓墨’”，故而庄子感叹道：“墨子真天下之好也，将求之不得也，虽枯槁不舍也，才士也夫！”

韩非曾师从儒学大家荀子，后来发展、强化了荀子学说中“法”的思想而成为战国时期法家的著名代表人物。相对于孟子、庄子对墨子及墨学的攻击，韩非子对墨子及墨学的评价则显得较为客观。《韩非子》一书，既有对墨学显赫地位的记载，也有对儒、墨相争的描述和对墨家高超技艺的赞扬。《韩非子·显学》篇记述儒、墨皆为显学，孔丘、墨翟为各显学之祖；孔、墨辞世后，儒分为八，墨离为三，而儒、墨的内部争论，更进一步强化了各自的显学地位。对儒、墨的对立和争论，《韩非子·显学》篇中做了下面的描述：

> 墨者之葬也，冬日冬服，夏日夏服，桐棺三寸，服丧三月，世主以为俭而礼之。儒者破家而葬，服丧三年，大毁（因哀伤过度而损坏身体——笔者注）扶杖，世主以为孝而礼之。夫是墨子之俭，将非孔子之侈也；是孔子之孝，将非墨子之戾（戾：违逆——笔者注）也。今孝、戾、侈、俭俱在儒、墨，而上兼礼之。

在丧葬问题上，韩非认为，墨家主张节俭，反对孔子之奢侈；儒家主张孝顺，反对墨家之背逆，可谓针锋相对。但君主各取其长，兼而用之。可见，儒、墨两学在当时并行同显。《韩非子·外储说左上》还赞扬了墨子高超的技艺："墨子为木鸢，三年而成，蜚（飞——笔者注）一日而败（落）。"弟子赞叹说，老师太巧妙了，能使木鹰飞上天。墨子说："不如为车輗（輗：古代大车辕端用来连接、固定横木或车轭的部件——笔者注）者巧也，用咫（咫：古称八寸为咫——笔者注）尺之木，不费一朝之事，而引三十石之任致远，力多，久于岁数。"

书中还记载了墨家弟子田鸠与楚王的一段对话，赞扬墨家质朴的言语作风：

> 楚王谓田鸠曰："墨子者，显学也，其身体则可，其言多不辩，何也？"曰："昔秦伯嫁其女于晋公子，为之饰

装，从衣文之媵（媵：陪嫁之妾——笔者注）七十人。至晋，晋人爱其妾而贱公女。此可谓善嫁妾，而未可谓善嫁女也。楚人有卖其珠于郑者，为木兰之柜，薰以桂椒，缀以珠玉，饰以玫瑰，辑以羽翠。郑人买其椟而还其珠。此可谓善卖椟矣，未可谓善鬻珠也。今世之谈也，皆道辩说文辞之言；人主览其文，而忘有用。墨子之说，传先王之道，论圣人之言，以宣告人。若辩其辞，则恐人怀其文，忘其用，直以文害用也。此与楚人鬻珠，秦伯嫁女同类。故其言多不辩。”

对说话行文、处身立世，墨子一贯主张出言必行，以行践言。他说，“务言而缓行，虽辩必不听”，“言无务为多而务为智，无务为文而务为察”（《墨子·修身》）。只要把事情说明白，辞达而已；只要有用，不在多少，不必追求文采；否则会以辞害义，以文害用。这一主张与韩非反对夸夸其谈、不尚雕文镂句的主张正相契合。所以，他借楚王与田鸠对话的小故事，对墨子质朴的言语风格予以称道。

由于思想主张、治国方略不一致，韩非对墨家的一些主张也进行了客观的批评。他在《韩非子·五蠹》中批评墨子的“兼爱”学说，认为以“兼爱”治民，“犹无辔策而御駻马”。“今先王之爱民，不过父母之爱子，子未必不乱也，则民奚遽治哉！”韩非重耕主战，崇尚法、术，所以他认为墨子“兼爱”“尚贤”，是“无用之辩”“远功之行”，“孔、墨不耕耨，则国何得焉？”（《韩非子·八说》）

在墨子辞世后的一百多年间，诸子百家对墨子和墨学都加以关注，各有评说。除了上述儒、道、法三家代表孟子、庄子、韩非子，《荀子》《吕氏春秋》《战国策》《晏子春秋》《尸子》等先秦典籍，对墨子和墨学或褒或贬，都有大量的评说，可见墨学在战国时代的“显学”地位。

二、两汉：由道而儒，儒显墨隐

在结束了楚汉之争、完成了统一大业之后，汉高祖至惠帝、文帝、景帝四朝的西汉前期，为了稳定社会，巩固政权，使民休养生息，实行的是黄老清静无为的治国之道。值此公元前 206 年至公元前 140 年的 60 多年间，黄老学派是主流学派，儒学流派还没有把墨学流派作为妨碍本派推行思想学说的论敌和攻击对象；而奉行清静无为思想以治国安民的黄老学派，主张“治在道，不在圣”（刘安《淮南子》），认为国家的治乱在于是否奉行道家之“道”，不在于是否效法先代圣王。在道家学派看来，儒、墨两家尽管学说有别，但都主张效法先王，在社会治理的方略和路径上是一致的，所以他们在论及儒、墨两家时，总是“儒、墨并举，孔、墨同称”。如刘安《淮南子》称，“孔、墨之弟子，皆以仁义之术教导于世”（《俶真训》），“孔丘、墨翟，修先圣之术，通六艺之论”（《主术训》），孔丘、墨翟，“无地而为君，无官而为长”（《道应训》），“制礼义，行至德，而不拘于儒、墨”（《齐俗训》）等。这种儒、墨并举，孔、墨同称的现象同时也屡见于陆贾、贾谊、邹阳等著名学者的描述中。可见，两汉前期，儒、墨两家的显学地位已被黄老道学所取代，虽然不再像战国时期同显同荣，但仍然被学界和社会并举同称，并无高下荣损之分。

至汉武帝采用董仲舒建议“罢黜百家，独尊儒术”，儒学又恢复了其显学地位。自此，儒显墨隐，墨、儒并称“显学”的时代便一去不返了。但是，儒学独尊并没影响墨学的流传，墨学并没有式微。虽然，时人学者大多贬墨扬儒，但依然还是儒、墨并举，孔、墨同称。如司马迁《史记·礼书》中说：“圣人一之于礼义，则两得之矣；一之于情性，则两失之矣。故儒者将使人两得之者也，墨者将使人两失之者也。是儒、墨之分。”他认为，儒、墨的区别，是儒家用礼义统一天下人心，则礼与义兼得；墨家用情性统一天下人心，则情与性皆失。贬墨扬儒，但也是儒、墨并称。司马迁在其《史记·太史公自序》中引用其父司马谈《论六家要旨》中的话评论墨子：

> 墨者亦尚尧舜道……其送死，桐棺三寸，举音不尽其哀。……使天下法若此，则尊卑无别也。夫世异时移，事业不必同，故曰“俭而难遵”。要曰强本节用，则人给家足之道也。此墨子之所长，虽百家弗能费也。

这段话，一是说墨家如儒家，“亦尚尧舜道”；二是批评墨家节葬主张；三是肯定了墨家的强本节用主张。成书于东汉的《汉书》亦多处引墨论墨。《汉书·艺文志》对墨学议论说，墨家学说“贵俭”“兼爱”“上贤”“右鬼”“非命”“上同”，“此其所长也”；“及蔽者为之，见俭之利，因以非礼，推兼爱之意，而不知别亲疏”。王充的《论衡》仍然将儒、墨并提，如在《论衡 · 案书》中说：“儒家之宗，孔子也；墨家之祖，墨翟也。且案儒道传而墨法废者，儒之道义可为，而墨之法议难从也。”进而他在《薄葬》篇中指出墨家学说自相矛盾故而难以实行的原因：

> 墨家之议，自违其术，其“薄葬”而又“右鬼”。“右鬼”引效，以杜伯为验。杜伯死人，如谓杜伯为鬼，则夫死者审有知。如有知而薄葬之，是怒死人也。情欲厚而恶薄，以薄受死者之责，虽“右鬼”其何益哉？如以鬼非死人，则其信杜伯非也；如以鬼是死人，则其“薄葬”非也。术用乖错，首尾相违，故以为非。非与是不明，皆不可行。

“杜伯”一事出自《墨子 · 明鬼下》。杜伯是周宣王的一个大臣。宣王之女“鸠”欲私通杜伯遭到拒绝，鸠反告杜伯对其非礼，周宣王信之而枉杀了杜伯。行刑前，杜伯告诉宣王：“我无罪而你杀我，如果我死后无知就罢了；如果我死后有知，不出三年，我要让你知道。”果然在不到三年的一个中午，宣王会同诸侯在圃田狩猎的时候，杜伯乘着白马驾着白车，穿着红衣服，戴着红帽子，用红色的弓箭将宣王射死在车上。书中强调，对这件事，随从宣王打猎的人都亲眼所见，离得远的人都听得真切，而且写在周朝的史书上。杜伯之事是否事实，当作别论，但墨子是作为事实来说明人死为鬼、鬼能赏善惩恶、因而人们要尊天事鬼这一主张的。王充揭示了墨子这一主张的矛盾：你墨家不是主张薄葬同时又主张事鬼吗？若人死为鬼，鬼又有知，那么都喜欢优待而厌恶轻薄。你轻薄有魂灵有知觉的已变成鬼的死人，你不是轻慢了死人吗？你事鬼、信鬼又有何用呢？如果认为鬼不是死人，那么相信杜伯死而为鬼就是错误的；如果说鬼就是死人，那你的“薄葬”主张就是错误的。

汉武帝之后，儒学显而主世，墨学传而不彰，既有如王充《论衡》所揭示的墨学的内部原因，更有统治阶层“罢黜百家，独尊儒术”的社会原因，还有当时特定历史背景下学术融合的人为原因。墨、儒对立，也有相通之处。墨子毕竟曾“学儒者之业，受孔子之术”，在效法古代先王、注重协调人际关系、主张以仁义治国等方面，与儒家基本是一致的。汉代刘氏立国之初，任用叔孙通制定礼乐。叔孙通杂取儒、墨、道各家主张而灵活用之，促进了各家学说的初步融合。自此，墨、儒两家在礼乐问题上的分歧和争论已经失去了社会现实意义。至汉武帝时代，董仲舒对儒学加以改造，吸纳了墨家的“天志”“明鬼”思想，提出了“天人感应”的神学理论，并以正宗儒学的面目和姿态经汉武帝推行天下，使墨家出于“天志”的兼爱论与儒家出于血缘伦理的仁爱论缩小了差距，融在了一起。利用儒、墨相通之处，改造儒、墨不同之点，将墨吸纳于儒，同化于儒，融合于儒，终至于视墨同儒，导致儒显墨隐。儒学一路显赫，殊不知儒中有墨，两者一显一隐，一路同行。

所谓墨学自汉武帝之后的式微，不过是一种假象。

三、魏晋南北朝：道、释并兴，墨学式微

魏晋时期，在战乱阴影中走出来的平民百姓、学界士子，似乎厌倦了圣贤说教，看破了世事沧桑，传统观念发生变革，由评儒论墨转而为谈佛说道，玄学鹊起，儒、墨渐衰。正如《晋书》所载："儒、墨之迹见鄙，道家之言遂盛焉。"及至南北朝，墨家学说虽为学界所论及，但总不敌道、释两家之盛行于世，难免式微之颓势。

葛洪在《抱朴子 · 明本》中说：

> 儒者博而寡要，劳而少功；墨者俭而难遵，不可遍循；法者严而少恩，伤破仁义。唯道家之教，使人精神专一，动合无形，包儒墨之善，总名法之要，与时迁移，应物变化，指约而易明，事少而功多，务在全大宗之朴，守真正之源者也。

显然，葛洪主张罢黜百家，独尊"道"术。在他看来，道家学说是一切学说的根本，一切学说都是道学根本派生出来的细枝末节，道学与诸学的关系是祖、父辈与子、孙辈的关系。所以他又说："道者，儒之本也；儒者，道之末也。""修儒、墨而毁道家，何异子孙而骂詈祖考哉?"那么，在他眼里，墨子又是一种什么形象呢？他在《神仙传 · 卷四》中是这样描

述的："墨子者……外治经典，内修道术……务尚俭约，颇毁孔子。"尤善战守之功。葛洪的评价有正确的一面，但说墨子"内修道术"，显然是强加给墨子的。接下去葛洪又说：

> 墨子年八十有二，乃叹曰："世事已可知，荣位非常保，将委流俗以从赤松子游耳！"乃入周狄山，精思道法，想像神仙。于是数闻左右山间有诵书声者，墨子卧后，又有人来以衣覆足。墨子乃伺之，忽见一人，乃起问之曰："君岂非山岳之灵气乎？将度世之神仙乎？愿且少留，诲以道要。"神人曰："知子有志好道，故来相候，子欲何求？"墨子曰："愿得长生，与天地相毕耳。"于是神人授以素书、朱英丸方、道灵、教戒、五行变化，凡二十五篇。告墨子曰："子有仙骨，又聪明，得此便成，不复须师。"墨子拜受合作，遂得其验。乃撰集其要，以为《五行记》，乃得地仙，隐居以避战国。至汉武帝时，遣使者杨违，束帛加璧以聘墨子。墨子不出，视其颜色，常如五十许岁人。周游五岳，不止一处。

墨子由一位治学授徒、救世济民的学者而在八十二岁之后隐居避世，修道成仙，结局确实令人神往，但这都是葛洪异想天开的杜撰。正是基于这一杜撰，后世道教徒将墨子奉为神仙，把种种方技道术都归附到墨子身上。

北朝学界士人，同样崇佛信道，但没把墨子附会为神仙，在所论及的有关墨子的著述中，还是保留着墨子及其学说的本来面目。可是墨子及墨学的地位，却一改历代儒、墨并称的局面而退居儒学之后。北周武帝时期曾召集文武百官、学界士人讨论各学派次序，最后武帝敕令，惟“六经儒教于世有宜，故须存立”，回到汉武帝时代的“独尊儒术”，其他各学当然含墨学在内，均等而下之。

由魏晋的道、释并兴，儒、墨并衰，到东晋南朝的视墨为道和北朝的儒术独尊，墨学从此渐趋沉寂。所谓沉寂，即墨学失去了与儒学并称的“显学”地位，但并没有因此而中绝，在学界士人中仍有对墨子和墨学的评说。如《颜氏家训》中就有两处论墨。其一是“与善人居，如入芝兰之室，久而自芳也；与恶人居，如入鲍鱼之肆，久而自臭也”。“墨翟悲于染丝，是谓也。君子必慎交游焉”。引用《墨子 · 所染》中的思想，告诫后人要慎于交友，以防近墨者黑。其二是“墨翟之徒，世谓热腹；杨朱之侣，世谓冷肠；肠不可冷，腹不可热，当以仁义为节文尔”。颜氏认为墨子与杨朱二人，为人处世，一冷一热，各执一端，均不可取；只有儒家的仁义，不偏不过，乃做人之标准。除了部分士人对墨子及墨学的论及，更可贵的是，晋代鲁胜在玄学盛行的世风中训注《墨经》，助推了墨学的流传（其《墨辩注》现已失传）。

四、隋唐：儒、佛争立，韩、柳排墨

从唐代魏徵等人所纂修的《隋书》来看，隋代承袭两汉魏晋时期“儒、墨并称”的学界传统，也承袭了魏晋道教将墨子附会成仙人的传说。书中除有多处论及墨子及墨学，也载有对墨子神仙化的描绘。

如书中所记载的《墨子五行记》，说墨子“用药用符”，可令人“万病去身，长服不死”，“令人飞行上下，隐沦无方，含笑即为妇人，蹙面即为老翁，踞地即为小儿，执杖即成林木，种物即生瓜果可食，画地为河，撮壤成山……无所不作也”。

大唐建国，思想开放，学术兴盛，诸子百家兼容并包，各学派思想都得到了发展和传扬。在五代刘昫等人的《旧唐书》、宋代欧阳修等人的《新唐书》等文献中，多处谈及墨子、墨学及《墨子》一书。魏徵在选编《群书治要》中劝谏朝廷治国施政要借鉴《墨子》一书，赵蕤在其《长短经》中亦对墨学加以引用并予以赞誉。这说明，此时墨学仍受学界重视并继续流传，只是没有了以前的显赫，也少见“儒、墨并称”现象。在《旧唐书》和《新唐书》中，墨学都是排在诸子学说中的第五位。

唐朝中期以后，儒、释、道三家在学界三足鼎立，互争学术正统地位，儒、释两家在争立的同时，都排斥墨学，其代表人物是当时的儒学大师韩愈和信奉佛教的柳宗元。韩愈对墨子和墨学的态度是矛盾的。一方面，他认为儒、墨相通，相互为用，如他在《读墨子》中说：

儒讥墨以上同、兼爱、上贤、明鬼，而孔子畏大人，居是邦不非其大夫，《春秋》讥专臣，不“上同”哉？孔

> 子泛爱亲仁，以博施济众为圣，不“兼爱”哉？孔子贤贤，以四科进褒弟子，疾殁世而名不称，不“上贤”哉？孔子祭如在，讥祭如不祭者，曰我祭则受福，不“明鬼”哉？儒墨同是尧舜，同非桀纣，同修身正心以治天下国家，奚不相悦如是哉？余以为辩生于末学，各务售其师之说，非二师之道本然也。孔子必用墨子，墨子必用孔子，不相用不足为孔墨。

在这段话里，韩愈不仅没有扬儒贬墨，反而认为儒、墨相通，儒、墨为用；不仅使儒、墨调和，而且使儒、墨并称同显。另一方面，韩愈毕竟是儒门传人、儒学大师，虽然能对儒、墨的相通之处做出分析和评价，但为了标榜他的儒学正宗的立场和思想，还是对墨学进行了贬斥。他在《与孟尚书书》中赞成孟子“杨、墨交乱”、皆为禽兽的观点，认为礼崩乐坏、三纲沦灭、圣道不明，都是杨、墨肆行造成的，因而推崇救儒学于即泯的孟子，“以为其功不在禹下”；但同时认为“释、老”之害过于“杨、墨”，攻击佛家较攻击墨家尤甚。

与韩愈不同，柳宗元排斥各家，独尊释氏。墨家在他眼里，更是等而下之。他在《曹溪第六祖赐谥大鉴禅师碑》中说：“孔子……没以余言持世，更杨、墨、黄、老益杂，其术分裂，而吾浮图说后出，推离还源，合所谓生而静者。”柳宗元显然是崇佛贬孔，而贬墨又甚于贬孔。他在《送元十八山人南游序》中说：“余观老子亦孔氏之异流也，不得以相抗，又况杨、墨、申、商、刑名、纵横之说……太史公没，其后有释氏，固学者之所怪骇舛逆其尤者也。”这段话所表达的是墨不如道，道不如儒，各家皆不如佛，佛闭塞各家之短，一扫各派之争，乃各家之大宗。

五、宋元：誉儒毁墨，墨息尚存

宋元时期，墨学仍在学界流传，并受到学人的重视。但所谓重视，只是引墨评墨，且褒少贬多。尤其是那些学界大家，几乎是一边倒地誉儒毁墨，对墨家及墨学多有挞伐贬毁之词。

欧阳修对墨学也有较为公允的评价。他在《崇文总目叙释》中说：“墨家者流，其言贵俭兼爱，尊贤右鬼，非命上同。此墨家之所行也。孟子之时，墨与杨，其道塞路，轲以墨子之术俭而难遵，兼爱而不知亲疏，故辞而辟之。然其强本啬用之说，有足取焉。”

欧阳修认为墨子与杨朱之道阻塞了圣贤之路，所以孟子才予以严词批驳；但墨子强本节用的学说有可取之处。这段话有贬有褒，但更多的是对墨学的贬斥。他认为：“战国之时，杨、墨交乱，孟子患之而专言仁义，故仁义之说胜则杨、墨之学废。”他在《答李秀才启》中还说：“且夫好恶之异，古今所均。仲尼至贤，乃取侮于盗跖；帝茎大乐，犹见非于墨子。”人的好恶不同，古今一样。比如仲尼是大贤，却受到盗跖的侮辱；颛顼帝制作《茎》这种大乐，却被墨子反对。显然是斥墨子与世人不齿的盗跖为同类，可见其毁墨之甚。

王安石对墨学亦有非议。他在《杨墨》一文中认为：

“杨、墨之道，得圣人之一而废其百者是也。……墨子之道，摩顶放踵，以利天下；而杨子之道，利天下拔一毛而不为也。”

可惜的是，“墨子之所学者为人。为人，学者之末也。”为什么会这样评价墨子及其学说呢？王安石接着说：

> 学者之事必先为己，其为己有余，而天下之势可以为人矣，则不可以不为人。故学者之学也，始不在于为人，而卒所以能为人也。……墨子之志虽在于为人，吾知其不能也。……墨子者，废人物亲疏之别，方以天下为己任，是其所欲以利人者，适所以为天下害患也，岂不过甚哉？

墨子的初衷虽是好的，但因其学说不先为己，加之抹杀了人人物物之间的亲疏关系，所以结果适得其反。王安石平静而理性地彻底否定了墨学的功用和价值。

北宋“三苏”对墨学各有评论，基本倾向都是扬儒辟墨。苏洵在《上韩昭文论山陵书》中认为：“使今俭葬而用墨子之说，则是过也；不废先王之礼，而去近世无益之费，是不过矣。”苏洵点名批评墨子之过，同时提及“三日而殡”“三月而葬”，观点有些折中，但是立场在儒一边。

苏轼继承前人辟墨的态度。他在《六一居士集序》中引用孟子的话说：“禹抑洪水，孔子作《春秋》，而予距杨、墨。”孟子以批杨朱、墨翟将自己与大禹和孔子并称，苏轼接着评价孟子“盖以是配禹也”。足见他对孟子辟墨的肯定和对孟子功业的赞扬。为了扬儒辟墨，他坚决否定汉代儒家“儒、墨并称”和唐代韩愈“视儒同墨”的观点。他在《韩愈论》中指出韩愈拒杨、墨、老甚严，且认为孔子“不兼爱”，也“不明鬼”，“儒、墨之相戾，不啻若胡越”。儒、墨相互对立，如胡越一北一南，风马牛不相及。

苏辙在其《王衍》《老聃论》中通过对先秦诸子学说的分析比较，扬儒辟墨。他在《王衍》文中感叹道：“世无孔、孟，使杨、墨塞路而莫之辟，吾则罪人尔矣！”假若世上没有孔、孟两位儒学大师，让杨朱、墨翟的学说充塞言论而没有人批驳，那么，我辈都将成为罪人了。

南宋理学大师朱熹更是将墨学作为异端邪说加以毁斥。他认为“杨氏为我，则蔽于仁；墨氏兼爱，则蔽于义”。杨、墨之学是不仁不义。在《朱子语类》的《孟子五·公都子问好辩章》中有一段对话，有人问朱子：“孟子苦死要与杨墨辩，是如何？与他有甚冤恶，所以辟之如不共戴天之仇？”他用了一个比方回答：“如人逐贼，有人见了自不与捉，这便唤做是贼之党。……若说道贼当捉、当诛，这便是主人边人。若说道贼也可捉、可恕，这只唤做贼边人。”他把杨、墨之学比作“贼”，把孟子批驳杨、墨之学比作捉贼，还列举了对贼持有不同态度和对贼有不同作为的三种人。可见他对墨学成见之深、扬儒毁墨态度之坚决。但是，他贬毁、反对的都是墨子之学说，不是墨子之本人，是对学不对人。至于对墨子本人，他的评价却不带成见，较为客观。他也认为：“墨子之心，本是恻隐。”“杨、墨，何尝有邪心？只是不合正理。”“原头处都是善，因气偏，这性便偏了。”他以他所创立的心性理论抨击墨学，评价墨子，对墨子本心之评价不失公允，对墨学之攻击却非常尖刻，有失偏颇。

元代学术乏人，陶宗仪手抄本《墨子》有一定影响。

六、明清：《墨子》重光，墨学复苏

战国以降，儒、道、释三家争用，并显于世。尽管在不同时期于不同学者有主有从，荣损不一，但长期的搅扰纠葛、互渗互补，形成了以儒学为主，以释、道为辅的中华传统文化的主体结构。而曾显极一时的墨学，或被人视墨同儒，或被人视墨为道，或被人贬为邪说，一直被淹没在主流文化之中隐而不彰，甚至被排斥在主流文化之外而日趋式微。墨学命运多舛，《墨子》一书乏人问津，直接影响了《墨子》一书的流传。《汉书·艺文志》载《墨子》七十一篇，由于乏人传抄研读而导致《墨子》原书编简脱烂，后只剩下五十三篇，且错讹衍脱，不可卒读。愈是难读愈是乏人去读，愈是乏人去读愈是阻滞难传，这也是墨学难兴的原因之一。直至明清时代，这种局面发生了变化，《墨子》一书得以大量刊刻、整理，墨子学说得以由蛰隐而复出。

明代商业大兴，明人商品意识浓厚，刻书业也随之兴盛。《墨子》一书得逢天时，在明朝二百多年间就有刊刻、整理、校注、评论等有关《墨子》的著作二十八种。其中，汇集诸家评语、反映《墨子》研究成果的就有十多种。《墨子》文本的大量刊刻、评点和流行，为墨学复显提供了条件，奠定了基础，可视为墨学复显的前奏。

在这一时期，一些重量级学者都对墨子和墨学进行了深入研究和不拘泥于传统的评价。如宋濂在其《诸子辩》一文中评价墨学："墨者，强本节用之术也。予尝爱其'圣王作为宫室便于主，不以为观乐'之言，又尝爱其'圣人为衣服适身体和肌肤，非荣耳目而观愚民'之言，又尝爱其饮食'增气充虚，强体适腹'之言。墨子其甚俭者哉！"

焦竑在《澹园集·经籍志论》中说："墨氏见天下无非我者，故不自爱而兼爱也。此与圣人之道济何异？故贾谊、韩愈往往以孔墨并名。然见俭之利而因以非礼，推兼爱之意而不殊亲疏，此其弊也。"

焦竑对墨家及墨学有肯定也有否定。他认为墨家视天下的人都跟自己一样，所以不只爱自己而视人如己地爱天下所有的人，这种主张和行为与儒家圣人"兼济天下"的主张没有什么两样。他也指出，墨家看到节俭的好处而因此否定周礼，推崇兼爱主张而不区分亲疏，这是墨家的弊端。

李贽则一反传统，对墨家主张大加赞扬。他在《墨子批选》中指出，墨家的"天志"学说是为民的规则，"兼爱"主张是依从天意而说出的墨家的宗旨。他反驳孟子对墨家的攻击，说："我爱人父，然后人皆爱我之父，何说无父？若谓使人皆爱我父者乃是无父，则必使人贼我父者乃是有父乎？是何异禽兽……也！"观点犀利，立场鲜明。

王阳明是承宋代程朱理学而创立心学的大学者、思想家。王阳明批墨，其一是为了论证他的心性学说。在他的《传习录》中有这样一段对话——有人问他，程子说仁者把天地万物视为一体，为什么墨家的“兼爱”不能视为“仁”呢？他打了一个比方，回答：比如树木，那开始抽芽的地方，就是树木生机发端的地方；抽芽后生长枝干，枝干生长后生出枝叶，于是才生生不息。如果没有芽，怎么能有树干枝叶？而能生芽，一定在下面有根。有根才生，没有便死。没根，芽从何来？父母兄弟之爱，就是人心生机发端的地方，如同树木抽芽。先有一颗爱心，而后才能爱万民、爱万物，像先抽芽而后才能生长树干、生发枝叶。……墨家提倡没有差等、没有先后、没有远近地爱所有的人，将自己的父母兄弟同路人一样看待，这就没有了发端的地方。不抽芽便知道它没有根，就不会生生不息，怎么能说它“仁”呢？王阳明以树之抽芽、发干、生枝都源自根本打比方，说明墨家的兼爱理论不是发自内心之根本，因而是不“仁”的。

王阳明批墨，其二是为了纠正当时的学风。他在《别湛甘泉序》中有这样一段话：

> 世之学者，章绘句琢以夸俗，诡心色取，相饰以伪，谓圣人之道劳苦无功，非复人之所可为，而徒取辩于言词之间；古之人有终身不能究者，今吾能言其略，自以为若是亦足矣，而圣人之学遂废。则今之所大患者，岂非记诵词章之习？……夫杨、墨、老、释，学仁义，求性命，不得其道而偏焉，固非若今之学者以仁义为不可学，性命之为无益也。居今之时而有学仁义，求性命，外记诵辞章而

不为者，虽其陷于杨、墨、老、释之偏，吾犹且以为贤，彼其心犹求以自得也。

大意是，当时的学者，治学只是雕章琢句，心术不正，弄虚作假，一味炫耀自己，取悦世俗，认为圣人之道劳苦难为，只能在其言辞上做些文章。毕其一生研究圣人之道也不能穷尽吃透，有人只知道点大概，就自以为足够了，致使圣人的学说废而不行。今天最可怕的，就是只记忆、诵读词章字句，做表面文章。杨、墨、老、释也学仁义之学、心性之道，只是不得要领而学偏了，这并不说明仁义之学、心性之道不可学，没好处。今天有学仁义之学、心性之道但不是仅记诵词句、做表面文章的人，即使他陷于杨、墨、老、释的偏颇，我也认为他贤，因为他的心意、目的还是为了使自己有所收获。

显然，王阳明是在劝说人们学习他的心性学说、仁义之道，而且主张学出要领，学进心里，不要只停留于表面的词句。他以杨朱、墨翟等人为例，说他们也学仁义之道、心性学说，只是这些人学偏了，但这不说明仁义之道、心性之学不可学，没好处，只要去学了，总比不学好。看得出，他对墨学所持的是否定的态度，如同杨、老、佛学，认为墨学不属于圣人之学。

从整体上看，清代是墨学的复苏期，表现在《墨子》文本校刊整理的兴盛和墨学价值的重新发现及墨学研究的渐次开展。具体地说，墨学在清前期尚未走出低谷，而在中后期，由于时局的变化和学术的兴盛，墨学受到学界和世人的重视而日益凸显。

首先，就清代《墨子》文本的校刊、整理看墨学的复苏。

清前期自顺治至乾隆的九十二年间，只有三种墨学整理著作，即马骕的《墨翟之言》，傅山的《墨子大取篇释》，陈梦雷、蒋廷锡等的《墨子汇考》。究墨学低沉的原因，主要是清朝统治集团为了整合人心、收拢士人，仍沿袭了历代王朝以儒学为宗的传统文化，而墨学并没有进入上层统治者的视野，仍处于等而下之的地位。

清中期乾嘉两朝的八十五年间，由于统治集团对士子阶层施以科举收拢或以文字狱恫吓的两手政策，致使士人阶层埋头故纸堆，对古代文献进行训诂考证，于是训诂之学大兴，形成了这一时期学术界的畸形繁荣。其间共出现墨学整理著作十五种之多。其中毕沅通注《墨子》，是后世仅存的第一个《墨子》全本；张惠言对《墨经》的校注为前代同类校注之最善。正是这两个本子，为后人解读、校注、研究《墨子》奠定了基础、提供了方便，成就了清后期孙诒让《墨子间诂》的巅峰之作。

自道光至宣统的清朝后期是墨学著作整理的高潮期，九十一年间，就有墨学整理著作三十七种。其中，孙诒让《墨子间诂》是集清朝及上溯历代《墨子》文本校释、整理成果的大成之作。究其初衷，如他在《墨子间诂 · 附记》中所说："余幸生诸贤之后，得据彼成说，以推其未竟之绪。"为了完成这部大成之作，他"覃思十年，略通其谊"。对此书的地位和价值梁启超也给予了高度评价。他说："盖自此书出，然后《墨子》人人可读。现代墨学复活，全由此书导之。古今注《墨子》者固莫能过此书，而仲容一生著述，亦此书为第一也。”

其次，就清代墨学思想的研究看墨学的复苏。

清朝初期，对墨学研究最具启发性和开拓性的是顾炎武。他通过对墨学的研究、考证和对墨家思想的深刻把握，对儒、释、道、杨、墨各家进行分析、比较，认为佛家“由慈悲利物之说而极之，以至于普度众生，超拔苦海，则墨氏之‘兼爱’也”。他跳出了汉唐以来“儒、墨为用”的是非之争，而通过对墨学及各种学说的严肃考证，从中发现墨学的现实价值，不仅促进了清朝中后期考据之风的形成，而且对促进当时从宋代程朱“理学”、明代王氏“心学”向经世致用的“实学”的转型，具有重要的开拓价值。

受考据之风的影响，清朝中后期墨学之复苏主要表现于《墨子》文本的整理、墨学资料的考证以及学界对墨学价值的重新发现和重视。但对墨学思想的研究，仅仅停留在有关士人及其著作中对墨子的评点上，而研究墨学思想的专著几成空白。

对墨学思想及其价值的评价，多数学者从“经世致用”的观点出发，持肯定态度，以至于大力褒扬。

毕沅认为，墨家的思想主张“通达经权，不可訾议”。对儒、墨之争，孙星衍认为，墨学“出于夏礼”，而孔、孟尊奉周礼，因此两家之争“势则然焉”。

汪中一反传统，明确扬墨贬儒。他在《墨子序》中说：“墨子之诬孔子，犹孟子之诬墨子也，归于‘不相为谋’而已矣。”墨家“述尧舜，陈仁义，禁攻暴，止淫用，感王者之不作，而哀生人之长勤，百世之下如见其心焉”。俞樾赞叹墨子说：“墨子则达于天人之理，熟于事物之情，又深察春秋、战国百余年间时势之变，欲补弊扶偏，以复之于古，郑重其意，反复其言，以冀世主之一听。虽若有稍诡于正者，而实千古之有心人也。”孙诒让称墨家“用心笃厚，勇于振世救弊，殆非韩、吕诸子之伦比”。

第一个以专题形式全面评价墨子、墨学的人是梁启超。他饱含救国救民之激情、经世致用之观点，研究墨子，弘扬墨学，写下《子墨子学说》专题文章，于1904年陆续发表于《新民丛报》。根据墨子的“天志”学说，他认为墨子的政治思想是“以法治为政术之要具”，而“其所谓法者”则是“法天”。治国要顺从天意，上同于天，所以“君权神圣”。他认为：“墨子之政术，非国家主义，而世界主义、社会主义也。……举国界家界尽破之，而一归于大同，是墨子根本之理想也。……今世所谓社会主义者，以自由平等为精神，而不得不以法制干涉为手段。”他对墨子经济思想的研究也具有开创性，结论是“利之一字，实墨子学说全体之纲领也”。墨子“多以爱利两者并举”，“其所谓利者，殆利人非利己也”。梁启超进而指出墨子经济学说的特点是：以利他为中心，以道德教化为手段，以治理社会为根本目的。对墨子的伦理思想，他通过对各家的比较，推崇墨子的兼爱学说。他说，杨朱“自爱”，拔一毛利天下而不为，会使社会秩序荡然无存；儒家所谓“仁爱”，“以本身为中心点，缘其远近亲疏以为爱之等差”，对于维护社会秩序最有力度；墨子的“兼爱”，“平等无差别之爱普及于一切人类”，“实爱说中之极普遍极高尚者”；至于佛家之爱，是“圆满之爱普及于一切众生”，但这是出世的闲法，与人世社会的法则不相容。众“爱”之中，惟墨子“兼爱”高尚而可行。他总结墨子学说：“综观墨学实行之大纲，其最要莫如轻生死，次则忍苦痛。……欲救今日之中国，舍墨学之忍苦痛则何以哉！舍墨学之轻生死则何以哉！”他认为只有墨学才是“可以起中国之衰者”，能挽救中国之衰败的，只有墨子学说，只能靠墨家忍苦痛、轻生死的精神。

当然，在当时对墨子墨学的推崇、褒扬声中，也有不同的声音，张惠言在其《书〈墨子经〉后》一文中崇儒贬墨，认为“墨子之言，悖于理而逆于人心者，莫如非命、非乐、节葬”，至于其“兼爱”之论，则被孟子诛之为“‘无父’之罪”。

清中后期，墨学研究的最大成果是对《墨辩》的研究。《墨辩》也称《墨经》，共六篇，内容包括人文、科技、逻辑等多种知识，其中科技、逻辑知识尤为突出。这些内容正适应了当时的社会背景和时代特点。当时一是内政腐败，外强入侵，科技、军事、政治、经济等全方位落后，国势衰微，人心思变；二是西学东渐，人心图强。面对落后挨打的局面，林则徐、魏源等人提出了“师夷长技以制夷”的主张，曾国藩提出了“师夷智以造炮制舰”的建议，科学技术成为当时的迫切需要。人们通过对《墨经》的研究，发现了其中可以与西方科技知识相媲美的科学思想、科技知识和现实价值，所以摈弃了以往只注释字词、旨在解义的做法，代之以结合西方先进科技知识加以解读的新视角、新方法，深化并扩大了《墨经》的研究成果。

七、20 世纪：西学东渐，墨学复兴

西学东渐及民主与科学思想的传播与渗透，日益引发人们对两千多年封建专制的不满。通过对文化层面的反思，人们更看清了传统社会中根植于朝廷的卫道面孔和使国家积贫积弱、落后挨打的深层元素。于是，刚跨进 20 世纪的门槛不久，就势所必然地爆发了以“惩办国贼，还我国权”为导火索、以“打倒孔家店”为口号、以建立新文化为内容的“五四”新文化运动。长期以来，墨学或被视为邪说，或被儒学吸纳，或被道家盗用，一直被排挤于主流传统文化之外。而传统文化中，恰恰只有墨学所包含的民主意识、科技思想等与现代社会相契合，也只有墨学所提倡的“自苦为极”“死不旋踵”、果敢忘死、身体力行的奋斗精神为当时社会所急需。先进的知识分子欲弘扬墨子精神以拯救时弊，传统的知识分子欲挖掘墨学宝库以光大“国粹”。天时人和，读墨研墨风盛，促使墨学重兴。其间虽因社会变故、政治原因一度走低，但总体趋势是长足发展，成就空前，且一发难收，充满活力。近百年来，大批学者对墨学的关注和投入，三百余种墨学整理、研究著作和一千七百余篇学术论文的问世，铸就了墨学研究的复兴和辉煌。

20 世纪，墨学研究的成就大体表现于三个方面，一是

《墨子》一书的整理，一是《墨经》研究的深入，一是墨学研究的发展。

（一）《墨子》一书的整理

在孙诒让《墨子间诂》的基础上，众多学者如尹桐阳、张纯一、吴毓江、岑仲勉、陈柱、王焕镳、谭家健等人，从不同视角、用不同方法对《墨子》一书进行了校勘、整理，使之更加完善。如尹桐阳《墨子新释》，结合其西学功底，颇有创见；张纯一《墨子集解》，除了对版本进行考证和字词注释，有更多文义的发挥；吴毓江《墨子校释》，广引他本，解决了许多前人没有解决的问题；岑仲勉《墨子城守各篇简注》，对《墨子》一书中最难解的十一篇城守文章，通过研究古书记载、古代兵书和古代战例，结合后世承袭的器具实物，进行了较为准确的解释，使之大意可通，基本可读；王焕镳《墨子校释》，正文前先予解题，后对正文分段注释，并对倒错衍脱之文进行更正、说明，大大方便了读者的解读。

（二）《墨经》研究的深入

在《墨经》研究领域成就突出、影响较大的有张煊、胡适、梁启超、栾调甫、谭戒甫、詹剑峰、高亨、方孝博、杨向奎等人。胡适凭借他深厚的国学功底和扎实的西学素养，在中西文化的比较中，发现并研究了《墨经》方法论的优长，充分肯定并恰当评价了《墨经》在世界逻辑学史上的地位。梁启超对《墨经》的研究比前人下工夫更大，不仅表现于较前人校改文字更多，而且释义较前人更加通俗易懂。他用“爱”和“智”概括墨学的价值和功用，认为“十论”是“教‘爱’

之书”，《墨经》六篇是“教‘智’之书，是要发挥人类的理性”。

值得一提的是发生于20世纪20年代以梁启超与胡适的通信商榷为发端的《墨经》大讨论。围绕《墨经》的校诂和作者、思想、研治方法等问题，双方展开论争，惊动了栾调甫、伍非百、章士钊、章太炎等人也参与其中。其人数众多，仅著文参加讨论者就有数十人；其时间也长，一直延续到1949年。大讨论的结果，不仅深化了墨学研究，扩大了研究成果，而且引发了广大读者的读墨兴趣，促进了墨学研究的发展。

1949年以后一段时期内，虽有社会、政治因素的影响，但因以逻辑和科技知识为主要内容的《墨经》距现实与政治较远，所以对《墨经》的研究仍然不衰。其中，谭戒甫的《墨辩发微》、高亨的《墨经校诠》，都是超越前人的厚重之作。

（三）墨学研究的发展

20世纪上半叶，墨学社会思想的研究与《墨经》的研究同步，充满生机，有长足发展。学界巨擘胡适、梁启超、王桐龄、陈柱、冯友兰、伍非百、陈顾远、侯外庐等人都给予了巨大关注和投入，并有大批著作、论文问世。学者们上自墨学背景、渊源，下至墨学现实价值，对墨学社会思想进行了多层面、全方位的发掘和探讨，充分肯定了墨子的社会学思想。对于儒、墨思想方法的区别，胡适认为：儒者强调的是“理想的目的”，提出的是“什么”；而墨者强调的是“进行的方法”，所说的是“为什么”。梁启超认为：“墨学所标纲领，虽有十条，其实只从一个根本观念出来，就是兼爱。”“墨子讲天志，纯是用来做兼爱主义的后援。质言之，是劝人实行兼爱的一种手段罢了。”王桐龄《儒墨之异同》，运用中西结合的研究方法，立足文献资料的大量考证，通过儒、墨思想观点的对比，凸显了墨学的价值，分析了其衰微的原因。陈柱《墨学十论》，在前人研究的基础上，对墨子其人、其书、其学进行了全面总结式的研究，且别开生面，不乏新意。

在正面评价墨学社会价值的主流思潮中，也有学者持否定、批评的态度，主要有郭沫若、柳诒徵、孙德谦等人。郭沫若由其激进的反传统思想所决定，在激烈地批孔的同时，也无情地批墨。他在《青铜时代·墨子的思想》中认为，墨子“名虽兼爱而实偏爱”，“名虽非攻而实美攻”，“名虽非命而实皈命”，所以墨子的思想“充分地带有反动性”。由于他受社会形势所左右而带有“风派”性质的研究，导致其结论的偏激和倾斜。

20 世纪下半叶，墨学研究在我国大陆历经一段萧条后又走向复兴，在我国台湾却一直保持着发展的势头。据郑杰文《中国墨学通史》中统计，在 1949—1999 年 50 年中，我国大陆和台湾地区有关墨学研究的论著重要者计 65 部。由我国大陆学者编著或在我国大陆出版的 31 部，由我国台湾地区学者编著或在台湾地区出版的 34 部，台湾地区多于大陆；而我国大陆的 31 部论著中，80 年代前的仅有 6 部，80 年代后的 25 部。数字说明了历史，在改革开放前的 30 年中，非学术原因尤其“文化大革命”所造成的学术领域的沉寂，墨学研究自然不能例外。30 年中，祖国大陆有关墨学的专著只有任继愈的《墨子》一部，此书文字简洁通俗，内容全面、系统且有相当的理论深度，但思想方法也带有那个特殊时代的学术印痕。改革开放至 20 世纪末的 20 余年中，学界恢复自由，学术走向繁荣，墨学走出低谷，先后有詹剑峰的《墨子的哲学与科学》、杨俊光的《墨子新论》、谭家健的《墨子研究》等专著和有关墨学的论文问世，使墨学研究生机再现，迅速发展。尤其 90 年代伊始，山东大学和山东滕州市政府成立墨子研究中心以后，在连续数届"墨子国际学术研讨会"的推动下，一部部墨学著作相继面世，一篇篇墨学论文层出不穷。墨学研究进入高峰期，呈现出四大特点：一是全面性。全方位、多层面研究墨学，改变了过去偏于《墨经》研究的单一发展的研究格局。二是深入性。大批学者及其论著，不仅有对墨学本身的准确把握和深刻阐释，也有对墨学现代价值的珍贵发现和独到见解。三是开放性。大陆治墨学者加强了与海外或者我国台湾地区学者的对话与交流，英国的汤因比、李约瑟，日本的池田大作，美国的李绍昆和我国台湾地区的一批学者，不仅给大陆的墨学研究提供了新的视角、新的方法，注入了新的活力，而且推动墨学走向世界，光大了墨学文化的世界性价值。四是普及性。墨学研究人员日益增多，研究队伍不断壮大，出现了老、中、青三结合的梯队式学术研究结构和后继有人的可持续发展趋势。同时，《墨子》普及本如译注、选注、导读、今译等大量问世，方便了普通读者的解读，促进了墨学的普及。

两汉以降，墨学一路衰微；至 20 世纪，墨学重兴。究其原因，不外社会外部原因和墨学自身因素两个方面。社会的现实需要和墨学的自身魅力，助墨学重兴，势在必然。

栾调甫先生说：“儒先克己慎修为教，更无舍身救世之概。惟墨子主兼爱则杀身以利天下，出言谈则持辩以立三表。事伟理圆，足与相当。此其由微而得以大显于世者。”

周长耀先生说：“兹值今日高唱复兴中华文化之际，深望我们政府首长以及学术界人士，放弃以儒学独尊的积习，而提倡墨学以补救儒学之缺陷。”

两位学者大致道出了墨学复兴的原因，也昭示着要使儒、墨互补，一路同行并显，尚任重而道远。

下篇·墨子与墨学散论

墨子，墨家，

黑色的珍宝，

黑色的光亮，

中国亏待了你们，

因此历史也亏待了中国。

——余秋雨

引　言

我是在中学课本《公输》这篇文章里知道墨子的，留下的是一个凭三寸不烂之舌止楚攻宋的辩者的印象。认识墨子，是心非所愿地从语言学教学与研究转向“墨子与墨学”开始的。在我眼里，那时的“墨学”像一座山，看起来很高，登上去很难。我如同一只被赶上架的鸭子，只好一步一步小心翼翼地“爬”：读原著，断句读，释文义，探根本。渐渐地，适应了，熟悉了，被醍醐灌顶了。像走进了深山宝库，不仅琳琅满目，令人目不暇接，而且博大精深，永远取之不尽。于是，鉴他人成果，抒一得之愚，陆续写点书，发点文章。不经意间，成了治墨学者。

有《墨学丛谈》凑数，拙著恰够十本。

本书的下篇“墨子与墨学散论”，包括部分已发表的论文、有关研讨会上的发言和在有关高校、机关企事业单位报告会上的讲稿三类。这些内容有对墨子与墨学既有常识性、普及性的破译和解读，更有多方面、多角度、多层面的深入探讨和独立见解，也有对墨学与儒学、墨学与其他子学的比较研究。在观点、内容上，个别地方难免有交叉重迭，敬希同仁和读者体谅、指正。

走近墨子　认识墨学

——兼谈枣庄学院校训“兼爱　尚贤　博物　戴行”

两千四百年前，中华大地上有一个人说出这样一句话：“以其言非吾言者，是犹以卵投石也。尽天下之卵，其石犹是也，不可毁也。”用今天的话说，就是谁要用他的言论、主张攻击我的言论、主张，就像以卵击石。用尽天下之卵，石头还是石头，我的言论、主张像石头一样坚不可摧，不可诋毁！何等坚定！何等自信！若非大腕巨擘，谁敢说如此大话？谁能有如此气魄？他的学生说：“天下无人，子墨子之言也，犹在。”——即使天下没有了我们的老师和我们的人，但是我们老师的话仍然与天地长存。历史证明了学生对老师的评价；两千多年后的今天，验证了这位巨人的自信。孙中山说他是最讲“爱”字的人之一；毛泽东称他是比孔子更高明的圣人；鲁迅称之为“中国的脊梁”；江泽民以他为例说明中华民族是一个爱好和平的民族，并指出他的著作里包含了丰富的自然科学知识；胡锦涛认为他所提出的爱无差等的理想社会方案，反映了广大人民群众对美好生活的向往。这位古代的巨人，站在下层劳动人民的立场上，为弱者抱不平，谋福祉，求平等，争自由；面对统治者的征战杀伐，骄奢淫逸，横征暴敛，残害百姓，勇敢地站出来说“不”；他打破传统，自立新说，兴学授徒，说教行义，非攻止战，身体力行；他坚持创新，别开生面，制造发明，问津自然，创建了能与西方自然科学相媲美的科学技术和科学理论。他给我们留下了丰富而珍贵的文化遗产和可资借鉴、令人自豪的精神财富。

他是谁呢?

他就是春秋战国时代墨家学派的创始人，伟大的思想家、教育家、科学家、军事家和社会活动家——墨子。墨子姓墨名翟，先人曾是殷商后裔，宋国贵族，后家族败落，沦为“贱民”，从事手工业生产。他所生活的时代，正是中国由奴隶制向封建制过渡、转变的大动荡和大变革时代。当时冶铁工业的发展和铁制工具的使用，促进了生产力的发展；生产力的发展，促进了生产关系的转变；生产关系的转变，加速了原有“君君，臣臣，父父，子子”的血缘宗法人际关系和伦理道德的断裂和嬗变，从而导致了周朝王室的大权旁落，“礼崩乐坏”。各国诸侯无视王室，攻战争霸，华夏大地战火弥漫，生灵涂炭。社会的动乱，百姓的疾苦，引起了思想家们的思考：如何平治天下，安定社稷，兴利除害，造福人民？于是他们纷纷讲学立说，游说诸侯，推行自己的主张。以孔子为代表的儒家主张恢复周礼，以亲疏远近、推己及人的差等之爱实现天下的太平和人际关系的和谐；墨子曾是儒家门徒，学儒家之业，但看到儒家所倡导的周礼和厚葬久丧等主张繁扰、靡财、害民，是站在贵族立场上替贵族说话的，因而出身贱民、心怀天下百姓的他，打出山门，另立新说，创立了面向下层、旨在为民的以“兼爱”为核心的自己的学说。墨子主张无论亲疏，不分贵贱，视人如己，爱无差等，人人为我，我为人人，平等互利，天下太平；以老、庄为代表的道家主张清静无为，物我齐一。儒、墨两家主张积极入世，改变现实，道家主张消极出世，回避现实。儒、墨相通之处，都推崇古代圣王，都主张以大爱之道施政治国，都追求和谐的人际关系和社会秩序，都“弟子弥丰，充满天下”，当时并称“显学”。不同之处，儒家主张恢复等级森严、繁扰奢华的“周礼”，注重内心的修养和自省，规劝诸侯“保民而王”；墨家主张实行俭朴艰苦、廉洁自律的“夏政”，注重外在的行动和实践，站在下层百姓的立场上对话诸侯，以民为本。立场不同，道术迥异，后来的命运大相径庭。儒家因迎合历代统治者的需要和自身的中庸圆通而一路风光，墨家因不合历代统治阶级的意志和自身的叛逆品格而备受冷落。在人类前行的脚步迈进 20 世纪的门槛之后，西学东渐。随着民主与科学时代的到来，人们终于重新发现了墨学的历史文化意义和社会科学价值，开始走近和仰望墨子这位久违了的巨人，呼唤和研究墨学这一曾轰动一世的“显学”。历史的足迹正好印合了墨子弟子当年的断言：“天下无人，子墨子之言也，犹在。”

那么，墨子的言论、主张果真如他本人所说像磐石一般不容动摇、不容诋毁吗？果真是历经百代而颠扑不破吗？要回答这个问题，我们不妨从我们学校的校训谈起。

校训体现一所学校对广大师生的训诫、宗旨和导向，是学校办学方针和办学特色的体现和凝聚，是教师教书育人和学生砺志成才的座右铭。我们的校训是什么呢？你能正确解读和准确把握校训的思想内涵吗？

我们的校训：兼爱　尚贤　博物　戴行。

“兼爱”是墨子学说思想的核心。从字面上看，兼爱是无论亲疏、不分贵贱、像爱自己一样爱世上所有的人。简单地说，就是没有差别、一视同仁的爱，就是平等之爱。从提出的背景和思想内容看，兼爱是针对儒家的差等之爱提出来的，墨子称儒家之爱为“别爱”，即有差别的爱。孔子主张尊贤有等，“亲亲有术”，意思是人有贵贱之分，爱有等差之别。先爱自己，再爱父母亲人，一层一层渐渐推而远之，最后再爱别人，用孟子的话叫“推己及人”。按照他们划定的等级模式和伦理次序，以自己为核心，由上到下，由亲到疏，层层等而下之，如同波纹一样由近及远，渐远渐弱，以至彻底消失。试想，这种爱到了下层百姓那里已所剩无几，甚至完全没有了。说到底，这种爱实施的结果，只能是只爱自己和自己的亲人，爱国君大人，爱贵族君子；对于平民百姓，充其量也只是一种恻隐之心罢了。而且，儒家的“爱”，注重的是内心的省察、自我的修养，缺乏实施的依据和实际的内容，由于内容的空泛而只能存之于心中，停留在口头。因为“爱”和“利”是一体两面、互为表里、不可分割的。爱人必须说有利于别人的话，做有利于别人的事；无利于人谈何爱人？但孔子是耻于言利的，他认为“君子喻于义，小人喻于利”，“君子怀刑，小人怀惠”，“君子忧道不忧贫”。只有小人才谈利，君子只谈义；君子想的是国家刑政，小人想的是个人利益；君子怕道义之不行，不怕自身之贫穷，所以他赞叹安居陋室、粗茶淡饭而不改其乐的弟子颜回说：“贤哉，回也！”与孔子相反，墨子在讲“爱”字的同时，大讲“利”字。他认为，实行兼爱就属于“义”。“义”是什么？“义者，利也”。所谓“义”，就是给人好处，就是有利于人。所以他在阐述“兼爱”主张的时候，总是把“爱”和“利”放在一起，如“兼相爱，交相利”，爱利他人，“爱人者，人必从而爱之；利人者，人必从而利之”等等。在墨子看来，爱人是内在动机，利人是外部表现；爱是利的目的，利是爱的结果，一表一里，爱利合一。爱人与否，重在给予，重在奉献，重在行动。针对儒家的差等之爱，墨子主张爱人如己、爱无差等，这样才能君惠臣忠，父慈子孝，兄友弟恭，人与人不相残害，家与家不相掠夺，国与国不相攻战；才能人人互相关爱。人人都献出一点爱，世界才能变成美好的人间。这就是“兼爱”。对儒家的“别爱”，墨子毫不留情地指出，它是世界上一切罪恶的根源。为了维护儒家的“别爱”学说，孟子攻击墨子的“兼爱”尤其激烈。他认为墨子把别人的父亲当作自己的父亲去爱，这不等于自己没有父亲吗？连自己的父亲都不知道是谁，这不就是禽兽吗？一代大师，竟张口骂人，可见门户之见是何等之深。对孟子批墨的激烈，学界后人也给以激烈的反击。明代学者李贽反驳孟子说："我爱别人的父亲，别人也爱我的父亲，怎么能说是'无父'？如果说使别人都爱我自己的父亲是'无父'，那么，一定要让别人伤害我的父亲才是'有父'吗？这与禽兽、野蛮人有什么两样呢？"他反过来又骂孟子的言论为禽兽之论。爱的方式和对象有多种，梁启超分为五类，并分析了主要的四类：一类以杨朱为代表，"自爱其灵魂躯壳而不顾他人"，"拔一毫而利天下不为者"，这是自爱，其结果会使社会秩序荡然无存；一类以孔、孟为代表，"以本身为中心点，缘其远近亲疏以为爱之等差"，这属于"亲亲之爱"，这种爱有利于维护当时的社会秩序；一类以佛家为代表，"圆满之爱普及于一切众生"，但这是出世的法则，与现实社会的法则不相容，在现实社会行不通；一类以墨子为代表，"平等无差别之爱普及于一切人类"，这就是"兼爱"。对这四种爱，梁启超尤其充分肯定、高度评价墨子的兼爱，"实爱说中之极普遍极高尚者也"。唯有墨子的"兼爱"，是最高尚的爱，是最普遍的爱，是高于各种爱之上的"大爱"。

大爱无私。爱如日月经天，江河行地，它是宇宙万事万物的根本，它是人类生息繁衍的源泉，它是社会发展前行的动力，它是促使每一个人走向完善的生机。没有爱，就没有人类的今天；没有爱，就没有社会的和谐。一个人失去了爱心，就失去了灵魂，无异于行尸走肉，无异于衣冠禽兽！

国家和人民办教育，办大学，其根本宗旨就是培养有爱心的人，就是培养学生的爱心，使爱走出校门，走向社会，走向世界，让世界到处充满爱，人人爱人如己，大家互惠互利。如果做到这些，这世界上哪还会有尔虞我诈？哪还会有贫富贵贱？哪还会有偷盗掠夺？哪还会有罪恶的战争？若真的有一天，我们的教育大获成功，使墨子的“兼爱”思想扎根在每一个人的心灵里，体现于每一个人的行动中，在全中国、在全世界发扬光大，这社会岂不和谐？这世界岂不和谐？

作为学生，学习自然科学也好，学习人文科学也好，学习职业技能也好，归根到底，首先要学习做人。爱心乃做人之本，人无爱心不立。科学是一把双刃剑，有爱心做基础，以爱心为指导，你的知识、能力就会在成就自己的同时，也成就别人。若心中没有“爱”这盏明灯，你的知识、能力反而会危害人类，危害社会，你一辈子会在黑暗中摸索，甚至会因为灵魂的失灭而难得善终。爱同学，爱老师，爱人民，爱所有的贤人，爱给我们留下宝贵知识财富的先人，我们的校园就会生机勃勃，其乐融融，人人心中都有“爱人”的快乐，同时都有被爱的幸福。一个充满爱的阳光的大家庭，哪还会有种种不良现象？

墨子也是一名教师，他一生以爱行教，以教播爱，把“兼爱”作为教育、教学的旨归。作为教师，要以墨子为榜样，大爱于学生，奉献于学生，爱一切学生，爱学生一切，用自己的爱心滋润、培育学生的爱心，以提升学生的综合素质，完成自己的光荣使命。

“尚贤”是墨子十大政治主张之首。崇尚、尊重为“尚”，德、才俱佳的人为“贤”。所谓“尚贤”，意为崇尚尊重德才俱佳的人。

具体地说，贤者的标准是什么呢？是“厚乎德行，辩乎言谈，博乎道术”——道德节操，笃厚高尚；能言善辩，明辨事理；学识渊博，识见高远。一是道德，二是才能，三是学识，三者俱佳，方为贤士。这种具有高尚的思想道德、卓越的表达能力、广博的学识修养的人，不正是当今社会所需要的吗？不正是当今教育、教学的培养目标吗？假若我们的教育、教学能培养出大批这等三者俱佳的人才，岂不是我们兴教办学的最大成功？道德是方向盘，才能是发动机，学识是加油站。有此三条，你就能在人生的路上迅跑，到达胜利的彼岸；你就是众人仰慕的贤士、国家的栋梁。

贤者的表现是怎样的呢？是“有力者疾以助人，有财者勉以分人，有道者劝以教人”。你有力量就去帮助那些有困难的人，你有钱财就去资助那些贫穷的人，你有知识就传授给那些渴求知识的人，使“饥者得食，寒者得衣，乱者得治”。只要愿意拿出自己的一点爱心，这些人人都能做到，人人都会成为贤者，我们何乐而不为呢？

对于一个国家、一个单位、一位领导，重贤、选贤、用贤的确是施政之根本，成功之要务，可谓日理万机，“用人第一”。古往今来，得人才者得天下，善用人者有大成。用墨子的话说，重贤，用贤，就能“谋事则得，举事则成，入守则固，出诛则强”，谋划事情就有收获，兴办事业就能成功，保家卫国就坚不可摧，讨伐外敌就势不可挡。所以墨子告诫人们：“得意，贤士不可不举；不得意，贤士不可不举。”我们学校把“人才兴校”作为发展战略，这不正是尚贤之举吗？这不正是我校科学发展、长盛不衰的后劲和保证吗？

选贤、用贤事关成败，事关长远，千头万绪，乃重中之重。但贤在哪里？如何选贤呢？尽管儒、墨都主张选贤任能、见贤思齐，但在这个问题上，两者立场不同、观点不同。孔子认为“唯上智与下愚不移”，换句话说，就是上层人永远高贵智慧，下层人永远卑贱愚蠢。孟子主张“劳心者治人，劳力者治于人”，上等人是用心的，统治别人；下等人是出力的，被别人统治。这是孔子“上智下愚”论的翻版，如出一辙，只是又向前走了一步。按照儒家观点，贤者出自上层贵族，下层百姓无贤可选。与儒家相反，墨子认为，选贤任贤，要“不辩贫富贵贱、远迩亲疏，贤者举而尚之，不肖者抑而废之”。他愤怒地责问，那些不是凭借自己的道德、才能、学识而无故富贵的人，那些养尊处优、长相漂亮的人，难道一定有智慧吗？他大声疾呼：“官无常贵而民无终贱”，“虽在农与工肆之人，有能则举之”；虽是贵族之人，“无能则下之”。立场、观点是何等鲜明！言论、主张是何等彻底，何等革命！又多么有借鉴意义和现实价值！

选贤之后，如何用贤呢？请看墨子的观点——“高予之爵，重予之禄，任之以事，断予之令……以德就列，以官服事，以劳殿赏，量功而分禄。”既然是贤人，既然他有德、有才、有能、有识，就应该给他相对高的级别，相对多的工资；交给他事情、任务，让他放手去做；简政放权，给予他决策的权力；按每个人的功德排列高低先后的位次，按职务的高低、官职的大小分配事务、权力；然后要对他们进行考核，按各自成绩的大小发给他们奖金，考量各自功劳的大小发给他们薪水。这一套用人的办法，全面、系统、合理、科学。

学校是育人的；教师教书，旨在育人。培育什么样的人呢？培育德才兼备的贤人。明师才能出高徒，青出于蓝而胜于蓝，这是规律。所以，育人者首先必须是贤人，只有贤能的教师才能培育出贤能的学生，这就叫“以贤育贤”,“师生同贤”。要按墨子所说的“贤”的三条标准严格要求自己，厚德如水，水载万物而不覆；博学如海，海纳百川而不溢；才高如虹，亮丽多彩而高悬。品德需要修养，知识需要学习，才气需要砺炼。不修养，品德也会枯萎；不学习，知识也会退化；不砺炼，天才也会生锈。“学习，学习，再学习”。求索一生，激活人生，光大知识，增长才干，发展科学，做一个勇于创新、与时俱进、大爱无私、关心他人、奉献社会的贤者。

“博物”。出自《墨子·修身》，文中有这样一句话：“守道不笃、遍物不博、辩是非不察者，不足与游。”大意是：对坚持道义、学说不专一、不坚定，接触、了解事物不多不广，不能分辨是非的人，不值得跟他交往。这里，墨子告诫人们有三种人不值得交往，一种是没有志向信仰或志向信仰不坚定的人，一种是没有见识或见识不多的人，一种是不辨是非、不懂事理的人。反之，那要与什么样的人交往呢？胸怀大志，恪守道义，为理想而百折不挠、终生奋斗的人；见多识广、气度恢宏的人；明辨是非、主持正义的人。第二种人，简单地说就是博物之人。对于“博物”一词，《辞海》和《汉语大词典》的解释都是通晓众物的意思。所谓“通晓”，指不仅要知道、了解，而且要通达、透彻；所谓“众物”，指世间各种事物，大到自然、社会、人生，小到人人、事事、物物，远则历史、域外，近则当今、身边。做到世事洞明，人情练达，通今达古，明理格物。这就是素质教育，这就是全面发展。两千多年前，墨子在对弟子的教育、教学中就已经对后人率先垂范。他教育学生要顺应天意，认为上天有好生之德，要兼爱天下之人，反对残害人民的不义争战，反对靡财害人的厚葬久丧，反对尽民力于无用的奢侈浪费，主张务本以求富裕，劳动以求生存，希望人人安居乐业，和睦相处；他让学生能教书的教书，能游说的游说，能从政的从政，各尽所能，各展其长，造福万民，奉献社会；他把自己创建的力学、光学、数学、几何学等科学理论和逻辑知识编成教科书，向学生传授自然科学知识，让学生在通晓人文科学知识的同时，用自然科学知识武装头脑，从而提升素质，全面发展；他指导学生学习工匠技术，从事工艺制作、军械操作、工程设计，使学生能文能武，能说会做。墨子正确的教育理念、科学的教学方法，为当时的社会培养了大批栋梁之材，以至世人仰慕、诸侯争用。

人要做到“博闻”不易，而要做到“博物”更难。博闻是知道的东西多，那知识大多是间接得来的；而博物则要走近事物，接触事物，要亲身实践，身体力行，那知识是直接得来的，是可以付诸应用的，是受益终生的，其通达和透彻，是“博闻”所不能比拟的，所以，“博物”还意味着实践。理论与实践的结合，知与行的统一，这也正是今天我们所应有并须付诸实施的教育理念。

古往今来，多少有才气的人最终并未成功，所欠缺的就是“博物”这一条。他们阅历不深，识见不广，以至缺少处世的眼光和为人的大气，不是有志难伸，就是怀才不遇。汉代贾谊，一世才子，但没多大建树，英年抑郁身死。苏轼对他评价说，此人“志大而量小，才有余而识不足”。看来，贾谊这个人虽然才高八斗，志薄青云，但博物不足，识见不够，做今天的大学教师也不合格。从这种意义上讲，我们的大学教师也应该反省自己，究竟博物几何？合不合格？古人说，要行千里路，读万卷书；今人说，要与有肝胆人共事，从无字句处读书。行千里路就是为了“博物”；与有肝胆人共事，就是墨子所要求的，要与博物的人共谋事业，正所谓道不同不相为谋；“无字句处”指的就是社会这部永远学不完、读不透的“无字书”，“从无字句处读书”指的就是学习社会、增长见识。所谓社会这部“书”读不透，是因为它的博大精深，是因为它不能读透。一旦读透了，就会“看破世事惊破胆，吃透人心寒透心”。但读不透也要读，尽量多读，这样才能少走弯路、多些成功；这样才不至于读成一个只懂书本、不懂社会的书呆子。

“戴行”。在《墨子·修身》一文中有这样一句话：“名不可简而成也，誉不可巧而立也，君子以身戴行者也。”意思是名声不会轻易形成，荣誉不能靠投机取巧而树立，有道德、有修养的人都是用自己的行动去践行“道”。句中的“以身戴行”，“戴”义为施行；“行”义为道义、志向、道德、品行；“戴行”即践行道义、志向、道德、品行。墨子在这里告诉人们一个道理：一个人要成名、成功，要实现自己远大的理想，成就自己美好的品德，从而被别人称颂，必须付出努力，亲自行动。美好的名声不是靠自我炫耀、自我标榜，不是凭嘴说出来的，而要靠言行一致，说到做到。这正是墨子的一贯主张。他告诫弟子："言足以迁行者，常之；不足以迁行者，勿常。不足以迁行而常之，是荡口也。"对自己说的话能够加以实行的人，要崇尚他；说了不做的人，不要相信他。说出的话不能去实行，这是空口说白话。兑现、践行自己说过的话，说到做到，不说空话，不说谎话，不说大话，不说废说，这就是"信"。人言为信，这"信"字的含义就是说发自内心的话、能够实现的话。否则，就是言而无信。言而无信，何以为人？墨子在教育他的弟子时多次强调"言必信，行必果"。他是这样说的，也是这样做的。为了推行自己以"兼爱"为核心的学说思想，墨子日夜不休，自苦为极，奔走列国，足迹遍及鲁、宋、齐、越、楚、卫等国，因为没有时间在家吃饭，总是疲于奔波，风餐露宿，所以史有"墨突不黔""墨无暖席"之说。他根据各国的不同情况，有针对性地推行自己的学说。国家混乱，他就让人"尚贤""尚同"；国家贫穷，他就让人"节用""节葬"；国家沉湎于声色，他就让人"非乐""非命"；国家淫乱无礼，他就让人尊天事鬼；国家好战，他就让人"兼爱""非攻"。良心苦口，不辞劳苦，想百姓所想，忧天下之忧。为了推行他的"非攻"主张，墨子先后止齐攻鲁，止鲁阳文君攻郑，止楚攻宋，有时冒着杀身之险，置个人生死于度外，尤其"止楚攻宋"，可谓一波三折，险象环生，大仁大义，大智大勇。他听到公输般为楚国造好了云梯准备攻打宋国的消息后，立即背起行囊，从鲁国出发去楚国郢都。他日夜兼程，跋山涉水，鞋子磨破了，就撕破衣服把脚裹上继续前行，十天十夜后到达郢都，面见公输般和楚王，责之以义，说之以理，晓之以利害，直陈其错误。子墨子大义凛然，楚君臣理屈词穷，但他们自恃兵强势大，攻宋之心不死。于是，墨子解下腰带作为城墙，利用小木片作为攻守器械，与公输般进行了一场攻守模拟战的较量。公输般九次变化攻城战法，墨子九次挫败对方。攻方损兵折将，守方固若金汤，尚未开战，就决定了楚国必败的命运。面对失败，楚君臣仍包藏祸心。公输般说："我知道对付你的办法，但我不说。"墨子说："我知道你对付我的办法是什么，我也不说。"楚王试探性地问墨子是什么办法，墨子一语挑破：你们不过是想杀我，认为杀了我，宋国就没有人守城了，你们就可以肆无忌惮地攻打宋国了。告诉你们吧，我早就料到你们这一手了。在我来见你们之前，我已经安排弟子禽滑厘率领三百人用我的守城方法和守城器械，在宋城上等你们去送死呢。至此，楚王和公输般真可谓黔驴技穷，一筹莫展，不得不放弃攻宋的图谋。墨子以舍生忘死的精神实践了自己"非攻"的学说主张，挽狂澜于既倒，救苍生于倒悬。大哉，墨子！壮哉，墨子！

在自然科学方面，墨子一反当时视人文科学为经国大事、鄙科学技术为雕虫小技的学术传统，亲自参加工艺器械的制造、工程建筑的设计，通过实验发现、发明了多种科学知识，总结了先进的科学理论，又将这些知识和理论运用到生产和军事实践中去，造福苍生，泽及后人。

可以这样说，没有墨子卓越的实践活动，就没有墨子伟大的学说；墨子在实践中创立学说，墨学在实践中发扬光大。墨子是古今“以身戴行”的典范。

教育以人为本，德育为先。大学教育的根本任务就是培养学生的“德行”。所谓“德行”，古人释之为“在心为德，施之为行”。可见德与行是内外表里、两位一体、不可分割的。美好、高尚的品德必须付之于实践，见之于行动。以行动践行道德、道义，以道德、道义指导行动。能将两者结合，才能成为一个言而有信的人，一个学而有为的人，一个全面发展的人，一个成功的人，一个大写的人。墨子之德，高山仰止；墨子之行，景行行止。我们要学习墨子的高尚品德和伟大的实践精神，且学且行，力学力行，做到有德有行。

以上我们结合校训只是揭示了墨学的冰山一角。博大精深的墨学，还有待于我们及我们的后人去学习、去认识、去研究、去践行、去弘扬。墨子已经离去两千多年了，但历史的风云、社会的变迁并没有改变墨子的伟大形象和墨学的历史价值。随着时代的进步，墨子的学说和思想愈益显示出生机和活力，愈益为当代人所肯定和接受。继承这笔宝贵的文化遗产，将对我们构建和谐社会、维护世界和平，产生深远的影响。当年墨子弟子说：“天下无人，子墨子之言也，犹在。”今天我们要说，人类进步，与子墨子之言同行！

黑色的光亮

——电视片《墨子》脚本

金秋十月，云淡风轻。秋阳沐浴下的九龙山，依然草木丰茂，百鸟争鸣。坐落于九龙山下的枣庄学院，石榴园里硕果累累，校园内外花香阵阵。“传承墨子学说，弘扬民族文化”，广场前迎接中外来宾的巨幅横标洋溢着万名师生的满腔热忱；“兼爱　尚贤　博物　戴行”，高悬于理工实验楼的红色校训彰显着枣庄学院的办学特色。

2006 年 10 月 20 日，枣庄学院隆重举行“墨学国际研讨会暨墨子研究院揭牌庆典”。自此，以枣庄师专为前身、已有 30 年办学历史的枣庄学院，确立了自己的文化特色，打出了自己的办学品牌，在鲁南大地上托起了一颗文化创新的璀璨明珠。

学术报告厅气氛庄严，高朋满座。一百多名中外学者以及省、市领导和几百名师生济济一堂，共同奏响了枣庄学院“文化立校、特色兴校”的和谐乐章。

学校领导热情洋溢的致辞，向中外来宾表达了枣院人的文化取向和价值诉求：“枣庄学院地处墨子的故乡。‘弘扬墨学，打造墨子品牌；振兴国学，传承民族文化’，是历史赋予我们的光荣使命；为中外学者搭建一座墨学研究平台，构建一个国学研究成果培育基地，是我们实施‘特色兴校’战略的重要举措。”

山东大学老教授按捺不住内心的激动和喜悦，即兴赋诗，以示祝贺：

谁信望断南雁阵，科圣故里正早春。
且事钩稽鲁墨苑，差拟推阐齐稷门。
原知非攻须经武，躬行兼爱必由仁。
忍看式微谋复显，应教宝卷泽后人。

是的，南雁望而未断，又一次冬去春回。

墨子一身黑衣，一路风尘，背负行囊，行色匆匆地从战火硝烟中走来，从战国走到秦汉，从秦汉走到今天，他已经走了两千四百多年。他前进着，呼喊着：“以其言非吾言者，是犹以卵投石也。尽天下之卵，其石犹是也，不可毁也。”他走了很久很久，他背上的行囊太重太重，里面装着对亿万苍生的牵挂、天下太平的理想和取之不尽的科学宝藏。他累了，坐在路边歇息的他需要有人扶起，他过重的行囊需要有人担承。

当历史的脚步跨进 20 世纪门槛的时候，当中华民族遭受列强欺凌、呼唤民主与科学的时候，一批立志救亡、寻求复兴的有识之士遇上了他，走近了他，接过了他的行囊，义无反顾地背到了自己的肩膀上。

梁启超认定，“今欲救亡，厥惟学墨”。于是，他秉承墨子精神，和同仁一道对积贫积弱的中国进行了艰难的改良。

孙中山认为，中国“古时最讲爱字的莫过于墨子”，他提出“天下为公”，要将爱的种子平等地播撒于中华大地。

出身平民而又有着恢宏气度的毛泽东，对同样是平民出身而又以天下为己任的墨子情有独钟，赞扬墨子是比孔子更高明的圣人，以“粪土当年万户侯”的英雄气概，推翻了压在中国人民头上的三座大山，缔造了一个崭新的中国。

人类需要和平，发展需要科学，社会需要和谐。江泽民引用墨子的话，说明中华民族是一个爱好和平的民族，并强调指出墨子的著作里包含了丰富的自然科学知识；胡锦涛在构建和谐社会的讲话中说，墨子所提出的爱无差等的理想社会方案反映了广大人民群众对美好生活的向往。

在冷峻犀利的鲁迅眼中，墨子是“中国的脊梁”。

墨子所生活的战国时代，是中国社会由奴隶制向封建制过渡的大变革、大动荡的时代。当时冶铁工业的长足发展和铁制器具的广泛使用，大大促进了生产力的发展和生产关系的转变。社会的巨大变革，一方面导致了周王朝血缘宗法制度和伦理道德规范的断裂和坍塌，一方面加剧了各诸侯国同王室的矛盾和各诸侯国之间的倾轧与争夺。他们“争地以战，杀人盈野；争城以战，杀人盈城”。华夏大地，战乱四起，民不聊生。墨子像一位消防员，奔走于齐、楚、鲁、宋、卫、越等多个国家，说教行义，非攻止战。

那是公元前441年，墨子疾速步行于从黄河南岸至长江之滨的山涧丛林中。他心急如焚，不敢稍事歇息，因为一场一触即发的战火正等着他去扑救。公输般已经给楚国造好了云梯，楚王磨刀霍霍，正要派兵对宋国进行一场不义的攻战。墨子跋山涉水，风雨兼程，十天十夜，终于走到了楚国的郢都。他大义凛然，说服公输般。接着面见楚王，他远譬近喻，正气浩然，楚王理屈词穷。然而楚国君臣自恃备有云梯，手握重兵，且已箭在弦上，势在必攻。墨子为了彻底打消这场战争计划，解带为城，木片作兵，与公输般展开了一场攻守模拟演练。公输般一次次变换攻城战法，墨子一次次挫败对方。楚国君臣像输光了的赌徒，生出了阴毒的招数，欲杀掉墨子以消除攻宋之患。墨子对他们的险恶用心早有预料，赴楚游说之前，就已经安排自己的弟子禽滑厘等三百人，用墨家的守城方法和防御器械，在宋城上枕戈待旦、等候多时了。至此，楚王和公输般可谓黔驴技穷，不得不放弃攻宋的图谋，一场可能的血腥的战争就这样被墨子制止于萌芽之中。

然而，这一壮举的结尾并不圆满。当墨子身心疲惫地踏上归途，路过宋国，想躲进门下避雨的时候，宋国人却冷漠地将他拒之门外。墨子无怨无悔，对炎凉世态只有一叹：以大智慧救苦救难者，不求其名，不计其功；凭小聪明争论不休者，却能哗众取宠。

以周平王东迁为标志，中国历史从青铜时代步入了铁血时代，先进的铁质武器的使用和对土地的贪婪，大大刺激了诸侯称霸的野心。周王室大权旁落，“礼崩乐坏”。先是“春秋无义战”，“弑君三十六，亡国七十二”；继以诸侯皆战国，原有的一千八百多个封国全都在战火中灰飞烟灭，只剩下齐、楚、燕、韩、赵、魏、秦七个大国和十几个朝不保夕的小国。

到处战争，到处流血，到处难民，风雨飘摇，山河残破。

如何平治天下，安定社稷，兴利除害，拯救苍生？乱世需要思想，也造就了思想家。

出生中原，曾做周朝史官的老子，厌倦了人世的倾轧，看透了人心的险恶，无奈无为，绝圣弃智，愤而超然出世。但他最终也没能实现“鸡犬之声相闻”的“小国寡民”愿景，而在烽火硝烟中飘然不知去向。

家在曲阜、出身贵族的孔子，曾求教于学识渊博的老子，但没有讨回救世的良方，回过头来自创新说，确立并终身解读着“仁者爱人”和“克己复礼为仁”的方程式。他劝诫并力图引导人们退回到亲亲有别、尊卑有序、以周礼为政治制度和道德规范的西周社会，要人们“修身”“齐家”“治国”“平天下”，由自爱而爱家，由爱家而爱国而爱天下之人，将爱层层推而远之。他理想化地认为，只要如此，天下就会平静，就没有战争。他的理论似乎是完美的，但没能改变残酷的现实；他曾与之同朝为官的王公大人们并没有像他的传人孟子所说的那样，“老吾老以及人之老，幼吾幼以及人之幼”。战火从他脚下的春秋，一直蔓延到他身后的战国，而且愈演愈烈。

滕州木石一带有一座山。大约公元前500年间，山下有一户姓墨的人家，男人精通手艺，是一名能工巧匠；女人勤劳贤惠，耕织持家。一天夜里，女人梦见凤鸟入怀，遂生一子，于是给孩子名之以鸟，取名“墨翟”。墨翟天资聪慧，才智过人，自幼不但学成两手工匠绝活，而且勤奋好学，胸怀大志，刚进而立之年，就立说讲学，学显天下。后人为表达对这位时代巨人的景仰，就把这座名不见经传的小山取名为“落凤山”。至今，落凤山一带仍物阜民丰、人杰地灵。

墨子早年曾跟随周朝礼官史角的后人学习周礼，师出儒门，但他最终打出儒门，否定了儒家。他太熟悉儒家了，他知道儒家是站在王公大人一边规劝他们保民而王的，他看穿了儒家有远近、亲疏、厚薄之爱的不全面、不彻底；他认为儒家有爱而无利的空洞说教，无益于啼饥号寒的平民，无补于动乱不安的社会。于是，他创立了立足下层、旨在为民的“兼爱”学说，认为天下“兼相爱则治，交相恶则乱”，人人爱人如己，平等互利，强不执弱，富不侮贫，大不攻小，诈不欺愚，有力相助，有财相分，有道相教，使饥者得食，寒者得衣，劳者得息，如此，就不会再有人与人的相互残害、家与家的相互掠夺、国与国的相互攻战，所以墨子断言：平等爱人，是天下大治的根本；爱分差等，是一切祸乱产生的根源。差等之爱的结果，只会导致只爱自己、不爱他人的争吵和战争。儒家反驳说：猪狗尚且有争斗，何况人呢？墨家笑笑，说：你们张口仁义，合口圣人，怎么能把人比作猪狗呢？孟子奋起捍卫儒家仁爱学说，讥讽墨家把天下人的父亲当作自己的父亲去爱，无异于无父的禽兽。孟子太激动了，把门派之间的争论变成了无情的詈骂，以至激起了后人的不平。明代学者李贽说，如果说我爱别人的父亲、别人也爱自己的父亲是“无父”，那么，让别人都去伤害自己的父亲才是“有父”吗？这与禽兽又有什么两样呢？

以“爱”为问题的焦点，墨子拉开了战国二百多年间百家争鸣的序幕。老、庄无爱，他们看破红尘，物我两忘。既然无欲于己，无为于世，又怎能有爱于人？孔、孟仁爱，自我中心，推己及人，维护的是周礼的等级秩序，剩下的充其量是一点恻隐之心。杨朱自爱，拔一毛以利天下而不为。惟墨子兼爱，一视同仁，爱人以利，如日月兼照般无私，如江河行地般彻底。梁启超赞曰：“实爱说中之极普遍极高尚者也。”

孔子说“克己复礼为仁”，又说“仁者爱人”，这就意味着在复礼和爱人之间画上了等号。墨子洞察其中的虚伪和矫情，进行了无情的讽刺和揭露。按照周礼，人死了要厚葬久丧，掏空府库，荡竭家室，把大量财富同死人一起埋在地下；子女要长年守丧，悲伤不止，导致身体虚弱，无力从事；王室贵族大兴土木，纵情声乐，在民间征收大量钱财和青壮男女，以建高台厚榭，以供观赏享乐。上面骄奢淫逸，一家独乐；下面哀鸿遍野，饿殍遍地。这分明是吃人之“仁”、害民之“礼”，哪还有“爱”字可言呢？所以墨子认为，与其恢复“周礼”，远不如实行“夏政”。当年夏禹治国，亲把耒耜，栉风沐雨，治理水患，兴利于天下，生前节俭自律，和百姓同甘共苦；死后薄葬简丧，不增加人民负担。民生艰难，财富难成。所以墨子大力提倡“节用”“节葬”“节丧”，坚决反对不顾民生、沉溺声乐。他告诫统治者，节俭则昌，淫逸则亡；他告诫世人，节用为本，强力从事，“赖其力者生，不赖其力者不生”。

墨子一生俭朴，一生奔忙，忙于讲学教徒，著书立说；忙于说教行义，非攻止战；忙于工匠劳动，科学实验。他一生都在走，穿梭于战火硝烟，走遍了华夏大地，从没有其他诸子乘着马车、前呼后拥的排场。他孑然一身，常年奔波，连回家生火做饭的工夫都没有，故史有“墨突不黔”之说。他的衣服是黑色的，他风吹日晒的脸是黑色的，惟有他家的烟囱不是黑色的。

一间封闭严实的黑暗的小屋，朝阳的墙壁上凿开了一个小孔，一个人背对小孔面向太阳站在屋外，屋内与小孔相对的墙壁上出现了一个倒立的人影。这是墨子带领他的弟子在进行世界上最早的“小孔成像”实验。他们把实验的过程和结果记录下来，又反复实验，终于发明了“小孔成像”原理。当今发达的摄影艺术，全都师承于墨子这位光学的鼻祖。

在黑暗的井下，一个人在给一口大瓮蒙扎牛皮。接着伏在瓮口上屏息谛听。他听出了敌方挖掘隧道以攻城的方位和距离，立即向上喊话汇报敌情。这是墨子带领他的弟子在进行对付敌国穴攻的声学实验。于是，这里便成了两千多年后“声呐”技术的源头。

在一个绿草茵茵的庭院里，几间修缮整齐的茅庐，前面摆放着杠杆、辘轳、车轴和舟车、兵器的模型；一棵枝叶丰茂的大银杏树下，一群农夫、工匠打扮的年轻人在专注地听墨子讲学。学生不时地重复着老师的话语："圜（圆），一中同长也"，力，"刑之所以奋也"，动，"域徙也"，"夫辩者，将以明是非之分，审治乱之纪"……就这样，墨子带领弟子一边教学，一边实践，创建了中国最早、可与西方相媲美的数学、力学、光学、几何学等自然科学和逻辑学理论。后来，弟子们把墨子作为讲学内容的一百八十多条科学概念整理出来，写进《墨经》。

两千四百多年前墨子所发明的"一中同长"的圆的概念，使物体运动或变化的力的概念，物体所在位置发生变化的运动概念，以及有关物质的构成、运动、时空等理论和概念、判断、推理等概念范畴，至今仍回荡在学校的讲堂上，应用于生产、生活实践中。梁启超为之自豪，为之感叹，他说："在吾国古籍中，欲求与今世所谓科学精神相悬契者，《墨经》而已矣，《墨经》而已矣。"

随着周王朝经济状况的变化、政治统治的衰落和新的社会阶层的崛起，西周教育制度也随之瓦解。天子失官，学在民间，一统的"学在官府"出现裂隙，蓬勃的诸子思潮促成了"学下私人"的局面。继春秋时代邓析、孔子等人开私人讲学之先风，战国初期的墨子则是当之无愧的大师。墨子应世之需的教育目标，以教行义的教育方针，知行合一的教育理念，全面发展的教学内容，因材施教的教学方式，既述且作的创新精神，不仅为当时所仅有，也为后世所继承。他不仅传授人文科学知识，也传授自然科学知识；他不仅指导弟子去学，也指导弟子去做；他既培养弟子的学识、能力，更重视对弟子人格的塑造。他教育自己的弟子，“万事莫贵于义”。

他以“义”为教育、教学宗旨，设立文、理、工、军等多种学科，培养弟子全面发展。他根据社会需要和弟子才资，把弟子分为说书、从事、谈辩三类。说书类弟子讲学授徒，传播墨学；从事类弟子从事工匠劳动、军械制造、守城保卫；谈辩类弟子游说诸侯，入仕从政。墨子把行义视为一项系统工程，他打比方说，为义就像筑墙，有人运土，有人装土，有人夯实，分工不同，目标一致；大家齐心合力，“然后义事成也”。墨子以他先进的教育理念和教学方法，为社会培养和输送了大批栋梁之材。同儒家一样，“弟子弥丰，充满天下”。韩非在他的《显学》篇中说：“世之显学，儒、墨也。儒之所至，孔丘也；墨之所至，墨翟也。”

墨子的弟子都能像后世司马迁所说的那样，“其言必信，其行必果，已诺必诚，不爱其躯”。

这是历史上真实的一幕：墨子弟子孟胜，受楚国诸侯阳城君之托，率其他一百八十多名弟子守城。楚太子熊臧借口阳城君和其他大臣射杀大将吴起时，射中了停尸待殓的楚悼王尸体，要杀掉阳城君，并攻取其封地阳城。阳城君出逃。小小的阳城少兵缺粮，危在旦夕。受托守城，而城破在即，身为墨家首领的孟胜决定以死殉义，一面派两名弟子远行去传令任命新的首领，一面率众弟子集体自杀。两名传令弟子完成使命，原路返回，拔剑自刎，和众弟子死在一起。这就是墨子弟子，这就是墨家人格！为了义，他们都能“赴火蹈刃，死不旋踵”。余秋雨先生感叹说：“千年崇高，百代刚烈，不在朝廷兴废，更不在书生空谈，而在这里。”

国家失义，国人多难。在那个弱肉强食的时代，诸侯攻战的铁蹄已将“义”踏得粉碎。饱受煎熬的人民诅咒不义的残害、残酷的掠夺和血腥的战争，翘首企盼太平，企盼温饱，企盼能救他们于水火之中的义士。

什么是义呢？墨子说：“义者，利也。”义就是有利于人，利人就是爱人。他立志除天下之害，兴天下之利，将利惠及万民，将爱播施天下。他像一个英勇的斗士，为播爱行义日夜奔走，为捍卫和平不计生死。

齐国要攻打鲁国。墨子面见齐王，问：有人用一把刀一下子把一个人的头砍掉，谁受其利？谁遭不祥呢？齐王说：刀享受锋利之快，杀人者遭受杀人之不祥。墨子追问：你要吞并鲁国，残杀鲁国人民，谁会遭受不祥？齐王失义理亏，收回攻打鲁国的成命。

鲁阳文君要攻打郑国。墨子劝告他：你自己的田地还开辟不尽，却要去争夺别人的地盘，这和自家有享用不尽的美食佳肴却去抢别人手中的一块生饼，有什么两样吗？鲁阳文君自认得了“窃疾”，放弃了攻宋的念头。

公输般为楚国造好了云梯，楚国秣马厉兵，要攻打宋国。墨子裂裳裹足，步行十日十夜到达郢都，冒着生命危险制止这场战争，终于使楚国息兵。

墨子告诫诸侯，攻打邻国，残杀人民，是“大不义”；战争使人民失业，土地荒芜，耗财伤民，是“大不利”；不义不利而偏去穷兵黩武、残害生灵，必然会受到上天的惩罚。类似言论主张积淀成为他的完整的“非攻”理论体系，他怀着这套理论四处奔走，游说诸侯，到处捕捉战争的火种，消弭战争于萌芽之中。

可惜，墨子倾其所能的止战努力，在四处蔓延的战火面前只是杯水车薪。诸侯们利欲熏心，一意孤行，攻者照攻，战者照战。墨子只好号召和帮助弱小国家拿起武器，搞好备战。一方面他告诫人们，要仓有备粟，库有备兵，心有备虑，城有备守，随时准备打击来犯之敌；一方面他亲自参与并指挥备战事宜。既有战略的设计，战术的运用，也有防御工程的建筑，轻重武器的配备；既有对守城人员的部署，也有对作战物资的配置；既有严明如山的军令，也有赏罚分明的军纪。为彻底粉碎不义的攻战，确保正义抗战的胜利，他利用力学、光学、数学、形学等科技知识，带领弟子制造了各种先进的防御武器。

敌国一旦发动战争，墨子就号召弱小国家发动男女老少同仇敌忾，一齐参战，并斡旋于同情和支持反战的其他国家，说服他们：“大国之不义也，则同忧之；大国之攻小国也，则同救之……布粟之绝，则委之；币帛不足，则共之。”（《墨子·非攻下》）在国内外建立起广泛的反战统一战线，帮助弱小国家筑起一道坚不可摧的钢铁长城。在战略上，他坚持以少胜多，以弱性强；在战术上，他坚持守中有攻，出奇制胜。

未战先止，无战备战，有战反战，战无不胜，构成了墨子完整的军事学说体系。他的十一篇以备御救守为宗旨的军事文章，与《孙子兵法》相映生辉；他的名字与孙子一起，在波澜壮阔的军事天空中定格为辉煌的双子星座。

这个“义”字太沉重了。墨子背着它从民间走来，走进了朝堂，走进了战场，走遍了中华大地，走到了长江之滨。他走累了，仍然还在走着。一位老朋友遇见他，劝他说：“普天之下，没有人行义了，只有你如此劳累，你又何苦呢?”墨子告诉他：“假若一个家庭有十个儿子，其中九个都不劳动，剩下的一个只有努力耕作了，否则这个家庭还能撑持下去吗?”

善辩的儒者公孟子讽刺他：“既是善人，就没有人不知道你。若是自我标榜，就没有人赞成你了。你逢人说教，到处行义，你就不嫌累吗?”墨子坦然回答：“今处乱世，天下失义，求美者多，求善者少，我不宣传义就没有人知道义，我到处说教行义就会有更多的人知道义。自己辛苦点又有什么呢?”

鲁国有一个叫吴虑的人，冬陶夏耕，以大舜自诩。他责问墨子：“义就是义，何必去说呢?”墨子说：“我也想去种地，但我一个人的收获又能养活几个人？我也想去纺织，但我一个人的劳作又能温暖多少人？我也想去作战，但我一个人又能抵抗多少侵略者？所以我认为，将义晓喻世人，进而推行天下，虽然自己不种地却能使天下人有饭吃，虽然自己不纺织却能使天下人有衣穿，虽然自己不当兵却能激励士兵破敌立功。我为什么不去传义行义呢?”

面对儒者的责难和世人的不解，他慨叹道：一个长途背米、坐下来休息的人，当他没有力气再站起来的时候，还有人拉他一把。对肩负道义辛苦跋涉的人，为什么还要诽谤诋毁他呢？于是，他更觉肩头使命的沉重和行义路途的遥远。他像一个坚强的斗士，背起行囊，肩扛大义，继续前行。他不断地勉励自己，也勉励他的弟子：有力量就去帮助那些困难的人，有钱财就去送给那些贫穷的人，懂道义就去传给那些求道的人。从自己做起，用自己的义行去激励人，教育人，像爱自己那样去爱天下所有的人。"爱人者，人必从而爱之；利人者，人必从而利之"；"投我以桃，报之以李"。互惠互利，其乐融融。

一个和谐的社会，一幅美好的蓝图，墨子为之艰苦地奋斗，艰难地前行，走过了他艰辛的一生。

孔子信"命"。他说："不知命无以为君子。"他自称"五十而知天命"。他认为，人的生死、贫富、贵贱皆由命定，命运不可改变，所以"唯上智与下愚不移"。墨子认为，所谓"命"，这是恶人们为非作歹、贵人们鱼肉百姓而又披上合情合理的外衣，用以蒙蔽世人、凭空捏造出来的东西；这是懒惰的人安于贫困、不思进取的伪托之词。如果听信有命，为恶者不思悔改继续为恶，为官者贪图享乐不理政务，为民者安于贫困不努力做事，这足以丧失天下。孔子"畏天命""畏大人"，说穿了，他敬畏和维护的是不平等的社会制度。如果听信有命，这世界就永远没有平等。天生万物，天爱万民，人与人之间本来就是平等的。所以墨子认为，与其信"命"，不如信"天"。在墨子眼里，上天是有意志的，是人格化的客观实在，天能派使者窥伺人间，明察秋毫，赏善罚暴。墨子讥讽儒者：

你们不信鬼神还要学习祭祀鬼神之礼，这不和没有客人还要学习待客之礼、没有鱼还要织网捕鱼一样可笑吗？

墨子为什么会相信“上天”“鬼神”呢？在他看来，“天”是“义”的至高无上的代表，“天”希望人们兼爱交利，不愿看到人们相互交恶；希望天下人和睦相处，反对国与国相互攻战；天一视同仁地爱护天下苍生，要求人们大不攻小、强不执弱、贵不傲贱、富不侮贫、诈不欺愚。遵从天的意志，天会送给你祥瑞；违背天的意志，天会降给你灾祸。所以，自下而上，必须上同于天，和天保持一致。

怎样顺从天意，以实现人人平等、天下太平呢？墨子打出了一面鲜亮的旗帜——尚贤。贤人品德高尚，才能高超，道术渊博，可以自下而上担任各级官员直至天子，能代天行义，治国而国治，治民而民安。

贤在哪里？如何选贤呢？心在下层、傲视权贵的墨子喊出了一个响亮的口号：“官无常贵而民无终贱。”他放胆质问，出身贵族的人就一定有智慧、有才能吗？他明确主张，虽然是农夫、工匠，只要有德有能，就要把他们推举上去。一种呐喊，一声呵问，一项主张，表现了他叛逆现实的气魄和挑战贵族的胆略。

墨子假托天志，推出“鬼神”，虽然明确彰显了他匡时救世的理想诉求，但分明也让后人看到了他有心爱人却无力回天的无奈。可贵的是，他毕竟在遥远的天际划出了一道光亮，令人振奋，令人神往。

墨子一介平民，却创立了与儒学并称的“显学”；弟子们能为他和他的学说、主张慷慨赴死；为所欲为的诸侯国君或怕他而避之不及，或封地许官争相求之；在衣冠楚楚、雄辩滔滔的诸子集会上，他一身别致的黑衣，一双犀利的眼睛，一声来自底层的呐喊，足以使各家鸦雀无声。后世儒家传人孟子叹曰“天下之言不归杨，则归墨”，并为自己辩护说：我并不是好辩之人，我批判墨家，是为了“正人心，息邪说”。可惜墨子早已远去了，倘若墨子在世，又将如何？

那么，墨子何以有如此大的能量和浩然的气魄呢？这除了其学说的伟大之外，还有其人格的魅力。清代学者方授楚说：“墨子虽不欲人尊师，而弟子尊之者，盖其人格之伟大而崇高，弟子受其感化而不自觉。”墨子大爱无私，自苦救世，宁可舍弃诸侯的封地和俸禄，也要坚守自己心中那块“义”的高地；他大勇无畏，不仅能舍生忘死，阻止战争，而且能无愧于后人，勇敢创新；他大度无偏，公正待人，公平处事，尽管与孔子学说相对立，但仍然称道孔子那些值得称道的东西；他大信不伪，言信行果，身体力行。对儒家“不扣不鸣”的明哲保身的圆滑他不屑一顾，主张扣亦鸣、不扣亦鸣，这才是作为臣子应有的本分，是传道行义应尽的责任。

孟子非墨，却说：“墨子‘兼爱’，摩顶放踵利天下，为之。”庄子也非墨，却说：“墨子真天下之好也，将求之不得也，虽枯槁不舍也。”孟、庄作为反对墨家的儒、道两家的代表人物，对墨子的人格却有口皆碑。墨子的人格，不仅在当时令人折服，而且对中华民族精神的形成和发展，也有积极而深远的影响。

历史学家范文澜先生说，综核诸子学派，儒、墨、道三家而已，纷纷者皆其支与流裔也。先秦时期诸子蜂起，百家争鸣。在历史学家眼里，撑起这种文化鼎盛局面的轴心和成就中华传统文化辉煌的，只有儒、墨、道三家。而在儒、墨、道三家，集思想家、教育家、科学家、军事家和社会活动家于一身的，只有墨子；人文品格与科技品格并存的，只有墨学。诸子合唱中，它是一个响亮的声部；文化园圃中，它是一朵耀眼的奇葩。然而，自秦汉至晚清的两千年中，一直被排挤于主流传统文化之外而一路衰微的，却恰恰是本该最响亮、最耀眼的墨学。

这是历史的玩笑，但玩笑中隐伏着必然；这是中国的悲哀，悲哀又孕育了崛起。

黄袍加身的天子和金印在握的皇室，所喜爱的是孔老夫子给他们设计的黄色，对黑色的墨子所代表的黑色的黔首和黔首的黑色，他们从来都是无一例外地打入黑色的社会底层；得意的和不得意的知识分子们，他们欣赏的是李耳老人缥缈无定、进退自如的灰白色。来自下层、为黔首们张目的天生赋予叛逆品格的黑色的墨子和黑色的墨学屡遭磨难、备受冷落，自然在情理之中了。

就是这一点黑色的光亮，这一块黑色的珍宝，被两千多年的封建专制无情地掐灭了、埋没了，从而导致了中国科学落后、技不如人，民主与科学姗姗来迟。屡屡夜郎自大，却每每落后挨打。

余秋雨先生说：“墨子，墨家，黑色的珍宝，黑色的光亮，中国亏待了你们，因此历史也亏待了中国。”

早在中华民族饱受凌辱、救亡图强的一百年前，梁启超就为之扼腕：“我们做子孙的没出息，把祖宗遗下的无价之宝，埋在地窖子里二千年。……我们还有面目见祖宗吗？如何才能彀一雪此耻？诸君努力啊！”

中华民族毕竟是一个自强不息的民族。随着历史前进的脚步，墨子一路风尘，满面风霜，终于走过来了，走进了光明而伟大的新时代。家乡的人民迎接他，把他安顿于繁华的车站广场，让他在家乡歇歇脚；坐落在墨子故里的枣庄学院迎接他，把他的名言铭刻在庄严巍峨的泰山石上，让莘莘学子聆听他的教诲。久违了，墨子！先哲应无恙，当惊家乡殊。欣逢盛世后来人，显学传千古。

利用得天独厚的地缘优势和积淀丰厚的文化资源，光大墨子人文精神，弘扬墨子科技学说，是历史赋予枣院人的责无旁贷的光荣使命和神圣职责。

年轻而又充满生机的枣庄学院，坚持内涵与外延并举、科研与教学结合的办学思路，强力打造科研成果，积极扩大对外交流，步子越走越坚定，成绩令海内外学人瞩目。

在墨子研究院办公室，治墨学者在潜心研究，著书立说。

在墨学研究成果展室，《墨子大全》100 部，《墨子大词典》等学术著作十多部，还有排列整齐、载有墨子研究论文的核心期刊等，赫然醒目，引人驻足。

在学术报告厅，治墨学者精彩的墨学学术报告，激起一阵阵热烈的掌声。

在窗明几净的课堂上，学子们在神情专注、兴趣盎然地倾听墨子的学说，感受历史的脉搏。

巍巍九龙山见证了墨学的兴衰，滔滔运河水诉说着墨子的传奇。历史的风雨没有磨损墨子的形象，社会的尘埃没有堙没墨学的价值。墨子筚路蓝缕、风餐露宿，今天终于走回了故乡。他驻足于九龙山上，解下了背上的行囊，舒展开紧蹙的双眉，笑对着他面前的后生："来，把它接过去，扛起来吧！这里面装的是人间的大爱、社会的责任，是供给你们远行的食粮。"紧随其后的弟子们来到了大运河边，眺望着浩浩南去的运河流水，高声喊道："天下无人，子墨子之言也，犹在。"背后有声音传来："人类进步，与墨子之言同行!"——这是来自九龙山下的回声。

墨学的文化特色和当代文化价值

春秋战国时期，诸学蜂起，百家争鸣，并领风骚的是儒、墨两家，所谓“世之显学，儒、墨也”（《韩非子 · 显学》）。墨学之能称为“显学”，必有过于和异于诸学之处。但是墨学究竟“显”在哪里？有何特色呢？

一、文化特色

如果把诸子争鸣比作一部声贯古今的合唱，墨子学说则是其中一个响亮的声部。墨子学说所特有的平民性质、科学精神、军事思想和人格魅力等文化意蕴，不仅为其他诸子学说所不及或没有，而且在数千年中华文明史上颇具特色。

爱无差等的平民性质

毛泽东说墨子“是一个劳动者，他不是官，而他是比孔子更高明的圣人”①。世人称墨子为“平民圣人”。“圣人”而冠之以“平民”，因为他出身“贱民”，“是一个劳动者”；因为他创立的学说和学派是站在平民的立场上替平民说话、为平民做事的。固然，诸子在立说争鸣中都于民莫之能忘，儒家更有其民贵君轻、保民而王的“仁爱”主张，可是，那大多是站在统治者立场上为统治者想事的。正如鲁迅先生对孔子的评点：“不错，孔夫子曾经计划过出色的治国的方法，但那都是为了治民众者，即权势者设想的方法，为民众本身的，却一点也没有。”②

墨学的平民性质不仅集中体现于其理论核心——“兼爱”，而且贯穿于其整个学说理论体系。

儒学主张“仁爱”，是根据血缘关系的亲疏远近实施不同程度的爱，从维护周礼和王室的立场出发，给出了一个“君君、臣臣、父父、子子”的宗法体制模式，这体现在伦理上是一种差等之爱，体现在政治上则是一种贵族性质。墨子反对宗法制度，反对“乱之所自起”的按血缘关系施受的差等之爱，主张普遍地、同等程度地爱所有的人。有力相助，有道相教，有财相分，强不执弱，贵不傲贱，富不骄贫，食饥息劳，持养万民，这就是“兼爱”。墨子“视人如己”的“兼爱”与儒家“推己及人”的“仁爱”，以是否具有平民性质为分水岭，有

---

① 周溯源编著《毛泽东评点古今人物》（精华本），上海人民出版社 2015 年版，第 23 页。

② 鲁迅《鲁迅杂文集》，天津人民出版社 2016 年版。

着泾渭之别。

从学说体系看，墨学的平民性质一以贯之，始终不移，从兼爱天下百姓的立场出发，主张尚贤，“虽在农与工肆之人，有能则举之”（《墨子 · 尚贤上》）。尚同是选择贤人治理天下，贤人必尚同于天。“顺天意者，兼相爱，交相利”（《墨子 · 天志上》）。诸侯国之间繁为攻战，“尽王民之死，严下上之患”（《墨子 · 非攻中》）。对这种“贼灭天下之万民”的不义之战，墨子从理论和实践上都予以坚决的反对。针对统治者穷奢极欲、挥霍无度和广大百姓的生存危机，墨子提出“节用”，主张“用财不费，民德不劳”（《墨子 · 节用上》），针对“辍民之事，靡民之财”的厚葬久丧，力主“节葬”，指出“衣食者，人之生利也，然且犹尚有节；葬埋者，人之死利也，夫何独无节于此乎”（《墨子 · 节葬下》）。

对于墨子的“非乐”，一直有人批评他反对一切音乐活动的绝对化。其实，这种批评“绝对化”的批评也绝对化了。首先，在王公大人声色享受和广大百姓衣食之财不可兼得的情况下，墨子所取的是后者。当时“民有三患，饥者不得食，寒者不得衣，劳者不得息”（《墨子 · 非乐上》），第一位的是人的物质生存的需要。其次，当时统治者“亏夺民衣食之财以拊乐”（《墨子 · 非乐上》），一家独乐，何曾与民同乐？所非者还是王公大人的骄奢淫逸，所关怀的还是广大百姓的衣食之苦。墨子认为人不同于禽兽，“赖其力者生，不赖其力者不生”（《墨子 · 非乐上》）；而儒者认为“死生有命，富贵在天”。两相对照，前者主张事在人为，“民无终贱”，要靠自己的力量争取生活的富足及与他人的平等；后者则是让平民安贫知命，忍气吞声。显然，墨子的“非命”是送给广大百姓向不平等的社会现实发起挑战的理论武器，而儒者的“有命”则是使广大百姓安于贫贱的麻醉剂。一直纠缠不清的是墨子的“天志”“明鬼”思想，有人视之为墨学的糟粕，宣扬的是迷信的唯心主义；有人视之为墨学思想的核心，其十大理论主张皆由此而生。不可否认，墨子笃信“鬼神”的存在，是其不可称许的一面，但究其本意，还是为民的。“天之意何若?”天之意是“兼爱天下之人”。杀害无辜，贼虐万民，“天鬼”将予之不祥。

突显于墨学理论核心和墨学理论体系的平民性质，是由墨子及其弟子的平民地位所决定的。他们不仅出身“贱民”，而且始终是“贱民”阶层中的一分子。墨子一生“度身而衣，量腹而食，比于宾萌，未敢求仕”（《吕氏春秋·高义》）。他以“贱民”自许，从“贱民”之业，为“贱民”张目，从不改平民本色。

独树一帜的科学精神

墨子及其弟子学者加工匠的特殊身份，成就了他们在先秦时代科学领域的最高地位和足以与西方古代自然科学相媲美的科学建树。梁启超说：“在吾国古籍中，欲求与今世所谓科学精神相悬契者，《墨经》而已矣，《墨经》而已矣。”① 从《墨

① 梁启超《墨经校释·自序》，中华书局1941年版。

经》我们可以看出墨学在科研对象、科研内容、科研特征等方面所表现出来的科学精神。

（一）科研对象

和儒、道等学说不同，墨学将自然现象作为科学认识和考察的独立对象。儒家弟子称孔子“不语怪、力、乱、神”（《论语·述而》），对自然现象不感兴趣，避而不谈，他们所关怀的是礼乐纲常、伦理道德；道家曾提出“道生一，一生二，二生三，三生万物”的关于自然产生、存在、变化方式的基本看法，但其既不能证实也不能证伪、玄不可测、笼统模糊的所谓理论，没有多少科学性可言。墨子及其弟子直面自然，通过对所感知、所经验的自然现象的考察、分析、研究，把科研活动建立在客观理性基础上。

墨家通过对具体事物的观察和分析，科学地说明了物体的构成方式、存在方式和运动方式。用“端—体—兼”的结构层次理论说明物体的构成方式：“端，体之无序（厚）而最前者也”（《墨子·经上》），“前后取，则端中也”（《墨子·经说下》），“体，分于兼也”（《墨子·经上》），说明了“端”是构成万物之“体”的不可再分的最小的质点，而无数个客观之“体”，又构成了大自然的无穷的存在——“兼”。物体的存在都表现于一定的时空形式，对于时、空这两个抽象的概念，他们指出，“久（时间——笔者注，下同），弥异时也”（《墨子·经说下》），合“古今旦莫”（《墨子·经说上》）；“宇（空间），弥异所也”（《墨子·经说下》），蒙“东西家南北”（《墨子·经说上》）。与最小的空间单位“端”相对，又指出并科学地描述了最小的时间单位——“始”的概念：“始，当时也”（《墨子·经上》），“始当无久”（《墨子·经说上》）。墨学在建立起自然的时空观的同时，也建立了物体的运动观：“动，或徙也”（《墨子·经上》）——物体的移动，是从此域到彼域；“长宇，徙而有处，宇。宇，南北在旦有在莫，宇徙久”（《墨子·经说下》）——物体在空间的运动有可处之空间，空间包括南北（东西），时间没有早晚之限。“止，以久也”（《墨子·经上》）——物体的静止，虽然没有空间的变化，但仍伴随着时间的流逝。根据物体的运动状态，他们又探究了导致物体运动的原因，界定了“力”的内涵：“力，刑之所以奋也”（《墨子·经上》）——力，物体运动的原因。

仅从上面的例子可以看出，《墨经》科学的物质观、时空观和运动观，在当时诸子学说重人文科学的一边倒的文化现象中，可谓筚路蓝缕，独辟蹊径。

（二）科研任务

《墨经》认为，科研的任务是“摹略万物之然，论求群言之比。以名举实，以辞抒意，以说出故。以类取，以类予”（《墨子·小取》）。——观察掌握万物之真相，探讨追求，在众多的语言中找出最恰当的表达；用概念反映客观事物，用判断表达然否之意，用推理找出理由、结论，用类同的原理加以归纳和演绎。这种认识，与当今人们对科研任务、科研方法的认识遥相呼应。例如对“重影”这种复杂的几何光学现象的描述：“住景二，说在重”（《墨子·经下》）——光源照射物体会有本影与副影两个阴影，两个阴影可能重叠，可能不重叠，也可能部分重叠。进而探究重影产生的原因：“景，二光夹一光，一光者景也。”（《墨子 · 经说下》）——两种射向的光线同时照射在一个物体上，因而形成了重影。再如对“小孔成像”的描述和分析：“景到，在午有端与景长，说在端。”（《墨子 · 经下》）——倒影的形成，在于光线照射到物体后聚焦于屏壁上的小孔，这种倒影现象及倒影之长短，都是由于存在小孔。

一部《墨经》，涵盖了光学、力学、形学、数学、几何学、逻辑学等多门学科。仅从以上两例就可看出墨学对科研任务的认识和把握与今人的契合。

（三）科研特征

较之诸子学说，墨学有三大科研特征。

第一，以自然为对象的科学性。与诸子学说的伦理化特征不同，墨学把自然现象作为独立的研究对象。虽然诸子学说也有对自然现象的认识和描述，但那都是政治、伦理等人文关怀的附属物或副产品，都服务并服从于对道德伦理等人文现象的诠释。墨学则既重人文科学又重自然科学，它不仅关注人与人、人与社会的关系，也关注人与自然的关系。这种对人与自然的关系予以终极关怀的治学境界，是其他诸子学说不可企及的。

第二，重实验的实践性。其他诸子学说对所感知的事物，大多是通过内心的感悟予以诠释，虽心心相通，但不可把握，难证真伪。墨学则是从客观事物的实际出发，通过亲身的实践、反复的实验和小心的求证而得出结论，使经验的直觉变成科学的理论。如前所述的其科学的物质观、时空观、运动观及其小孔成像原理、杠杆原理等，无一不是其观察、实验的结果。更难得的是，他们在上说下教、推行自己政治主张的同时，从不间断从事工艺制作、发明创造的实验和实践活动。比如，利用自己发明的力学、光学、数学、形学等理论制造的各种守城器械，经实践证明都是先进的军事设备，堪称领先于当时的“世界之最”。

第三，重分析的逻辑性。与其他诸子学说思辨化的特点不同，墨学别开生面地建立了自己的形式逻辑理论，并用以指导自己的科学实践活动，使得对人、对社会、对自然的研究建立在牢固、科学的基础之上。他们用下定义的方法使事物的概念获得准确的内涵，仅《经上》一篇的定义就有一百多条；用分类的方法区分不同事物，对事物进行分门别类的研究；用严密的推理和准确的判断探究客观事物的本质和发展规律，并坚持“异类不比”的原则，使推理和判断建立在可遵循、可把握的前提之下。其他诸子学说重思辨的治学特点，看似圆通，却似是而非，无从把握，而且会直接导致科学研究的伦理化、唯心化而难以向深层发展。

非攻备御的军事思想

墨学的军事思想和政治思想是一脉相承的。墨子认为，诸侯国之间“繁为攻战”的原因，皆“起不相爱”，因此，要从根本上制止和消除战争，必须保持人们思想认识的统一和国家行为政令的统一。在思想伦理上，“若使天下兼相爱”，则“国与国不相攻”（《墨子·兼爱上》）；在行为政令上，自下而上逐级上同于“天”，“顺天意者，兼相爱，交相利”（《墨子·天志上》），“处大国不攻小国，处大家不篡小家”（《墨子·天志上》）。可是，大量的事实是不义之战步步升级、愈演愈烈。他只好帮助弱者拿起自卫的武器，用武力的自卫去反对暴力的战争。正如俞樾先生所说：“墨子惟兼爱是以尚同，惟尚同是以非攻，惟非攻是以讲求备御之法。”①

墨学在军事理论和军事实践上的建树，主要表现在三个方面：一是止战，二是备战，三是反战。

通过谈判、游说等和平手段，挫败战争发动者的战争意图和军事企图，将战争的隐患消除在萌芽状态，正所谓“上兵伐谋”（《孙子兵法·谋攻第三》）。墨子以政治家的博大胸怀和军事家的敏锐眼光，洞察生发战争的苗头，警惕引发战争的火种。他带领弟子奔走列国，冒死止战。“止楚攻宋”“止齐伐鲁”“止鲁阳文君攻郑”都是成功的范例。

对于森林大火一般四处蔓延的战争，墨子倾其所能的止战努力不过是杯水车薪。他只好号召和帮助弱小国家拿起武器，搞好备战。他一方面从理论上告诫人们树立反战思想，一方面从实践层面帮助人们做好反战准备。对备战之事他要人们慎之又慎，强调指出：“库无备兵，虽有义不能征无义。城郭不备全，不可以自守。心无备虑，不可以应卒。……故备者国之重也……”（《墨子·七患》）墨子有备战理论，更重备战实践。

① 孙诒让《墨子间诂·俞序》，中华书局2001年版。

《墨子》一书现存的十一篇军事文章中，有七篇反映了他的备战实践。“七备”各篇，既有战略的设计、战术的运用，也有工程设施的建筑、轻重武器的配备；既有守城人员的部署，也有财物资源的配置；既有严明如山的军令，也有赏罚分明的军纪。

墨子及其弟子对战争的态度正如今人所言：一是反对，二是不怕。首先，他们号召建立广泛的反战统一战线。在国内，发动男女老少一齐备战，做到全民皆兵。在对外关系上，争取和团结一切同情和支持反战的同盟者和积极因素，说服他们“大国之不义也，则同忧之；大国之攻小国也，则同救之；小国城郭之不全也，必使修之；布粟之绝，则委之；币帛不足，则共之”（《墨子·非攻下》）。其次，在国内外同仇敌忾、众志成城的大环境下，开展积极的防御战。在战略上以少胜多，以弱胜强；在战术上则是速战速决，守中有攻。墨子指出：“凡守城者，以亟伤敌为上，其延日持久以待救之至，不明于守者也。”（《墨子·号令》）鉴此，墨子强调要根据战争发展态势，主动出击，出奇制胜，“令贲士、主将皆听城鼓之音而出，又听城鼓之音而入。因素出兵将施伏，夜半而城上四面鼓噪，敌人必或，破军杀将”（《墨子·备蛾傅》）。

折服古今的人格魅力

孟子非墨，却说：“墨子‘兼爱’，摩顶放踵利天下，为之。”（《孟子·尽心上》）；庄子也非墨，却说：“墨子真天下之好也，将求之不得也。”（《庄子·天下》）孟、庄作为反对墨学的儒、道两家的代表人物，对墨子的人格却有口皆碑。墨子本人所具有的和通过其学说所表现出来的人格魅力，不仅在当时堪称理想人格的典范，而且对中华民族精神的形成和发展有着积极而深远的影响。

墨子以天下为己任。为兴天下之利，除天下之害，他和他的弟子们都可“赴汤蹈刃，死不旋踵”。他们“以裘褐为衣，以跂蹻为服，日夜不休，以自苦为极”（《庄子 · 天下》），上说下教，锲而不舍。越王曾以封之以五百里之地的许诺，请墨子出仕越国，但墨子恪守道义，毅然辞之；其弟子高石子在卫国爵高禄厚，但因卫君无道“去而之齐”，墨子以此为典型，教育其他弟子要“倍（背）禄而乡（向）义”。仅此两例，足见墨子心忧天下、大公无私的精神境界。为了止楚攻宋，他以身试险，舍生忘死，但在归途中避雨宋闾门下的时候，门卫竟冷语相加，拒而不纳。其为践行大义而不计荣辱、生死的执着品格和奉献精神令古今叹为观止。他们不仅有“贫则见廉，富则见义，生则见爱，死则见哀”（《墨子 · 修身》）的对己的笃守节操和对人的恻隐之心，而且有“能谈辩者谈辩，能说书者说书，能从事者从事”（《墨子 · 耕柱》）、使“饥者得食，寒者得衣，乱者得治”（《墨子 · 尚贤下》）的“兼济天下”的道德践履。这种“以天下为己任”、视人身如己身的对人和对社会的终极道德关怀，在其学说中表达得至善至美，在其行动中表现得无可挑剔。

如果说儒、道诸学对道德修养注重的是自我内省体验，那么，墨学更强调艰苦卓绝、任劳任怨、“以绳墨自矫”、“以自苦为极”的实践磨炼。他们在行教践义、备战止战的同时，始终“与百姓均事业，齐功劳”（《荀子·富国》）。自觉而理性的内省加之自觉而刚性的实践，使他们都能甘于艰苦，乐于贫贱，临辱不惊，临危不惧，献身大义，枯槁不舍。所以，荀子称之为“役夫之道”（《荀子·王霸》），庄子认为“其行难为”（《庄子·天下》）。正是在其他学者和世人看来难为之事，墨子及其弟子们做到了。

墨子和墨学对人、对社会的道德责任感和社会责任感，比其他任何学者和学说都来得积极、执着和强烈。道家主张清静无为、全真养性，消极避世，自不待言，就是主张入世的儒家，也比墨家逊色得多。虽然，孔子主张入世，自己也一度官至司寇，而且培养教育其弟子能参政者参政，但那是有条件的，“危邦不入，乱邦不居。天下有道则见，无道则隐”（《论语·泰伯》）；对于其学说，“用之则行，舍之则藏”（《论语·述而》），言语中明显暴露了孔子其人其学消极的一面和明哲保身的圆滑。墨子其人其学，无论天下有道无道，无论是治邦乱邦，都不惜蹈刃走险，强说强教。“国家昏乱，则语之尚贤、尚同；国家贫，则语之节用、节葬；国家熹音湛湎，则语之非乐、非命；国家淫僻无礼，则语之尊天、事鬼；国家务夺侵凌，即语之兼爱、非攻”（《墨子·鲁问》）。儒家入朝参政，主张“君子若钟，击之则鸣，弗击不鸣”（《墨子·非儒下》）。对此，墨者予以强烈的抨击，认为“事上竭忠，事亲得孝，务善则美，有过则谏，此为人臣之道也”（《墨子·非儒下》）。

墨家的为人，不因道同而护己之短，也不因道不同而非人之长。例如，墨子曾派弟子胜绰从事于齐国项子牛，不料胜绰见禄忘义，从项子牛三侵鲁地。墨子斥责胜绰“言义而弗行”，将其撤回。墨、儒两家尖锐对立，分庭抗礼，但对孔子可称道之处墨子仍予称道，坦然曰“是亦当而不可易者也”(《墨子 · 公孟》)。其人格气度令人敬仰。

二、当代文化价值

如果说传统文化曾是我们引以为傲的巨大精神财富，现在仍是我们建设当代文明的宝贵精神资源，但随着时代的进步、社会的发展也日见其沉重、滞后、保守，那么，沉寂了近两千年的墨学文化，却在和平、发展已成为时代主题，民主、平等已成为国人共识的今天，正日益显现出其巨大的魅力。

别—兼之别：墨学追求平等

墨子把儒家推行的有差等的爱称为“别爱”，把自己推行的无差等的爱称为“兼爱”，主张“以兼易别”。所谓“爱无差等”，即平等地爱一切人，一切人都享受爱的平等，不分亲疏，不分贵贱，不分先后。在以血缘关系为纽带的两千年的中国封建社会，这种视人如己、没有差等的爱确实过于理想化而难以实行，于统治者无异于对牛弹琴，于下层百姓也只能是一种可望而不可即的理想和奢望。可是，今天我们早已告别了血缘宗法制度和小农经济的生产方式，我们早已实行并大力推动社会主义的民主进程。墨学的“兼爱”主张在默默无闻地走过了近两千年的曲折历程之后，终于在今天找到了它赖以生长、发育的社会土壤。这是墨学之幸，也是历史的必然。如果说在“以阶级斗争为纲”的那段时期，提倡“兼爱”还为时尚早，那么在全国上下致力打造和谐社会的今天，提倡并实行“兼爱”，不正适逢其时吗？推而广之，在和平发展呼声日高而大攻小、强执弱、诈欺愚、富傲贱的不合理现象又屡屡发生的并不那么和谐的国际社会，墨学的“兼爱”主张，同样有其巨大的启发意义和推广价值。英国学者汤因比说：“把普遍的爱作为义务的墨子学说，对现代世界来说，更是恰当的主张。”① 日本学者池田大作说：“墨子的爱，比孔子的爱更为现代人所需要。”②

义—利之辨：墨学主张互利

爱不是一种抽象的道德、空洞的口号，爱是高尚道德支配下的具体行动，是有财相分、有力相助、有道相教的互惠互利，正所谓“兼相爱”，则“交相利”。所以墨子说：“义者，利也。”（《墨子·经上》）儒家之“义”，大者指统治者治国平天下的所谓仁政，小者指单个人合于宗法伦理的道德修养，所以从来都是重义轻利。孔子所谓“君子喻于义，小人喻于利”，“君子怀刑，小人怀惠”（《论语·里仁》），便是明证。在墨子看来，义则兼爱，爱则互利，互利是义的核心和表现。

---

① 徐希燕《墨学研究》，商务印书馆 2001 年版。

② 徐希燕《墨学研究》，商务印书馆 2001 年版。

这种重视人的物质利益和生存发展的观点，无疑更符合当代人的价值取向和社会潮流，因为互利是建立和维持平等和谐的人际关系和国际关系的基础。没有“利”的施行和追求，就不能有人的生存和发展、社会的进步和强大；没有“互利”的原则和行动，这世界就没有平等、和谐和稳定。墨子的义利观，不正是当今世界应该大力提倡和致力实行的吗？

理—欲之争：墨学重视“自然”

人具有自然和社会两种属性，自然人的社会性和社会人的自然性是人的一体两面，两者缺一，人将不人。但两种属性孰轻孰重，孰高孰下，是人们历来争论不休的问题。一直占文化统治地位的儒学，则是重人的社会性而轻人的自然性，初始，也承认人的自然物欲的客观存在，“食色，性也”（《孟子·告子上》），但那是以协调人际关系为前提的，强调的还是理性。发展到后来则走上了“存天理，灭人欲”的极端，意图把人塑造成挖空了物质内容、剥去了自然属性的道德标本。墨学则不同，在用“兼爱”“非攻”理论协调社会关系的同时，也强调人的物欲。他们针对统治者的穷奢极欲、横征暴敛，力主强本节用，发展生产，正是为了满足广大人民休养生息的物质需要。今天，我们以经济建设为中心，同样是为了满足人们物质生活和文化生活的需要。社会的和谐、稳定、发展是以不断满足人的需要为前提和基础的。若置人的物质、身体需要而不顾，则不只是动摇了国本，而且是人对自身的反动。我们在高呼“屹立于世界民族之林”和迈步世界强国之列的时候，重温墨子“赖其力者生，不赖其力者不生”的训诫，振聋发聩，倍感亲切。

和—同之异：墨学向往和平

儒学主“和”。孔子说：“君子和而不同，小人同而不和。”（《论语·子路》）儒学之“和”肯定了事物的差异性和多样性，以人际关系为学说中心，用人际关系和自然现象互相类比以解释各种社会现象，以实现天人关系的和谐。墨学主“同”。一是以“兼爱”统一人们的思想，使天下大治；二是以“尚同”统一人们的言行，使天下大同。与儒学相比，墨学“有见于齐，无见于畸”（《荀子·天论》），有些片面性和理想化。然而，“大同”是古今有之的人们的共同理想，从先秦的《礼记》到现代的孙中山都提出过“天下大同”。世上万事万物有差异性也有同一性，主张“尚同”无可非议；把“大同”作为一种理想并为之奋斗，这正是古今中外志士仁人的品格。在墨子看来，和平通向大同，大同来自和平，所以他强调非攻，对战争和战争的发动者痛心疾首。当今世界社会制度、意识形态形形色色，但没有谁敢公开反对和平，和平是举世的向往、人民的期盼。频频见诸媒体的“东盟”“欧盟”“世贸组织”“世界经济一体化”“人类命运共同体”，还有对世界各国一视同仁的“奥运会”等，不是分明在展示着和平、昭示着全世界在某一地区、某一领域的“大同”吗？假如，有一天真的天下太平、世界“大同”了，“环球同此凉热”，到那时，我们再回味墨子的伟大，可真是要高山仰止了。

述一作之差：墨学面向未来

孔子“述而不作，信而好古”（《论语·述而》）；墨子认为“述而不作”非君子之道，“古之善者则诛之，今之善者则作之，欲善之益多也”（《墨子·耕柱》）。当初奚仲不造车，便无车可以行陆；巧垂不作舟，便无船可以济水。若人人只述不作，拿什么留给后人？没有创造就没有进步、没有未来。墨家学派不仅在社会科学、自然科学领域创造了自己不同凡响的理论，而且在长期的生产实践中，有许多利于当时、骄于后世的发明创造。无论其科学理论还是科技成果，不仅领先当时，而且为后人留下了可资借鉴和利用的宝贵物质财富和精神财富。今天，当我们感叹自然科学落后的时候，当我们立志打造科技强国的时候，就不仅为墨学中绝不传所导致的落后而扼腕，更为墨学既述且作、面向未来的创新精神所折服。

作为文化遗产，墨学不可能全是经典，比如它对“鬼神”的确信和描述，忽略事物的差异性多样性，见“齐”而不见“畸”的片面性和绝对化，寄希望于圣贤、主张自上而下绝对保持一致而导致的与其平等意识相矛盾的极端性和专制性等，都是我们在对其优秀学说的继承中必须加以厘清和剔除的。然而，人是历史的、社会的存在，谁都抹不去他所生活的时代和社会的印痕。思想家及其学说的伟大，不只在于在当时解决了什么问题、给出了什么答案，更在于他思考、提出并描述了常人所不曾想过、不曾提出的见解、理论和主张，在于他给后人留下的经得起时间检验的启发和智慧，在于在漫漫历史长河中不断地与人类层出不穷的各种问题、现象的应合和颠扑不破。我们探讨墨子文化特色和当代文化价值，正是为了继承和弘扬这笔优秀的文化遗产，以期对当今的文化建设有所裨益。

在理想与现实的碰撞中沉浮

——关于墨学兴衰的思考

作为战国时期的一代显学，墨学何以长期衰微，后又两度复兴？对此学界虽不乏说辞，但鲜见有说服力的探讨。墨学兴衰，不单是学说自身的问题，更是一个多元的社会价值取向问题。

一

继孔子之后的二百五十余年间，办学最早、影响最广、规模最大者是墨子。墨家与儒家一样，“从属弥众，弟子弥丰，充满天下”（《吕氏春秋·当染》）。墨子曾“学儒者之业，受孔子之术”，但因其“贱民”的出身和平民的立场，“以为其礼烦扰而不说，厚葬靡财而贫民，（久）服伤生而害事，故背周道而用夏政”（《淮南子·要略》），终于抛弃了周礼，背弃了儒学。自此，以“礼”为核心，儒、墨两家展开了激烈的论争。孟子作为儒家一代宗师，随世事变迁将周礼因势利导，推而广之于士人处世进退之道，发展了儒学而不离孔子其宗，对墨家的抨击最为激烈。农家学派许行、陈仲等人主张君民并耕而食，秉承墨家强本、节用、平等之遗风。庄子承袭老子“道法自然”，主张“物我齐一”，“弃智去己”，“无为”，“无用”；虽然儒、墨同讥，但在愤世嫉俗、反对周礼这一点上与墨家臻于一致。韩非师荀卿而好老子，既主儒家差等阶级之别，又尚道家绝圣弃智之说，遂融两家之说，倡法治之论；然其重视劳作、反对文饰之主张，又与墨家相通。惠施、公孙龙等名家学派，其学说主张与孔子“正名”思想通于一脉；虽与墨家在“坚白”“同异”等辩题上论战不休，但均属同一逻辑范畴。至于阴阳家如邹衍者流，以自然比附人事，以天地阴阳类推上下尊卑，划分人伦等级，批评贵族淫逸，提倡仁义节俭等，又与儒、墨两通。因此，就学说立场和旨归而言，如钱穆先生所说：“先秦学派，不出两流。其倾向于贵族化者曰‘儒’，其倾向于平民化者曰‘墨’。儒者偏重政治，墨者偏重民生。”[①]文化界所谓“儒、墨并显”，不仅在其门派之大、影响之广，更在其乃诸学之源头、争鸣之滥觞。

然而，自秦汉至今的两千多年中，儒学地位日高，倍受尊崇，竟成国学之正宗；即使作为流裔的道、法诸学，也与儒学

---

① 钱穆《国学概论》，商务印书馆 1997 年版。

相拥而行，长流不息，而曾是主流显学的墨学却几度断流、几经沉浮。本是同时同根而生，命运何以如此大相径庭呢？

二

任何一种学说都因社会的需要而产生、随社会的变迁而隐显，社会对学说的价值取向决定学说的命运。社会需要学说的现实和实用，也需要学说的理想和浪漫。而在现实和理想之间，人们首选的是现实。在或满足或麻木或无奈于现实的时候，美好的理想不过是虚妄的奢谈。只有当人们感到生存危机、不满现实而要求变革并需要理论支撑和思想动力的时候，才有理想的苏醒和迎取理想学说的需求及行动。先秦诸子学说，无论是儒家的“礼治”，法家的“法治”，道家的“无为而治”，还是墨家的“贤治”，所关注的焦点都是社稷民生。但是他们的立场不同，追求不同，设计不同：要么是维护现实，甚或为了既有现实的延续做些无伤根本的矫正和改良；要么是不满现实，以至提出对现实社会的革命而从根本上代之以全新的愿景。前者立足于既定社会制度和人伦规范，钟情于现实；后者着眼于对现实的变革及变革后的新的社会制度和人伦规范，憧憬于理想。在诸侯纷争、僭越无君、礼崩乐坏、天下失序的二百多年间，论战争鸣，热闹非凡。但在此后迄今的两千多年间，在激烈的现实与理想的碰撞中，各因自身与不同时代及其社会现实的适应性和需求度的不同而此消彼长，时沉时浮。

在长达两千年的封建专制社会，墨学一路沉寂，几乎湮没无闻。究其原因，就在于其自身的理想化特色。儒学的理论核心是“礼”。礼者，西周社会等级制度和由此演绎出的道德规范和行为方式。尽管奴隶制在春秋战国之交行将崩塌，但儒家所主张和捍卫的等级制度和治国理念，对不同时代的各种社会却具有普适性。荀子说：“有天有地而上下有差，明王始立而处国有制。夫两贵之不能相事，两贱之不能相使，是天数也。势位齐而欲恶同，物不能澹则必争，争则必乱，乱则穷矣。先王恶其乱也，故制礼义以分之，使有贫富贵贱之等。”（《荀子·王制》）他把社会等级制度视为天经地义和治国安邦之所必需。虽立场在于“人主”，但也道出了社会得以存续和发展的真谛。无论何种社会形态，都只能是自下而上、分等列序的金字塔式的立体结构，没有等级差别，就没有社会。虽然后世社会的等级制度已抛弃了孔子所谓“周礼”的内涵，但在不同社会制度的外延层面上，却因其客观的合理性和现实的可行性而被历朝历代所接受和传承。

墨家和儒家的根本分歧在于“复礼”和“废礼”。墨家成员大多身处社会底层，要求平等，当然认为“周礼”“烦扰”而“害民”，其立场和用心固然可贵，其无视差别、取消等级的主张却不仅触动了统治者的敏感神经而不予容纳，而且不合社会稳定的现实需求。正如荀子批评墨子说：“有见于齐，无见于畸”；“有齐而无畸，则政令不施。”① 由“礼”衍生出来

① 邢兆良《墨子评传》，南京大学出版社 1993 年版。

的关于“爱”的争论，与儒家相比，墨家同样显得过于理想化而缺乏可行性。儒家讲“仁爱”，分亲疏、贵贱、先后，所谓“亲亲有术，尊贤有等”（《墨子·非儒下》）。他们从人性自私而又有恻隐之心的共性出发，将爱推己及人。这种爱便于接受，利于推行。墨子讲“兼爱”，爱人如己，爱人父若己父，爱人国若己国，可谓博大而高尚，但毕竟有点一厢情愿。正如庄子所说：“其行难为也，恐其不可以为圣人之道，反天下之心，天下不堪。墨子虽独能任，奈天下何！”① 孟子詈斥“兼爱”为无父无君的禽兽之论，更为后世墨学多舛之命运雪上加霜。儒、墨均有“大同”思想，但儒家的大同是再现“周礼”制下的回首可及的西周盛世，墨家的大同却是平等民主、相爱无差、可望而不可即的理想社会。儒、墨都“尚贤”，而儒家是为“兴灭国，继绝世”举贤才，贤的标准是“克己复礼”的“仁爱”；墨家是为背周道、废周礼举贤才，以“兼爱”为标准。其“官无常贵而民无终贱”（《墨子·尚贤上》）言论之激烈，不仅震动了当世，而且被后来的陈胜一变而为“王侯将相，宁有种乎”的起义口号而对皇权亮剑。两者相较，对于深谙“过犹不及”中庸之道的儒家能在千百年中大行其道、墨家却因过于理想和激进而不能见容于世的原因，亦可见其一斑了。墨子热爱和平，强调非攻，虽然对战争也有“诛”“攻”之分，然所谓“诛”者，只是初期墨家对儒家话语的沿用而已，实质上反对的是一切战争。儒家却出于维护王权的需要，

① 邢兆良《墨子评传》，南京大学出版社 1993 年版。

主张“礼乐征伐自天子出”（《论语·季氏》），由此生出了后世对战争性质的“正义”与“非正义”之分。在战争观问题上，儒家的市场远远大于墨家。出于对下层百姓疾苦的同情和对上层贵族奢侈的疾愤，墨家反对并主张废绝一切音乐；而在儒家看来，“乐”同“礼”是一对孪生兄弟，都是社会等级制度的应有内容和表现形式，都是治国化民须臾不可或缺的国柄。事实证明了“乐”之不可废，也废不了。“乐”源于劳动，生于民间，虽有为统治者用于享乐的一面，也有社会生活所必需的一面。墨子偏激，故其“非乐”主张一直为世人所非议和摒弃。概而言之，作为分庭抗礼、风行当时的两大学派，儒学因其思想和理论的现实实用性和历时适应性为自己赢得了存续的时间和空间，墨学因其思想和理论的超前性和理想化却随时代的发展和社会的变迁而几经沉浮。

道、法诸学，与儒、墨相通，但都以其对社会现实的针对性和社会对其学说思想的需求性而自成一家，占有各自的市场份额。老子主张“道法自然”“天道无为”；庄子主张通过“坐忘”的修行方式回归自然，以达到弃圣智、齐物我的忘我境界，因愤世嫉俗而看破红尘，倡无为之治而逍遥世外，针砭时弊虽形同儒、墨，却不像儒、墨积极入世。在激烈的社会竞争中，有胜利者、得志者，更多失败者、失意者。多少不得已而退居台下的“隐士”，都是生活在老、庄为他们早已营造好的精神家园里。生老病死，自然法则。人在垂垂老矣之后，在感到无为于社会、无力于名利乃至无能于自身的时候，也总是把老、庄思想作为自身物质存在的精神寄托。道家哲学消极却充满睿智，飘忽却无比博大，超拔却现实可行，玄奥却代有信徒。这正是其伴儒不衰的原因所在。

韩非上承李悝、商鞅、申不害等人，提出了“法、术、势”三结合的治国理论，主张严刑峻法，“以法为教”；以术驭下，“以吏为师”；“抱法处势”，专制集权。这对于处于上升时期而又缺乏治国理论的新兴地主阶级无异于雪中送炭。其法治理论，不仅在两千年的封建专制社会被统治者奉为圭臬，即使在当今社会，仍有研究与借鉴之价值。两千年兴亡更替，或明以法治，或阳儒阴法，没有哪一个王朝对法家弃之不顾。法家虽不曾显于儒，却与儒并行。

三

对于儒、墨的关系，钱穆先生认为墨家之学，盖本于“孔子批评贵族阶级之精神，而为更进一步之主张耳。……其思想激进，于先秦诸子中可称左派，而儒家一脉则右派也”①。正是墨家的“左派”身份和“激进”风格，决定了其学说的理想化特点；而其学说的理想化特点，一方面奠定了它在战国时期的显学地位，另一方面也导致了它在中国封建时代的衰微和在20世纪初与20世纪末的两度复兴。

人都生活在现实中，也都为理想而前行；既需要有现实价值的学说思想以矫正现实、规划生活，也需要有理想色彩的学

---

① 钱穆《国学概论》，商务印书馆1997年版。

说思想以改变现实、指导方向。现实与理想碰撞出的火花不仅可以照亮脚下的大地，而且能够成为远方的灯塔和前进的动力。儒、墨两家在由对“礼”的不同态度而衍生出的关于“爱”的争论上，“儒家比较实际，利用了人人都有的私心，层层扩大，向外类推，因此也较为可行；墨家比较理想，认为在爱的问题上不能玩弄自私的儒术，但他们的‘兼爱’难于实行”①。余秋雨坚持认为：“虽然难于实行，却为天下提出了一种纯粹的爱的理想。这种理想就像天际的光照，虽不可触及，却让人明亮。”②

春秋战国之交，没落贵族阶级与新兴地主阶级中原逐鹿，生死搏杀。一方要捍卫处于风雨飘摇中的“礼”，以维护自身既有的高贵与尊严，于是他们选择了儒家；一方要打破等级森严的“礼”，以争取地位的平等和觊觎已久的权力，于是他们选择了墨家。虽然墨家的理想未必是他们想要的现实，他们却利用墨家的理想改变了现实。墨家学说成了适合他们胃口和行动的精神营养和“革命”动力。大变革的时代语境和社会土壤，孕育了处于社会底层的墨家学说，促进了其崛起和显荣。遗憾的是，在地主阶级推翻了贵族统治登上了王权的宝座之后，他们便抛弃了墨家，转身搬出了儒家。这不是历史的玩笑，这是历史的必然。

封建地主阶级当然不需要代表奴隶主贵族阶级利益的“周

① 余秋雨《黑色的光亮》，《新华文摘》2007 年第 19 期。

② 余秋雨《黑色的光亮》，《新华文摘》2007 年第 19 期。

礼”，但需要森严的等级和皇权的专制。当年孔子为周王朝的天子显贵所描绘、所整理、所矫正过的一切，诸如社会秩序、人伦道德、修齐治平等，都被改头换面而贴上了新的标签。这一套不仅好听，而且管用，既可治国，又可化民。尽管两千年中轮番登场，但制度未变，故而代代尊孔，直至奉之为“圣人”“素王”。墨家主张爱无差等，人人平等，这是对封建等级制度的悖逆；墨家主张民选天子、三公下至各级官员，这是对封建世袭制度的挑战；墨家反对攻战，而封建统治者要用战争兼并土地，掠夺财富；墨家“非乐”倡俭，而声色犬马、骄奢淫逸正是封建统治者想要的生活；墨家“非命”尚力，而封建统治者要用“天命论”愚弄、麻醉百姓，让人安贫知命而对他们的蚕食鲸吞、花天酒地毫无怨言；墨家在封建统治者头上设置了“天志”“明鬼”两把悬剑以示惩戒，他们便用“君权神授”“真龙天子”的说教化却这原本就子虚乌有的符咒。墨家的学说思想与封建统治者的既得利益扞格不入、针锋相对，若其运不衰，反而不正常。

19 世纪末 20 世纪初的中国社会，走到了沧桑巨变的十字路口。一方面是国势衰颓，外辱频仍，最后一个封建王朝垂死挣扎，一方面是西学东渐，民主与科学撞开国门在中华大地风生水起，各界人士救亡图存的声浪日益高涨。中国需要革命，于是有识之士看中了富有革命性的墨家和理想化的墨学。梁启超在《新民丛报》上大声疾呼：“今欲救亡，厥惟学墨。”爱国志士易白沙说：“周秦诸子之学，差可益于国人而无余毒者，殆莫如子墨子矣。其学勇于救国，赴汤蹈火，死不旋踵，精于制器，善于治守，以寡少之众，保弱小之邦，虽大国莫能破焉。”① 国人呼吁平等，需要大爱。《民报》创刊号上评价墨子是“世界第一平等博爱主义大家”。中国需要科学思想，而在先秦诸子学说中，惟墨学有与西方相媲美的科技创造和科学理论。梁启超在他的《墨子学案》中，把墨子比作西方的亚里士多德、培根和穆勒。从此，发掘、研究墨家学说，学习、弘扬墨子精神，在学界乃至各界蔚成风气。于是，随着千年睡狮的苏醒，湮没已久的墨学得以复兴。

无奈好景不长。命运多舛的墨学又在连年内战和抗敌救亡的战火中归于沉寂。新中国在炮火中诞生以后，因百废待兴、忙于重建而被冷落的先秦诸子学说，紧接着又遭受了汹涌而来的“文化大革命”的冲击和荡涤。20 世纪 80 年代后，改革开放，国势日强，盛世修学，国学大张。人们发现，姗姗来迟而又缓缓而行的民主与科学、和平与发展的社会命题，并不是西方的专利。早在两千四百年前的墨家那里，就已经有了最原始的描述和朦胧稚嫩的萌芽。墨子主张兼爱天下，人人平等，不分贵贱，选贤任能，非攻反战，和平共处；墨子重视科技，致力创新，成果丰硕，建树卓绝。改革现实的需要，实现理想的愿望，促使人们再次走近久违了的墨子，重新认识被亏待了的墨学。推动民主进程，构建和谐社会，实现科学发展，墨家那里有值得借鉴和弘扬的宝贵精神财富。放眼世界，在贴有“和平发展”主题的大旗下面，国际社会仍上演着诸如恃强凌弱、

① 易白沙《述墨》，《新青年》第一卷，1915 年。

以富欺贫、战乱恐怖等的不太平、不公正和不和谐。究其根本，唯一能够补救而恰恰为世人所缺失的就是平等，就是“爱”。所以英国学者汤因比说：“把普遍的爱作为义务的墨子学说，对现代世界来说，更是恰当的主张。”①

鲁迅先生说，伟大也要有人懂。② 在墨学沉寂了两千年之后，人们终于在现实与理想的碰撞中读懂了它、接受了它。随着中国特色社会主义文化的大繁荣和大发展，墨学将日益展露出它的文化历史意义和现实借鉴价值，在优秀传统文化的殿堂里熠熠生辉。

① 徐希燕《墨学研究》，商务印书馆2001年版。

② 李小龙《墨子》，中华书局2007年版。

聚焦墨子民生思想

在汗牛充栋的先秦子学典籍中处处闪烁着一个“民”字，然而真正立说为民、将思想感情毫无保留地灌注于民生者，唯有墨子。在民生问题上，就连被后世誉为仁民爱物的孔老夫子，也不能与墨子同日而语。孔子的志趣、思想偏重的是周礼，是政治，是以没落贵族为中心的人际关系，甚至如鲁迅先生所说：“不错，孔夫子曾经计划过出色的治国的方法，但那都是为了治民众者，即权势者设想的方法，为民众本身的，却一点也没有。”① 鲁迅是批孔的，话虽不无偏激，但也一针见血。虽然民生与政治密切相关，但毕竟是内涵不同的两个概念。墨子出身平民，当然要替平民说话，其学说思想偏重的是民生。

---

① 鲁迅《鲁迅杂文集》，天津人民出版社 2016 年版。

民生问题，是墨子立说之本；墨子的民生思想，在先秦子学中独树一帜。

一、根深蒂固的“贱民”情结

墨子出身“贱民”，且以“贱民”自称；墨子的学说主张，被称为“役夫之道”。他自幼从事工匠劳动，即使在教书授徒、创学立说、成为士阶层的大家之后，仍然身体力行，带领弟子从事各种工艺制作和科学实验活动，一生从未脱离平民本色，深谙底层百姓生活之疾苦。所以毛泽东称赞墨子“是一个劳动者，他不是官，而他是比孔子更高明的圣人”①。

勤奋聪敏的墨子，早年在工耕之余曾向周王室派驻鲁国的史官学习周礼，继而“学儒者之业，受孔子之术”（《淮南子·要略》），终至“好学而博”（《庄子·天下》）。他本该是受益于“有教无类”、出身寒门的儒家弟子，却横空出世，自立门户，创立了与儒家分庭抗礼的墨家学派。周室之“礼”，儒家之“仁”，不仅没有改变他的“贱民”情结，反而激发了他为民立说的冲动和志向。在他看来，无论是等级森严、冰冷无情的周礼，还是以复礼为宗旨的温情脉脉的儒学，都不是为百姓设计的。周礼“烦扰而不悦”，乱民侵民，令人压抑；儒家所主之厚葬久丧，“靡财而贫民”，“伤生而害事”（《淮南子·要略》）；所倡之“礼乐”，“亏夺民衣食之财”（《墨子·

① 《毛泽东著作专题摘编》，中央文献出版社 2003 年版。

非乐上》）；所执之“天命”是“暴人之道”（《墨子·非命上》）；所宗之“仁爱”是差等之爱，等等。墨子以平民的眼光，平民的感受，对周礼与儒学予以本能的排斥，“故背周道而用夏政”（《淮南子·要略》）。

墨子为什么推崇“夏政”呢？庄子在《天下》篇中的一段话道出了缘由：

> 墨子称道曰：“昔者禹之湮洪水，决江河而通四夷九州也，名川三百，支川三千，小者无数。禹亲自操橐耜而九杂天下之川，腓无胈，胫无毛，沐甚雨，栉疾风，置万国。禹大圣也，而形劳天下也如此。”使后世之墨者，多以裘褐为衣，以跂蹻为服，日夜不休，以自苦为极，曰：“不能如此，非禹之道也，不足谓墨。”

这段话给了我们三点启示：1. 墨子称道官民平等。大禹以帝王之身，却身为百姓之先，从事百姓之事，与百姓同甘共苦，并耕而食。2. 墨家勤劳俭朴。自甘于褐衣敝屣，辛苦劳作。3. 墨子胸怀天下，心忧百姓，吃苦在前，自苦为极，把辛苦自己、造福人民作为人生的最高境界。一句话，他一生所牵挂、所呼吁的，是人民的生存、生计，从不考虑自己的利益甚至生命。越王、楚王曾许以丰厚的待遇聘墨子为国士，他不为权势、名利所动，甘愿以平民的身份作平民的代言人，并一次次冒着生命危险奔走游说，息兵止战。一世宗师，一代名士，却一生俭朴，一生忙碌，史有“墨突不黔”之说。他的

“贱民”情结根深蒂固，终生不渝。

二、行广无私的爱民情怀

墨学思想的核心是“兼爱”，“兼爱”的实质是爱民。

春秋战国之交，行将没落的王室贵族在垂死之际更加残酷地盘剥百姓，以维持他们“体面”的生活和“高贵”的尊严；各国诸侯为兼并土地、称霸天下，对百姓进行疯狂的掠夺。他们“竭天下百姓之财用”（《墨子·非攻下》），驱民于水火之中。“农夫不得耕，妇人不得织”（《墨子·耕柱》），致使“饥者不得食，寒者不得衣，劳者不得息”（《墨子·非乐上》），“百姓饥寒冻馁而死者，不可胜数”（《墨子·非攻中》）。无论是作为既得利益者的王室贵族，还是欲与王室贵族争夺既得利益的新兴统治集团，没有谁关心下层百姓生命的价值和生计的艰难。

面对这种因“礼崩乐坏”、纲常紊乱而导致的社会动荡、民怨四起的社会局面，“圣之时也”的孔子从维护周礼的目的出发，开出了“仁爱”的救世药方，主张以近爱父母（孝）、上爱国君（忠）为起点，由近及远、由上到下，推而广之到仁民爱物。在孔子那里，爱是有了，百姓也看到了爱的阳光。遗憾的是，这种爱是分了等级的。作为身处最底层、最外层的“草根”阶层，其所得到的只是爱的微弱的余晖，只是爱这条射线所能波及的末端。而且，圣人只讲爱，不讲利，所谓“君子喻于义，小人喻于利”（《论语·里仁》），君子要“固穷”，小人要“安贫”。仁而不予其利，爱而不加其身，如此仁爱，说得好听些是给老百姓些许的心理安慰；说得实在些，对老百姓无异于画饼充饥。

有鉴于此，墨子将“仁爱”讥为“别爱”，并毫不客气地指出，别爱乃“天下之大害者也”（《墨子·兼爱下》），明确提出要“兼以易别”——用兼爱取代别爱。兼爱与别爱的区别是什么呢？区别在于兼爱爱得普遍、爱得平等，爱得一视同仁，不分亲疏，不分贵贱，爱别人如爱自己，爱别人父母如爱自己父母，爱别人之家如爱己家，爱别人之国如爱己国。那些高高在上者如国君等，也“必先万民之身，后为其身”，要“退睹其万民，饥即食之，寒即衣之，疾病侍养之，死丧葬埋之”（《墨子·兼爱下》）。“天下之人皆相爱，强不执弱，众不劫寡，富不侮贫，贵不敖贱，诈不欺愚。”（《墨子·兼爱中》）若不实行兼爱，那些被奴役、被劫掠、被侮辱、被傲视、被欺诈的弱、寡、贫、贱、愚等各类群体，不都是下层百姓吗？若实行兼爱，弱者不再被奴役而获得自由，寡者不再被掠夺而增加财富，贫者不再被侮辱而获得尊严，地位低下的人不再被傲视而挺直了腰板，没机会受教育的人不再被欺骗而有了平等受教育的机会。如此，还会有严重的两极分化和尖锐的贫富对立吗？还会有仇富、仇官这种不和谐的社会现象吗？

兼爱与仁爱的区别还在于，墨子的兼爱不仅爱得平等，而且爱得实在。不像儒家的仁爱，有时被视为一种廉价的恻隐之心，甚而在许多百姓看来，不过是一些人打出的爱的“白条”。墨子主张“兼相爱，交相利”，爱人就要给人以好处，不能给人好处的爱是空洞的爱，或者就不叫爱。爱人利人，爱利合一。“爱人者，人必从而爱之；利人者，人必从而利之。”（《墨子·兼爱中》）自古而今，百姓为之奔波操劳、摆在首位的是维持生存的最起码的物质条件，其次才是活出质量、活出尊严，因而他们最讲实惠、最讨厌漂亮的空话。墨子最了解百姓的心声，所以他的兼爱，既有因受压迫而对平等的呼唤，也有因受剥削而对利益的诉求。

以“兼爱”为纲，墨子提出了十大思想主张，凝缩为一个关键词，就是“爱民”。

针对儒家视为孝道的“厚葬久丧”，墨子主张节葬节丧。广大百姓日出而作日入而息，“从事乎衣食之财”（《墨子·节葬下》），大量财富却要被用来陪葬给逝者，埋藏于地下；还要服丧三年，“不食而为饥，薄衣而为寒”（《墨子·节葬下》），弄得面容枯槁，形同废人，荒废耕织，了无生计。王公大人役使百姓辛苦劳作，继之向百姓横征暴敛，致使百姓财用不足，饥寒冻馁，饿殍遍地。他奉劝统治者：“‘凡足以奉给民用，则止。’诸加费不加于民利者，圣王弗为。”（《墨子·节用中》）他在《墨子·非乐上》中说，百姓啼饥号寒，王公大人却“撞巨钟，击鸣鼓，弹琴瑟，吹竽笙而扬干戚”，“厚措敛乎万民”，“亏夺民衣食之财”，“废丈夫耕稼树艺之时……废妇人纺绩织纴之事”，故疾呼“为乐非也!”其节葬、节丧、节用、非乐主张，旨在呼吁上层要还利于民、造福于民。

墨子反对死生有命、富贵在天的天命论。在他看来，那是“暴王所作，穷人所术”（《墨子·非命下》），是统治者为证明自己穷奢极欲、为所欲为的合理性而愚弄人民的麻醉剂，是无所作为、不思进取的人为自己的懒惰行为进行辩护的遮羞布。无论什么人，都是“赖其力者生，不赖其力者不生”（《墨子·非乐上》），只有靠自己的努力才能过上美好的生活。其非命主张，旨在激励人民自强自立，自己掌握自己的命运。

墨子主张贤人治国。因为贤人能“有力者疾以助人，有财者勉以分人，有道者劝以教人”（《墨子·尚贤下》）。那些需要救助、需要衣物、需要受教育的平等权利和机会的人，都是穷人。“以尚贤使能为政。是以民无饥而不得食，寒而不得衣，劳而不得息，乱而不得治者”（《墨子·尚贤中》）。墨子尚同，但有个前提，那就是贤人治国。贤人能体察民情，了解民意，做到上下情通。对民能“疾爱而使之，致信而持之，富贵以道其前，明罚以率其后”（《墨子·尚同下》），施爱于民，取信于民，而后才能依靠他们，拥有他们；先让百姓富足起来，活得有尊严，而后再对他们施以教化，约以法制。用不着说教，更用不着强迫，自然会与上面保持一致，“为政若此，唯欲毋与我同，将不可得也”（《墨子·尚同下》）。显然，墨子尚贤、尚同，旨在奉劝为政者爱民富民、取信于民。

墨子非攻。无论战争的哪一方获胜，受害的都是百姓。然而为了一己之私，王公大人们“争地以战，杀人盈野；争城以战，杀人盈城”（《孟子·离娄上》）。他们简单粗暴地把百姓驱赶到战场，“杀人多必数于万，寡必数于千”（《墨子·非攻中》）。攻战是最大的不义、最大的祸患。他非攻止战，备御救守，旨在保民安民。

王公贵族出于对自身既得利益的看守，对墨子的主张不仅不以为然，而且大加排斥。痛心而又无奈的墨子只好祭出“上天”“鬼神”。“天欲义而恶不义”，“顺天意者，兼相爱，交相利，必得赏。反天意者，别相恶，交相贼，必得罚”（《墨子·天志上》）。行善作恶，“有鬼神见之”，“鬼神之能赏贤如罚暴也”（《墨子·明鬼下》），多行不义，必遭天谴。墨子的“天志”“明鬼”，对于统治者，是他们头上的“悬剑”；对于人民，是保佑他们的护身符。墨子祭出“天”“鬼”，苦衷在于佑民。

综上所述，墨子的学说主张，出发点是爱民，落脚点还是爱民。

虽然，宣扬“爱”字的不乏其人，如孟子“推己及人”的仁爱，杨朱“贵生重己”的自爱，等等，但唯有墨子“是世界第一平等博爱主义大家”①。

三、公义至上的平等诉求

公平正义是衡量一个政权性质、一种制度优劣、一个社会治乱的基本标准之一，是千古民心所愿、历代仁人所求。墨子身处乱世，立足平民，苦民所苦，为民不平，力倡公义。他认为公义至上，上高于天。“天欲义而恶不义”，“天下有义则生，无义则死；有义则富，无义则贫；有义则治，无义则乱”

① 《民报·创刊号》，1905年11月。

(《墨子·天志上》),故“万事莫贵于义”(《墨子·贵义》)。

那么,什么是义呢?墨子认为——

义是爱民。“天之爱百姓厚矣……从其所爱而爱之,从其所利而利之”(《墨子·天志下》),“爱人利人,顺天之意”(《墨子·天志中》)。

义是利民。“义者,利也”(《墨子·经上》)。“志以天下为芬,而能能利之,不必用”(《墨子·经说上》)——志在爱天下之人,能够凭自己的能力做有利于人民的事情,自己不去分享其利。并奉劝统治者“去无用之费”,以还利于民,是“天下之大利也”(《墨子·节用上》)。

义是助民。“有力相营,有道相教,有财相分”(《墨子·天志中》)。对此他打比方说,有一个背着粮食在路边歇息的人,想继续赶路又因背负太重而站不起来。过路人见状后,不考虑负重人是老幼贵贱,走上前去拉他一把,让他站起来。这就是“义”(《墨子·贵义》)。过路人之“义”,一是见难相助,二是不分贵贱。其“义”之可贵,在于助民。

什么是不义呢?

待人不公正、爱人不平等为不义。“我所爱,别而恶之;我所利,交而贼之”(《墨子·天志上》),主张“别爱”的人,为一己之爱,憎恶别人;为一己之利,损害别人。“强劫弱,众暴寡,诈谋愚,贵傲贱”(《墨子·天志中》),不义莫大焉。

与民争利、夺民之财为不义。劳动创造财富,而财富却被少数不劳而食者所占有。“其使民劳,其籍敛厚,民财不足,冻饿死者不可胜数也”(《墨子·节用上》)。如此不公,何义之有?

以大攻小、恃强凌弱、发动战争为不义。依仗大国实力,为逞兼并扩张之野心或报一己之私怨,攻城略地,杀人如麻,致使生灵涂炭,民生凋敝。战争泯灭了人性,践踏了公义,实“天下之巨害”。

无论是以自我为中心、居高临下的“别爱”,无论是攫人财物、致民贫苦的掠夺,无论是以大攻小、置民于死地的战争,都源自人与人、家与家、国与国的不平等。墨子认为,“天下无大小国,皆天之邑也;人无幼长贵贱,皆天之臣(民)也”(《墨子·法仪》),“天有邑人,何用弗爱也?”(《墨子·天志上》)在他的一系列学说主张中,都贯穿着一条红线,灌注着一种诉求,那就是平等。

墨子背周法夏,是因为他厌恶阴森冷酷、扰民侵民的西周政治制度,赞赏夏禹辛苦自己、造福万民的平民作风。墨子追求的是社会的平等尤其是官民的平等。

墨子主“兼”非“别”,反对按亲疏贵贱制造爱的差等。人人生而平等,在经济、政治、文化等各个方面,应享有一样的权利,追求的是人与人之间的平等。

墨子非攻反战,主张国不分大小,“视人之国若视其国”(《墨子·兼爱中》),国与国和平相处,追求的是国家之间的平等。

墨子打出“官无常贵而民无终贱”的旗帜,主张“虽在农与工肆之人,有能则举之”(《墨子·尚贤上》),斥问“无故富贵……岂必智且有慧哉?”(《墨子·尚贤中》)是不满并试图打破官者世世为官、民者世世为民，富人代代富有、穷人代代受穷的已经固化了的权力和利益的藩篱，给百姓打开上升的空间，送去一线希望和光明。墨子追求的是国家用人体制的平等、人的发展机会的平等。

墨子主张贤人治国。那么贤人何来？“不辩贫富贵贱、远迩亲疏，贤者举而尚之，不肖者抑而废之”（《墨子·尚贤中》），在全社会各阶层“选天下之贤可者，立以为天子。……三公……诸侯国君。……又选择其国之贤可者，置立之以为正长”（《墨子·尚同上》）。虽然，墨子没有具体说明贤人由谁来选、怎样选，但可以肯定的是，从上自天子下至各级官员的贤人，都是选出来的，不是禅让，更不是世袭。可以看出，他所主张的是人的政治上的平等、权力上的平等。

墨子基于王公贵族重礼兴乐、挥霍无度，平民百姓衣食无着、生计无望的社会不公，呼吁节葬、节用、非乐，让财富回归全社会、回归劳动者。显然，他是在为百姓争取经济上的平等。

墨子非命尚力，尖锐地戳穿了“命富则富，命穷则穷”等有命论说教的虚伪性和欺骗性，指出那是统治者对自己为所欲为的罪恶行径进行辩护的无稽之谈，那是要百姓对他们逆来顺受、对自身安于现状的精神鸦片。他要唤醒和鼓励百姓，靠自己的努力改变贫贱的社会地位，争取社会地位的平等。

他推出“天志”“明鬼”之说，是无奈于百姓平等诉求的难以实现，只好假借“上天”“鬼神”之力，威慑、恫吓那些践踏人间正义、制造社会不公的王公大人，以实现天下的平等。

一条平等红线，穿起十大主张。人人平等，天下大公，是墨子对民生的终极关怀。

四、和谐安宁的民生愿景

墨子生活的时代是一个社会极不和谐、民生极其艰难的时代，主要表现有：

1. 官民相仇，以贵傲贱。王公大人“为政乎天下也，兼而憎之，从而贼之”（《墨子·尚贤中》），对内“夺民之用，废民之利”；对外繁为攻战，“尽王民之死，严下上之患”（《墨子·非攻中》）。

2. 贫富对立，以富侮贫。王公大人“厚措敛乎万民”（《墨子·非乐上》），“暴夺民衣食之财”（《墨子·辞过》），“食必粱肉，衣必文绣”（《墨子·非乐上》），“富贵者奢侈，孤寡者冻馁”（《墨子·辞过》）。

3. 诸侯不义，以大攻小。诸侯国之间弱肉强食，连年攻战，国无宁日，民难无已。

4. 人相亏害，世风败坏。官府逼民为盗，盗窃抢劫成风。或盗贼横行，“贼人以利其身”，“窃异室以利其室”（《墨子·兼爱上》）；或抢劫杀人，“以兵刃毒药水火退无罪人乎道路（率径），夺人车马衣裘以自利”（《墨子·明鬼下》）。“天下之乱，若禽兽然”（《墨子·尚同上》）。

5. 政象紊乱，天怒人怨。天子昏庸无道，官员腐败淫乱，贤士不得其用，百姓不堪其苦，“国家失卒”，“百姓易务”（《墨子·非攻下》）。国家没有章法，行政混乱；百姓从业艰难，不能乐业。官府的倒行逆施，致使“天降寒热不节，雪霜雨露不时，五谷不孰，六畜不遂，疾灾戾疫，飘风苦雨”（《墨子·尚同中》）。

为改善民生状况，实现社会和谐，墨子提出了自己的主张，描绘了理想的愿景。

政治上尚贤尚同。尚贤要不拘一格，选贤任能，使人人都能平等参与政治。所谓尚同，一是统一思想、政令。“上同而不下比”（与上面保持一致，不在下面结党乱政）（《墨子·尚同上》），官民一致，上下情通。二是统一法律、法令。“天下从事者不可以无法仪，无法仪而其事能成者，无有也”（《墨子·法仪》）。“为政国家者，皆欲国家之富，人民之众，刑法之治也。”（《墨子·尚贤下》）有法而国不治，“此岂刑不善哉？用刑则不善”（《墨子·尚同中》）。治国必有法，有法必依；用法必合法，执法必善。如此，无国而不治。三是统一道德伦理。用“行广而无私，其施厚而不德”（《墨子·法仪》）的兼爱取代“亲亲有术，尊贤有等”（《墨子·非儒下》）的别爱，以调整、改善人际关系，保证社会政治生活的和谐。如此，则“国家治则刑法正，官府实则万民富”（《墨子·尚贤中》）。

经济上强本节用。墨子的节葬、非乐主张，其实都是为了节用，旨在反对浪费，节约用度，减轻人民负担，缩小贫富差距。当时民众的衣、食、住、行之用和国家的收入来源，主要是农民的耕织所得。所以墨子呼吁政府要率百姓以农，“先民以时生财，固本而用财”（《墨子 · 七患》）。他说人不同于禽兽，人必须靠自己的努力和劳动才能支撑自身的生存和发展。鉴于此他警告统治者，“俭节则昌，淫佚则亡”（《墨子 · 辞过》）。

文化上非乐非命。在非乐问题上，墨子历来饱受诟病。其实墨子非乐，并非不知和否定音乐的作用，而是出于对官乐民苦的不平和对削富济贫两难选择的无奈，是以是否有利于民生为标准所做出的判断和取舍。在王公大人淫乐无度和平民百姓衣食温饱二者不可兼得的情况下，心系民生的他只好选择非乐。

“有命论”者让人安贫知命，惰于从事；墨子非命则是让百姓努力争取生活的富足和与他人地位的平等。如他所说，“力事日强”（《墨子 · 修身》），“强必富”，“强必荣”，“强必治”（《墨子 · 非命下》）。这才是积极的真正的和谐。若信天命而不作为、不思变、不进取，那不是和谐，那是麻木、是沉沦。

丧葬礼仪，是个经济问题，也是个文化问题。厚葬久丧不仅靡财贫民、伤生害事，而且作为一种文化习俗上行下效会贻害无穷。墨子倡节葬节丧，不只为百姓节省了财用，也为社会文化生活添加了一个和谐的砝码。

在政治、经济、文化等社会生活的各个领域，墨子反对因循守旧，主张述而尚作。针对儒家“述而不作，信而好古”

(《论语·述而》)的守成思想，他提出“古之善者则诛（述）之，今之善者则作之”（《墨子·耕柱》），以使民生在社会的不断创新和进步中得到保障和改善。

至此，墨子描绘出一幅社会和谐、民生发展的美好愿景：“人之有力相营，有道相教，有财相分也。……上之强听治也，下之强从事也。……刑政治，万民和，国家富，财用足，百姓皆得暖衣饱食，便宁无忧。”（《墨子·天志中》）

在战国时代的百家争鸣中，忧国忧民的思想家们面对社会的激烈变革，要么怀恋周礼制下的明日黄花，倾心于对贵族政治的修补和人际关系的整合；要么直面民不聊生的社会现实，致力于解民倒悬的呼唤和人际关系的重建。虽然，也有人自感于对社会乱象的无力和无奈，或“绝圣弃智”，冷眼旁观于理想化的“小国寡民”之中；或“贵生重己”，苟存于战火烽烟中的乱世一隅，等等。但就学说立场和旨归而言，“先秦学派，不出两流。其倾向于贵族化者曰‘儒’，其倾向于平民化者曰‘墨’。儒者偏重政治，墨者偏重民生”①。

民生是一个历史概念，不同时代不同社会制度下的民生诉求有不同的价值取向。墨子的民生观，在两千多年前的中国社会，无可置疑地是琳琅满目的先秦子学中的一个亮点，至今仍有宝贵的历史借鉴价值。但是，他的民生思想更多的是停留在社会现象层面的感性诉求，缺少系统性的理论内涵，更不可能有制度层面上的顶层设计。尤其他的“天志”“明鬼”之论和

---

① 钱穆《国学概论》，商务印书馆1997年版。

言必称“圣王”的圣治思想，无论是出于什么样的动机和语境，都带有其迷信色彩和理论瑕疵。这是他的历史局限和学说的短板。对他的民生思想，今天的人们可珍视而不可拔高，可借鉴而不必苛求。

墨子和谐社会思想扫描

墨子和谐社会思想是墨子思想理论建树的重要部分。他以“兼爱”理论为基石所构建的和谐社会的理论大厦，不仅在当时战乱频发、民生凋敝的背景下和儒者忙于“克己复礼”、道家悠然谈玄论道的社会思潮中警世拔俗，而且具有昭示后世的借鉴价值和深远的历史意义。

一、墨子和谐社会思想生成的社会土壤

墨子生活的社会是一种极不和谐的社会，主要表现有：

官民矛盾，“以贵敖贱”。春秋战国之交，王公大人为了巩固行将坍塌的贵族统治，以血缘关系的亲疏远近、出身门第的贵贱尊卑、经济财富的贫富多寡等为用人标准，唯亲、唯贵、唯富是举，致使庸者当政，暴人得志，官者长贵，民者终贱。

“其为政乎天下也，兼而憎之，从而贼之”（《墨子·尚贤中》）。对内他们“夺民之用，废民之利”，以供奢侈享乐；对外他们繁为攻战，“尽王民之死，严下上之患”（《墨子·非攻中》）。

贫富不均，以富侮贫。王公大人“厚措敛乎万民”（《墨子·非乐上》），“暴夺民衣食之财”（《墨子·辞过》）。筑高台厚榭，制大钟鸣鼓，“食必粱肉，衣必文绣”，背信弃事，寻欢作乐。夺民之生利，为死者厚葬久丧，致使“民财不足”，民生三患，“饥者不得食，寒者不得衣，劳者不得息”（《墨子·非乐上》）。

诸侯不义，以大攻小。“春秋无义战”，至春秋战国之交的墨子生活时代，不义战争步步升级，争霸战火愈燃愈烈。各诸侯国为争夺奴隶，扩辟疆土，抢掠财富，“争地以战，杀人盈野；争城以战，杀人盈城”（《孟子·离娄上》）。以大欺小，弱肉强食，“杀人多必数于万，寡必数于千”，“百姓饥寒冻馁而死者，不可胜数”（《墨子·非攻中》）。

政象紊乱，天怒人怨。天子昏庸无道，佞臣谄上害下，诸侯穷兵黩武，王室分崩离析，贤士不得其用，百姓不堪其苦，“国家失卒”，“百姓易务”（《墨子·非攻下》），“怨结于民心”（《墨子·亲士》）。王公大人上“诟天侮鬼”，倒行逆施；下“贼杀万民”，暴殄天物，致使“天降寒热不节，雪霜雨露不时，五谷不孰，六畜不遂，疾灾戾疫，飘风苦雨，荐臻而至”（《墨子·尚同中》）。社会在人与人的矛盾和人与自然的冲突中风雨飘摇，没有宁日。

让人们安贫知命、“克己复礼”的贵族圣人拯救不了广大百姓的命运，让人们忘我避世、坐而论道的超世圣人无为于不和谐的社会现实。人们所期盼的是让百姓安宁、让国家安定的自己的代言人。就是在这样的社会背景下诞生了平民思想家墨子。他上应天时，下得民心，提出了和谐社会思想，构设了和谐社会蓝图。

二、墨子和谐社会思想的理论构架

墨子和谐社会思想的内容构架，可以从两个视角去分析考察：一是“四大关系”的和谐，一是“三大板块”的和谐。

（一）关于“四大关系”的和谐

1. 人际关系。在如何正确处理人际关系的问题上，墨子主“兼”非“别”。“兼”即兼爱，是不分亲疏、贵贱、贫富、贤愚，没有差等、视人如己之爱。墨子认为，“人无幼长贵贱，皆天之臣也”（《墨子·法仪》），“天有邑人，何用弗爱也”（《墨子·天志上》）？若人人都兼相爱、交相利，则盗贼不作，战乱不起，君惠臣忠，父慈子孝，兄友弟恭，社会公平正义，人与人互惠互利。“别”即“别爱”，是以血缘关系为基准、亲亲有术、尊贤有等、推己及人之爱，即儒家所主张的仁爱。在墨子看来，因其立足差等，发于自私，必然会产生和激化各种社会矛盾和人际纠纷，只有“行广而无私”“施厚而不德”的兼爱，才能从根本上解决各种社会矛盾和人际冲突，实现人际关系的和谐，对自己“善无主于心者不留，行莫辩于身者不立”（《墨子·修身》），“谮慝之言，无入之耳；批扞之声，无出之口”；对他人要“贫则见廉，富则见义，生则见爱，死则见哀”（《墨子·修身》），诚实守信，做到“言必信，行必果”（《墨子·兼爱下》）。

2. 国民关系。国家和人民的关系历来是思想家们关注和思考的问题，并为之设计出各种整合方略，如“民为邦本”“无为而治”等。墨子则主张尊法、尚同。

“天下从事者不可以无法仪，无法仪而其事能成者，无有也”（《墨子·法仪》），“古者圣王为五刑，请以治其民。譬若丝缕之有纪，罔罟之有纲”（《墨子·尚同上》）。他把法仪看作治国安民的纲纪，有了纲纪，才能“赏当贤，罚当暴，不杀不辜，不失有罪”（《墨子·尚同中》），“善人赏而暴人罚，则国必治”（《墨子·尚同下》）。

国家的意志、法令与人民的思想、行动的统一，是社会和谐的保证和体现，所以墨子主张尚同。而实现尚同，上之为政者对人民“必疾爱而使之，致信而持之，富贵以导其前，明罚以率其后”（《墨子·尚同下》），要体察民情，使上下情通，从而“上有隐事遗利，下得而利之；下有蓄怨积害，上得而除之”（《墨子·尚同中》）。国家“发令兴事，使民用财”，一切要从人民的利益出发，“利乎人，即为；不利乎人，即止”（《墨子·非乐上》）。

3. 国际关系。国与国之间的和平共处是社会和谐的重要内容和必要保证。墨子对于国际关系的处理，主和非攻。他把战争看作“天下之巨害”，是最大的不义。对于发动战争的一方，“春则废民耕稼树艺，秋则废民获敛”，“百姓饥寒冻馁而死”，“丧师尽不可胜计”（《墨子·非攻中》）；对于承受战争的一方，则是千万人被杀，庄稼被毁，牲畜被夺，家园残破。对此，墨子一方面奔走呼告，“国与国不相攻，家与家不相乱”（《墨子·兼爱上》），以“义”立于天下，以“德”结交诸侯；一方面不惜赴汤蹈刃，游说止战。在他的美好主张和止战努力在残酷的战争中化为泡影之后，他一方面帮助弱小国家搞好备战，积极防御，一方面号召爱好和平的国家同仇敌忾，“大国之不义也，则同忧之；大国之攻小国也，则同救之；小国城郭之不全也，必使修之；布粟之绝，则委之；币帛不足，则共之”（《墨子·非攻下》）。用正当的防御粉碎不义的攻战，从而息兵弭战，保卫天下太平。

4. 天人关系。即人与自然的关系。人与自然的和谐相处也是和谐社会的有机部分。墨子把大自然和一切自然现象归结于“天”，认为“天降疾灾戾疫、飘风苦雨”，“四时不和，五谷不孰”等自然现象的发生，都是“天意”。“上天”的意志和力量是无处不在、至高无上的，所以他主张尊天事鬼。他认为“天欲义而恶不义”（《墨子·天志上》），人与人顺天意，则兼爱交利，和睦融洽；国与国顺天意，则不相攻伐，和平共处；统治者顺天意，则实行义政，上下和合，因而都能得天之赏，避天之罚，天人同乐。反之，则天人对立，天怒人怨。他把天意作为评判善与恶的最高标准，“上将以度天下之王公大人为刑政也，下将以量天下之万民为文学、出言谈也”（《墨子·天志中》）。这种朴素的认识，既表现了他将实现自己的主张寄希望于“天”的良好愿望，也透露出他有志难张、有道难行的无力和无奈。

（二）关于“三大板块”的和谐

社会是由人参与的政治生活、经济生活、文化生活等构成的有机整体。从这个角度讲，所谓的和谐社会，应该是人们平等地参与政治生活、经济生活、文化生活，公平地享有政治权利、经济利益、文化成果的社会。一切不和谐的社会，之所以集中而突出地表现为官民矛盾和上下冲突，就是因为社会参与度和获得感的不平等和不公正。墨子一生站在平民的立场上与统治阶级对话，为平民鸣不平、谋幸福，向王公大人警世弊、进箴言，就是为了让社会的天平趋于平衡，让所有的人都生活在公平、宁乐、幸福之中。

在政治方面，他主张尚贤、尚同，消除歧视，平等用人，平等参与政治，“上有过则规谏之，下有善则傍荐之”（《墨子·尚同上》）。贤人治国，顺天爱民，故民“上同而不下比”，于是“国家治则刑法正，官府实则万民富”（《墨子·尚贤中》）。

在经济方面，他主张强本节用。当时国家和人民的主要收入来自农民的耕织，所以墨子主张仁人之治天下，要率百姓以农，“先民以时生财，固本而用财”（《墨子·七患》）。人不同于禽兽，禽兽靠其蹄爪、羽毛便能生存，而人必须靠自己的努力和劳动去支撑自身的生存和发展，“赖其力者生，不赖其力者不生”（《墨子·非乐上》）。当时生产力低下，社会财富匮乏，王公大人却挥霍奢侈，敛财作乐，大兴土木，厚葬久丧，乃至大动干戈，耗财害民，所以墨子提出“节用”“节葬”，并警告统治者“俭节则倡，淫佚则亡”（《墨子·辞过》）。

在文化方面，墨子的和谐社会思想主要表现于两个方面，一是非乐、非命，一是述而尚作。关于“非乐”，并不像有人所说——墨子绝对化地反对一切音乐活动。如同对其他的社会活动，墨子以是否利民为标准判断是非善恶，主张“诸加费不加于民利者，圣王弗为”（《墨子·节用中》）。在王公大人声色享受和广大百姓衣食之财不可兼得的情况下，心系平民的墨子当然选择“非乐”。信命与非命是个信仰问题，也是个文化问题。“有命论”让人安贫知命，任人宰割，惰于从事；墨子非命，则是让广大百姓用自己的力量支撑生活的富足和与他人的平等。他认为“力事日强”（《墨子·修身》），“强必富”“强必荣”“强必治”（《墨子·非命下》），这才是积极的真正的和谐；若信有命而惰于从事，虽能相安无事于一时，但终究会财用不足、天下大乱。丧葬礼仪，是个经济问题，也是个文化问题。一方面是活人为死人久禁服丧，伤身害事，耗费大量财富；一方面是作为一种文化习俗广为流行，长久沿袭，会贻害无穷。墨子主张节葬，不仅为经济生活，也为文化生活增添了一个和谐的砝码。社会文化的和谐还有一个传承和创新的问题。隔断历史，拒绝传统，或者因循守旧，不事创新，都会造成社会的不和谐。墨子立足现实，针对儒家述而不作的观点，主张既述且作——“古之善者则诛（述）之，今之善者则作之，欲善之益多也”（《墨子·耕柱》）。对历史上好的东西，他主张记述、传承，为今所用；对今人有利的东西，他主张创造、创新，以利现实和未来。这里面既有朴素的唯物主义观点，在当时也不失为一种科学的发展观。

三、墨子和谐社会思想的理论基石

墨子有十大主张，涉及政治、经济、文化等各个方面和人际、国际、天人等各种关系。以“兼爱”为起点和归宿，十大主张一脉相承，首尾圆通。如果说十大主张有机构成了和谐社会的理想大厦，那么,“兼爱”则是这座大厦的理论基石。

“尚贤”是社会公平正义的表现。墨子主张打破门第观念、亲疏关系，待人平等，用人唯贤。因为只有贤者才能“爱民谨忠，利民谨厚”（《墨子·节用中》），治国国治，治民民富。“尚同”是社会安定有序的保证。官民同心，上下情通，则社会和谐。要使百姓“上同而不下比”，必须疾爱于民。诸侯“繁为攻战”,“贼虐万民”,“皆起不相爱”，所以墨子疾呼“兼爱”，竭力“非攻”。统治者荒淫无度，百姓饥寒交迫，所以墨子力谏“节用”。厚葬久丧，上行下效,“辍民之事，靡民之财”（《墨子·节葬下》），漏风流弊，不可不节。墨子“非乐”是因为统治者“亏夺民衣食之财以拊乐”,“废君子听治……废贱人之从事”（《墨子·非乐上》）。墨子“非命”是因为“命者，暴王所作，穷人所术”（《墨子·非命下》），是因为命定论惑人视听，害民生计。墨子以天下为己任，所思所想皆系于民。但是，对于平民出身的思想家所提出的为平民谋福祉的主张，位高权重、锦衣玉食的统治者可大打折扣，乃至充耳不闻。鉴此，墨子才有“天志”“明鬼”。“天之意若何？”天之意是兼爱天下之人；“天不可为林谷幽门无人，明必见之”（《墨子·天志上》），贼害百姓者，“天鬼”将予之不祥。“天之爱百姓厚矣，天之爱百姓别（遍）矣。”（《墨子·天志下》）

在墨子看来，消除祸患时弊，使社会和谐，根本在于“兼爱”。“兼爱”是墨子十大主张的轴心、和谐社会思想的基石。“诸侯相爱则不野战，家主相爱则不相篡，人与人相爱则不相贼，君臣相爱则惠忠，父子相爱则慈孝，兄弟相爱则和调。天下人皆相爱，强不执弱，众不劫寡，富不侮贫，贵不敖贱，诈不欺愚。”（《墨子·兼爱中》）——这不正是一幅社会安定富强、人人熙熙而乐的和谐社会的理想写照吗？

“兼爱”不是理想的口号和空洞的说教，而是具有强烈针对性和现实可行性的调节各种社会关系的治世纲领。墨子在教育弟子和游说世人时总把“爱”和“利”连在一起使用，如“兼相爱，交相利”，“爱利他人”，“爱人利人”，等等。墨子认为爱人即为利人，利人即为爱人。爱中有利，利中有爱，爱利一体；爱人是思想、是动机，利人是行动、是效果，志功合一。抽去了“利”，“爱”就成了空壳。用现在的话解释，所谓“兼爱”，就是一视同仁，互惠互利。鉴此，“兼爱”就不仅仅是协调人际关系、实现社会和谐的道德诉求和理论导向，而且是必须和能够予以践履的行动指南。“爱”不再是君子们高谈阔论的美丽光环和平民可望而不可即的海市蜃楼，而是面向平民、立足现实、人人能为、人均有分的实际利益。墨子的和谐社会理论，之所以较同时代的其他思想家来得完全彻底而又坚实可靠，就在于其“兼爱”这一理论基石是立足于平民百姓，根植于社会底层。

古往今来，和谐社会一直是人们向往和追求的理想社会。中华文明五千年，就是一部在社会的和谐与不和谐中荡来荡去并在动荡中朝着和谐的方向蹒跚而行的历史。“和谐社会”是一个历史性概念，不同时代有不同的内容和标准。随着社会的进步，和谐社会的内涵也随之发生变化，不断提升。但是，作为以社会性为本质属性的人，对于以“人”为本构成的社会之和谐与否的理解，无论在何种时代的何种社会形态，都有其共同性和历久性。比如社会的公平正义、稳定有序，人与人政治、经济、文化生活的平等幸福、诚信友爱，人与自然的相互依存、和谐相处以及因社会和谐而生成的国家和民族的创造精神和生存、发展活力等。墨子在两千多年前所提出的和谐社会思想，虽历经风雨坎坷，几度起落兴衰，至今却颠扑不破。历史应和了墨子弟子之言，“天下无人，子墨子之言也，犹在。”（《墨子 · 大取》）墨子和谐社会思想的意义和价值，历久弥新。

墨子战争观论略

战争是阶级、民族、国家、政治集团之间争夺利益、解决矛盾的最高级、最残酷的斗争形式。无论什么战争，包括正义的和非正义的，都会给社会和人民造成不同程度的动乱和灾难。正义的战争是为了人民的解放、民族的独立、社会的公平、国家的安泰而不得已掀起的武装斗争，其所付出的牺牲的代价和造成的灾难的现实也是毋庸讳言的。非正义战争要么是以大欺小、恃强凌弱、镇压人民、扩张称霸的穷兵黩武，要么是邪恶势力之间的互相倾轧。古代社会大多数情况下，战争的发动者和既得利益者都是统治者，民众所得到的只是无谓的牺牲和深重的灾难。自古而今，善良的百姓都祈盼和平；有良知的政治家、军事家从不制造战争。

春秋战国之交，出身“贱民”的我国古代伟大的政治家、军事家墨子，代表下层劳动人民的利益和愿望，为和平“摩顶放踵”，“赴汤蹈刃”，以自己彻底的反战理论和执着的反战活动，反对置民于水火的一切战争。

拘泥于战争的“义”与“不义”之分，古今治墨学者均以为墨子“非攻”而不反战，如冯友兰先生说：“墨翟反对兼并战争，但他不是简单的和平主义者；他只主张非攻，而不主张非战。”（《中国哲学史新编·第一册》）任继愈先生说：“墨子反对非正义的战争——‘攻’，支持正义战争——‘诛’。上古汤放桀，武王伐纣，是‘诛’，不是‘攻’。”（见王裕安主编《墨子研究论丛》五）总览墨子“非攻”而不反战的所有的也是唯一的论据，都是墨子非“攻”而颂“诛”，即墨子在《非攻下》所云：“昔者禹征有苗，汤伐桀，武王伐纣，此皆立为圣王……彼非所谓攻，谓诛也。”“攻”者，攻伐无罪之国也，为“大不义”；“诛”者，讨伐有罪之君也，乃“圣王”之举。虽性质不同，但都是攻战、攻伐，都是战争。鉴此，墨子“非攻”而不反战的说法似乎并无不妥。然而，我们对一个人及其理论、主张的评价，不能脱离其所处的时代搞架空分析，也不能无视其思想理论体系而生硬地剥离出两张皮。

不错，墨子的确按性质把战争分为“攻”和“诛”两类，区分的标准是“义”。何为“义”？何为“不义”？《墨子·大取》中云：“义，利；不义，害。”意思是“义”就是有利于他人；“不义”就是有害于他人。怎样才能有利于他人呢？就是大不攻小、强不执弱、众不贼寡、诈不欺愚、贵不傲贱、富不骄贫、壮不夺老的“七不”；“有力相营，有道相教，有财相分”的“三有”；“上之强听治，下之强从事”的“两强”。

“当若繁为攻伐，此实天下之巨害也。”（《墨子·非攻下》）春秋战国之交，周王室岌岌可危，自身难保，诸侯国问鼎王室，互相攻伐，只有伐“无罪之国”的不义之“攻”，没有伐“有罪之君”的正义之“诛”。司马迁《史记·太史公自序》曰：“春秋之中，弑君三十六，亡国五十二，诸侯奔走不得保其社稷者不可胜数。”既已如此，墨子对于他所处的时代，所非者只是“攻战”，并无“诛”“讨”可颂；而且纵观《墨子》全书，只有当时攻战的记载，没有一例诛战可查。因此，可以结论：当时的所有战争全属“不义”的攻战，墨子所反对的是当时的所有战争，反战是墨子毋庸置疑的战争观。

墨子反战的战争观，与其政治观、道德观是一脉相承、互为补充的。墨子反战的理由，归纳起来大致有两点，一是攻战为“大不义”，二是攻战乃“弃所不足而重所有余”。对于发动战争的一方，“师徒唯毋兴起，冬行恐寒，夏行恐暑……春则废民耕稼树艺，秋则废民获敛”，“百姓饥寒冻馁而死者，不可胜数”，“丧师多不可胜数，丧师尽不可胜计”（《墨子·非攻中》）；对于承受攻战的一方，则是“杀人多必数于万，寡必数于千”（《墨子·非攻中》），入其边境，刈其禾稼，斩其树木，攘其牲畜，杀其万民，覆其老弱，毁其城池，倾其社稷。“杀一人谓之不义”（《墨子·非攻上》），而攻伐兼并，惨无人道，“实天下之巨害”，不义莫大焉！如此“繁为攻伐”，多行不义，起因在哪里呢？“起不相爱”。“大夫各爱其家，不爱异家，故乱异家以利其家；诸侯各爱其国，不爱异国，故攻异国以利其国”；若“视人家若其家，谁乱？视人国若其国，谁攻?”(《墨子·兼爱上》)“兼相爱”则“交相利”,“交相利”则为“义”;“义”则不攻,攻则“不义”。墨子视一切攻战为不义而疾非之,表现了他兼爱天下苍生、关怀他人生存的伟大的人道主义精神和反对一切战争的非暴力论思想。正如冯友兰先生所说:“‘兼爱’和‘非攻’,是一种思想的两面。这种思想是非暴力论。‘兼爱’是非暴力论在内政方面的表现。‘非攻’是非暴力论在外交方面的表现。”(《中国哲学史新编·第一册》)

墨子反战的第二条理由是发动战争者弃缺重余,得不偿失。各诸侯国“争地以战,杀人盈野;争城以战,杀人盈城”(《孟子·离娄上》),人民稀少,土地荒芜,财富困乏,社会动荡,民不聊生。“王公大人为政于国家者”,当“欲国家之富,人民之众,刑政之治”(《墨子·尚贤上》),然而,他们却“尽王民之死,严下上之患,以争虚城,则是弃所不足,而重所有余也”(《墨子·非攻中》)。如此逆天害理,乱世伤民,让视人如己、“摩顶放踵”利天下的墨子,怎能不痛心疾首?

面对诸侯割据、连年战乱、百姓不堪其苦的社会局面,“墨翟也是主张统一的。但是反对以攻战的方法进行统一,主张以和平的方法进行统一”(《中国哲学史新编·第一册》)。这种和平的方法是什么呢?一是思想伦理上的统一,即“兼爱”。“若使天下兼相爱,国与国不相攻,家与家不相乱,盗贼无有,君臣父子皆能孝慈,若此则天下治。”(《墨子·兼爱上》)二是言行、政令上的统一,即“尚同”。选择贤者仁人担任各级长官，逐级统一于天子，最终统一于“天”。那么，“天”的意志如何呢？“天欲义而恶不义”，“顺天意者，兼相爱，交相利”，“反天意者，别相恶，交相贼”，“顺天意者，义政也。反天义者，力政也”（《墨子·天志上》）。何为“义政”？“处大国不攻小国，处大家不篡小家”（《墨子·天志上》）；何为“力政”？“处大国攻小国，处大家篡小家”（《墨子·天志上》）。可见，“天”是欲兼爱而恶暴力的。从这里，可以看出墨子借“天之意”所表达出来的力主非暴力的反战思想。可惜，无论是墨子本人所倡导和力行的兼爱思想，还是墨子假托“天志”所宣扬的非暴力论观点，都不可能实现他的和平统一愿望。不管其理论、主张是何等的伟大和可贵，在当时都是“不合时宜”的一厢情愿，如海市蜃楼一样遥远和缥缈，代替不了诸侯割据攻战的残酷现实。“兼爱”“尚同”的理论主张不能消除攻战，所以墨子才有“非攻”。可是，墨子“非攻”的声音在战争的搏杀声中是微弱无力的，好战者们可以闻之有所收敛，更可以充耳不闻、我行我素。大量的事实是不义之战步步升级、愈演愈烈。然而墨子的理论是彻底的，他对自己的信念是执着的。在自己的理论和信念被亵渎和撕裂之后，他只好帮助弱者拿起自卫的武器，用武力的自卫去反对暴力的战争。俞樾先生在《墨子间诂·序》中说：“墨子惟兼爱是以尚同，惟尚同是以非攻，惟非攻是以讲求备御之法。”此说深中肯綮。

墨子的反战观是其以“兼爱”为核心的思想理论体系的有机部分。人人视人如己，相爱相利，和平共处，天下大同，是墨子为其当世以及后世的人们设计和描绘的理想蓝图，也是人类永远向往和努力追求的美好愿景。这正是墨子及其学说伟大之所在，正是当代人们热爱墨子、研究墨子、推动墨学复兴的原因之所在。庄子云：“墨子泛爱、兼利而非斗，其道不怒。”（《庄子·天下》）他道出了墨子拒绝暴力、反对战争的和平主义思想。英国学者汤因比说：“把普遍的爱作为义务的墨子学说，对现代世界来说，更是恰当的主张，因为现代世界在技术上已经统一，但在感情方面还没有统一起来。只有普遍的爱，才是人类拯救自己的唯一希望。”战争带给人们更多的往往是灾难和死亡。只有实现墨子兼爱的主张，人类才有拯救自己的希望，而且是唯一的希望。

然而，历史的规律总是不以人们善良的愿望为转移，好战的统治者总是要把罪恶的战争强加在善良的人们头上。墨子希望用其“兼爱”的理论和主张，说服人们对战争说“不”，进而从根本上彻底消除战争，但在利欲熏心、生杀予夺的好战的统治者面前，其思想理论却显得格外苍白而难以实行。攻者照攻，战者照战。墨子只能以其百折不挠的反战实践去实现他的和平理想。

墨子付诸实践的反战观，主要表现在三个方面：一是止战，二是备战，三是反战。

通过谈判、说服等和平手段，挫败战争发动者的战争意图和军事谋略，将战争的隐患消除在萌芽状态，从而制止战争，是反战的上上之策，正所谓“上兵伐谋”（《孙子兵法·谋攻第三》）。面对大国对小国的蚕食鲸吞和广大百姓惨遭荼毒，以关怀天下苍生为己任的墨子，义务担起和平反战的使命。他以政治家的博大胸怀和军事谋略家的敏锐目光，洞察生发战争的苗头，消弭引发战争的火种。他带领弟子奔走列国，冒死止战。“止楚攻宋”“止齐伐鲁”“止鲁阳文君攻郑”，都是成功的范例。《墨子·公输》记载：公输般为楚造云梯将攻宋，墨子闻之则从鲁国起程，途中裂裳裹足，行十日十夜到达楚都郢，先从道义上说服公输般和楚王，又通过军事演练挫败对方的云梯之攻。可是不义的好战者是不会轻易放弃战争图谋的，竟欲杀掉墨子以绝攻宋之忧。然而墨子为了和平早将生死置之度外，他已将守城之法传授给弟子，且众弟子已于宋城之上严阵以待了，促使楚王不得不息兵偃战。一场可能的战争终于被制止了。就在墨子成功止战后归鲁过宋欲避雨于宋闾门下的时候，门卫竟拒而不纳。由此，墨子止战反战的执着精神和兼爱忘我的奉献胸怀可见一斑。

对于森林大火一般四处蔓延的战争，墨子倾其所能的止战努力，不过是杯水车薪。面对无可避免的战争，墨子只好号召和帮助弱小国家拿起武器，搞好备战。他一方面从舆论上教导人们树立反战思想，一方面从实践上帮助人们做好反战准备。他告诫人们：“国有七患……城郭沟池不可守，而治宫室，一患也；边国至境，四邻莫救，二患也；先尽民力无用之功，赏赐无能之人，民力尽于无用，财宝虚于待客，三患也；仕者持禄，游者爱佼，君修法讨臣，臣慑而不敢拂，四患也；君自以为圣智而不问事，自以为安强而无守备，四邻谋之不知戒，五患也；所信者不忠，所忠者不信，六患也；畜种菽粟不足以食之，大臣不足以事之，赏赐不能喜，诛伐不能威，七患也。”（《墨子·七患》）其所列“七患”，无论直接间接都属于备战。因此，他进而指出：“以七患居国，必无社稷；以七患守城，敌至国倾。七患之所当，国必有殃。”（《墨子·七患》）对备战之事，他要人们慎之又慎，强调指出：“仓无备粟，不可以待凶饥。库无备兵，虽有义不能征无义。城郭不备全，不可以自守。心无备虑，不可以应卒。……故备者国之重也，食者国之宝也，兵者国之爪也，城者所以自守也，此三者国之具也。”（《墨子·七患》）他的“七患”“三具”之说构成其备战的完备理论体系。

墨子有备战理论，更重备战实践。他身体力行，亲自参与并指挥备战事宜。在《墨子》一书现存的十一篇军事文章中，有七篇（《备城门》《备高临》《备梯》《备水》《备突》《备穴》《备蛾傅》）直接记载和反映了他的备战实践。“七备”各篇，对敌人攻打城门、堆土攻城、用云梯攻城、从突门攻城、挖隧道攻城、蝼蚁般缘墙攻城、用决水淹敌之法守城等各个方面，都准备得周到缜密，既有战略的设计、战术的运用，也有工程设施的建筑、轻重武器的配备；既有对守城人员的部署，也有对财物资源的配置；既有严明如山的军令，也有赏罚分明的军纪。尤其值得一提的是，墨子利用力学、光学、数学、形学等制造的各种守城器械，如类似于当代的多弹头导弹的连弩车、类似坦克的辒辒车、类似火箭的烟矢、类似手榴弹的炭火木桶、类似催泪弹的艾烟、类似探照灯的爵穴炬、类似防弹衣的创甲、类似准星的连弩车内的瞄准仪等，在两千多年前绝对是领先于当时的“世界之最”，令人叹为观止。墨子用先进的科学技术备战自卫，帮助弱小国家筑起了一道守无不坚、坚不可摧的钢铁长城。

墨子的反战思想和反战实践，不仅表现于他的“未战先止”和“无战备战”，也表现于“有战抗战”。他对战争的态度正如今人所言，一是反对，二是不怕。墨子阻挡不住好战者磨刀霍霍的战争意图和铤而走险的战争行为，就帮助弱小国家的人民以武制暴、以战反战。

首先，他主张建立广泛的反战统一战线。在国内，发动男女老少一齐参战，做到全民皆兵。《墨子·备城门》中云：“广五百步之队，丈夫千人，丁女子二千人，老小千人。”《墨子·号令》中云：“女子到大军，令行者男子行左，女子行右。”“丁女子、老少，人一矛。”《墨子·旗帜》中云：“五尺男子为童旗。”可见，他主张把男女老少都动员起来，而且各有分工、各尽所能。他指出：“使人各得其所长，天下事当；钧其分职，天下事得；皆其所喜，天下事备；强弱有数，天下事具矣。”（《墨子·杂守》）在对外关系上，他争取和团结一切同情和支持反战的同盟者，调动一切积极因素，视同情和支持反战者为讲诚信、效先王以利天下的仁人，说服他们“大国之不义也，则同忧之；大国之攻小国也，则同救之；小国城郭之不全也，必使修之；布粟之绝，则委之；币帛不足，则共之。”（《墨子·非攻下》）以此扶弱击强，外救内守，从而战胜侵略，赢得和平。

其次，在国内外同仇敌忾、众志成城的大环境下，开展积极的防御战。在战略上他以少胜多、以弱胜强；在战术上则是速战速决、守中有攻。他指出："凡守城者，以亟（亟：急——笔者注）伤敌为上，其延日持久以待救之至，（不）明于守者也，[不]（必）能此，乃能守城。"（《墨子·号令》）鉴此，他强调要根据战争发展态势，主动出击，出奇制胜。"队有急，极发其近者往佐（佐：支援，助战——笔者注），其次袭其处。"（《墨子·杂守》）"敌引师而去，则令吾死士左右出穴门击溃师，令贲士、主将皆听城鼓之音而出，又听城鼓之音而入。因素出兵将施伏，夜半而城上四面鼓噪，敌人必或（或：犹'惑'——笔者注），破军杀将。"（《墨子·备蛾傅》）可见墨子战术的机智灵活。

总述墨子的抗战思想和实践，如孙中原先生所说，是"最大限度地利用小国、弱国的人力、物力，采取政治、经济、军事、外交等多种手段，最大限度地削弱攻掠一方的有生力量，以争取小国、弱国防御战的胜利"（《墨者的智慧》）。

综上可知，无论从墨子的思想理论体系分析，还是从墨子的社会实践活动考察，墨子都是反战的。虽然，他肯定和颂扬禹征有苗、汤伐桀、武王伐纣的正义之"诛"，但那都是"昔者"圣王之事，与他所处的时代无关，与当时的所有"不义"之战无关。至于他帮助被攻打的弱小国家在道义和行动上的游说止战、防御备战和救守抗战，那只是他以武制暴、以战反战、以战求和的不得已的措施和形式，战争的根源和责任在发动战争的一方，决不能推给反战图存的一方。否则，就歪曲了战争的概念，更无是非和"义"与"不义"可言。墨子是一位伟大的非暴力论者，其反战思想在理论上的彻底性和在实践上的执着性与奉献性，永远为后人所景仰。在举世呼吁和平与发展、声讨和反对霸权主义的今天，其反战思想更加显现出灼人的活力，放射出夺目的光辉。

墨子参政意识透视

依附权贵、辅佐政权、参政从政，是我国历史上士阶层的共同特征和价值追求。即使作为“士”之另类的隐士，也“非伏其身而弗见也，非闭其言而不出也，非藏其志而不发也”，他们要么是暂不得志的待时之隐，要么是大势已去的无奈之隐，但于参政从政，都是耿耿终生的。墨子是我国历史上较早出现的较孔子稍后的“士”的大师，由其“贱民”的出身和庶民的阶级立场所决定，其参政意识另具特色。

庶民性 东周末年，诸侯、大夫互相兼并，战争频仍。旧的社会制度日趋垂死但余息尚存，新的社会制度崭露头角却立足未稳。社会的大变动导致了政权的大分化和人心的大躁动，各阶级、阶层在人类社会何去何从的岔路口上，或者为了保住自己的既得利益，或者为了改变自己的政治、经济地位，争相推出自己的政治主张，踊跃议政、参政。出身“农与工肆”

的下层知识分子，一方面不堪于战争给他们造成的灾难，一方面不安于自身卑贱的社会地位，也跃跃欲试，问津政坛。“贱民”出身而又饱学多艺、热心救世的墨子，代表庶民的愿望，向统治者发出了“兼爱”“非攻”，让“饥者得食，寒者得衣，劳者得息，乱者得治”的呼吁和“官无常贵而民无终贱”的呐喊。

面对周天子大权旁落、各国为称霸诸侯、变革图强而急于招揽人才的政治局面，墨子鲜明地提出了“尚贤”主张。他认为，贤人治国“谋事则得，举事则成，入守则固，出诛则强”，所以“尚贤者”，“为政之本也”。那么“贤”在哪儿呢?不在诸侯、大夫之门，而在“农与工肆”之中。在“周道亲亲”，“立嫡以长不以贤”的东周社会，诸侯、大夫世卿世禄，庶民对政治是无缘涉足、无权问津的。即使至其国家之乱、社稷之危，也“不知使能以治之”，而是亲戚则使之，无故富贵、面目佼好则使之。此等“亲戚”“无故富贵”“面目佼好”之辈，都是得之世袭而无德加爵、无功受禄的侯门子弟，“岂必智且慧哉?”如此使不智慧者治国，国家之乱，“既可得而知也”。所以他力劝统治者要“不党父兄，不偏富贵，不嬖颜色”，唯贤是举。既然侯门子弟未必有贤，既然举贤应不党不偏，那将举贤于何处呢？对此，墨子不仅做了理论上的导引，“官无常贵而民无终贱”，明而告之“虽在农与工肆之人，有能则举之”，而且作了事实上的证明：舜耘历山兼制陶、捕鱼，尧以其贤举为天子；伊尹乃陪嫁奴仆，庖橱下人，商汤以其贤举为宰相；傅说衣褐带索，筑墙为奴，武丁以其贤举为三公。

至此，我们便不难看出墨子代表庶民愿望而积极要求参政的“尚贤”逻辑：为政之本在于贤者参政，而贤者在庶民之中，所以应不避贵贱，举贤于庶民。

较之孔子的参政意识，墨子带有明显的庶民性。孔子的举贤，是为了“兴灭国，继绝世”，恢复和维持没落贵族阶级的统治。在他看来，“唯上知与下愚不移”，庶民之中是无贤可举的。周礼永远不下庶人，正所谓“死生有命，富贵在天”。墨子代表下层劳动人民的利益和愿望，能喊出“官无常贵而民无终贱”的口号，至今仍有着不容低估的革命性价值。

献身性 墨子强烈的参政意识不仅表现于直言风发、有胆有识的议政，也表现于不避艰险、身体力行的干政。为兴天下之利，除天下之害，他忘己济物，传道行义，匡时救世，视死如归，表现了可贵的献身精神。他为践行“兼爱”“非攻”的政治主张，曾止楚攻宋、止齐攻鲁，一次次力挽狂澜，制止不义战争。为止楚攻宋，他冒着罹祸杀身之险，跋涉十天十夜，从鲁地行至楚国都城，苦心孤诣，力陈道义，并通过对阵推演，挫败对方。他深知好战的楚国不会善罢甘休，可能杀了他以绝攻宋之患，这早在他的意料之中，所以他在去楚之前就把防御战术和守城器械交给了禽滑厘等三百弟子，终使楚国输了道义，又败了战术，不得不息兵罢战。他如此舍生忘死，解宋于倒悬，但在归途中路过宋国时，宋人竟不让他进闾巷避雨。墨子忘己救世，无怨无悔，其献身精神可见一斑。

墨与儒同处乱世，虽政见不同却皆主“入世”，有着同样强烈的参政意识。然而墨子的入世旨在建立“有力者疾以助人，有财者勉以分人，有道者劝以教人”的“爱无差等”“富贫众寡”的平民社会，因而其参政意识表现得尤为迫切、强烈，且注重实践，百折不挠，在所不惜。孔子的入世旨在维护“亲亲有术”“爱有差等”的周朝宗法制度，由其所代表的阶级的没落性、保守性所决定，他为“复礼”所倡导的“克己”，是以“明哲保身”“安贫乐道”为价值取向的。他注重的是理论上的“传道”，很少艰苦卓绝、付诸实践的“行义”。在对礼崩乐坏的周室感到无力回天之后，不得不以“天下有道则见，无道则隐”聊以自慰，甚至发出了“道不行，乘桴浮于海”的消极悲叹。墨子在诸侯大夫以“攻伐兼并”为能事、置“贼虐万民”于不顾的背景中，一次次不计荣辱，只身赴险，扶弱抑强，制止不义，表现出来并留给后人的是可贵的献身精神。

革命性　墨子的政治主张，大都是针对当时混乱、残暴、丑恶、腐败的社会现象提出来的，矛头直指贵族统治集团及其宗法制度、意识形态和生活方式。他阐述主张总是旗帜鲜明、坚定不移，针砭时弊从不闪烁其词。在他不无偏激的说教中，处处闪耀着不满特权、不安贫贱、呼吁平等、反对保守的革命性的光辉。

自夏启以世袭制取代禅让制，人类社会伴随着阶级的出现向前迈出了划时代的一步。与此进步相伴随的也有弊端，且带来了人际关系倒退的负效应。在“强必执弱，富必侮贫，贵必敖贱，诈必欺愚”的社会现实中，反对世袭特权，实行贤人治国，实现互爱平等，是墨子参政意识的重要部分。

墨子认为，天下之乱，“上下相贼”，根本在于自上而下政令、意见的不统一；不统一的原因不在于没有“正长”，而在于“正长”的不仁不贤；造成这种为政不仁、为“长”不贤的原因，在于自上而下的“政以为便譬，宗于父兄故旧，以为左右”。矛头所指，显然是世卿世禄的世袭制度。他主张要像古代圣王那样，“周爰咨度”，“周爰咨谋”，广泛寻查走访，充分酝酿协商，选择天下贤良、圣智、辩慧之人，立为天子，“使从事乎一同天下之义”，然后自上而下，选择贤者立为国君、三公、卿之宰、乡长、里长、家君。“非高其爵、厚其禄、富贵（游）佚而错之也，将以为万民兴利除害、富贵贫寡、安危治乱也”，所以他们听狱不敢不中、分财不敢不均、居处不敢怠慢，能“赏当贤，罚当暴，不杀不辜，不失有罪”，“是以国治”。墨子的逻辑很明显：治国必尚同，尚同必尚贤，世袭无贤者，贤者靠选举，不仅天子以下的大小“正长”要选，就连天子也要选。这在世袭制已沿袭了约 1600 年仍方兴未艾、统治者企图千秋万代世卿世禄的当时，可谓有胆有识。这是对世袭制度的否定和挑战，这是代表庶民问鼎政权的呐喊，这是对“民主”和“平等”的呼唤，这是其革命性在参政意识中的突出表现！

与此相应，他向政必“亲亲”的统治者发出了“岂必智且慧哉”的强烈质问，表示了对“不智慧者治国”的强烈不满，强烈要求对不肖者虽为贵族也要抑而废之，“以为徒役”；对“农与工肆之人”只要有贤也要“举而上之”，富之贵之。

这不仅是对“贤人治国”主张的张扬，简直是对当时阶级关系、尊卑制度的重新调整！

竞争性 墨子早期曾“学儒者之业，受孔子之术”（《淮南子·要略》），但毕竟因阶级立场不同而自立门户，成为儒家的反对派，与儒家分庭抗礼。同样议政参政，墨、儒立足点不同。墨子代表庶民利益，自然得不到统治者赏识，即使官方在形式上做些让步，也难以改变其“贱人”地位；儒家志在恢复“周礼”，与统治者利益相应相合，即使其主张不能立即被统治者所接受，较墨家却更受尊崇和赏识。墨子一则要代表庶民说话，二则想取得贵族信任，以推行学说，所以一方面勤生薄死而务国家之事，一方面视儒家为竞争对手挞伐贬斥，表现出强烈的竞争性。

为了贬孔排儒，墨家学派以敏锐的目光和犀利的言辞，对儒家弊端予以辛辣的嘲讽和严厉的抨击，甚至不惜夸大其词、搜集传闻对儒家其人其学展开了全方位的进攻。他们攻击儒家其人，“贪于饮食，惰于作务”；“为人臣不忠，为子不孝，事兄不弟交（友），遇人不贞良”；“劝下乱上，教臣杀君……入人之国而与人之贼”；“繁饰邪术以营世君，盛为声乐以淫愚民”。攻击儒家其学，“博学不可使议世，劳思不可以补民……其道不可以期世，其学不可以导众”。其人其学于世无益，于民无补，百无一用，何谈参政为官、齐家治国？他们认为，儒家鼓吹“亲亲有术，尊贤有等”是大逆；久丧伪哀，繁饰礼乐是大伪、大奸；鼓吹“仁战”是大不义；强执“有命”是“贼天下之人”；孔子徒属弟子皆乱国之人。既然尚贤乃为政之本，而儒家其人其学又百害而无一用，那么要举贤取士，自然在我墨氏一门。如此推论也许牵强，墨子在参政问题上与儒家的对抗性、竞争性却是显而易见、无可否认的。

理论的系统性 墨子从庶民立场出发，一生热心救世、热衷参政。他以理论宣传为先导，建构了一个以十大主张为内容的完整圆通的理论体系。以“兼爱”为起点，以“尊天”为终结，画了一个颇能自圆其说的圈。“察乱何自起”？“起不相爱”。若不分贵贱、亲疏，人人“爱人若爱其身”，“兼相爱，交相利”，“此圣王之道，而万民之大利也”。诸侯不相爱则必野战，家主不相爱则必“相篡”，“此实天下之巨害也”。可知其“兼爱”与“非攻”主张是一脉相承的。如何推行“兼爱”之道呢？必须“尚同”，使上下意见一致、政令统一，对民疾爱而使之，致信以持之。谁来推行“兼爱”之道呢？是“厚乎德性，辩乎言谈，博乎道术”、有力助人、有财分人、有道教人的贤者。贤者在哪儿呢？官不常贵民不终贱，应求贤于庶民之中。若听信天命，群吏“则怠于分职”，庶人“则怠于从事”，贤人就不能脱颖而出，所以必须“非命”。诸侯、大夫骄奢淫逸，纵情声乐，厚葬久丧，势必厚作敛于百姓，暴夺民衣食之财，所以他向统治者疾呼“节用”“节葬”，“为乐非也”。墨家的主张虽好，国柄在握、视民如草芥的当时的统治者却对其充耳不闻。热心善良的墨子对他们是无法左右、无可奈何的。于是他在统治者头上确立了至高无上的“天”和无所不能的“鬼”。在墨子看来，“天”“鬼”是爱民利民、以义为辨的，能赏善罚暴，使顺之者昌、逆之者亡。天子有过，“天能罚之”，“使之父子离散，国家灭亡，抎失社稷，忧以及其身”，“鬼神之所赏，无小必赏之；鬼神之所罚，无大必罚之”，所以他不无恐吓地告诫君子士人不可不顺天意、敬鬼神。至此，墨子为他的学说画上了一个圆通的句号，在理论上为实现其参政目的提供了借鉴。

墨子生活在王朝分崩离析，天子徒具虚名，各阶级、阶层争相称霸争雄的东周末期，他以平民思想家的识见，为劳动人民构思了一幅理想的社会蓝图，并以“赴火蹈刃”的献身精神，推行和实践自己的政治主张。其参政意识无疑是进步的、革命的。但是，我们不能因此而回避其参政意识的局限性。

首先，墨子没有认清社会运行的路径，其参政意识的强烈和迫切，势必导致其言行的偏激和脱离现实的幻想。在墨与儒的对立和斗争中，“统治者需要的是儒不是墨，因之孔子成为士的成功的代表人，墨子成为庶民的失败的代表人”（范文澜《中国通史》第一册）。其次，墨子毕竟属于庶民之上的士阶层，毕竟跳不出士阶层的圈子。他对统治者的依附性必然导致其学说和实践的妥协性。他在描绘自己理想蓝图、指责社会现实的同时，为了达到参政目的，又积极向权贵进献救世良方，甘心为统治者尽心竭力，以至不惜生命，造成了其动机和行动、理论和实践的二律悖反；即使在他的理论说教中，因其主张的不彻底而经常失之于循环论证、难圆其说，不乏自相矛盾之处。还有，其“天志”“明鬼”之说，虽出于其科学知识的盲点而致不厌其烦地确证其有，但从他的学说体系看，不过是他幻想出来的通向其理想彼岸的缥缈的彩虹，充分表现了他对统治者的无奈和对实现自己政治主张的信心缺失。

墨子是和平主义者吗

先秦诸子，惟墨子集思想家、教育家、科学家、军事家和社会活动家于一身；先秦诸学，惟墨学人文品格与科技品格并重。诸子合唱中它是一个响亮的声部，文化园圃中它是一树耀眼的奇葩。

墨子的高明，在于其兼爱交利、人人平等的伦理学说，强本节用、兴利富民的经济观点，非攻备御、反战救守的军事思想，说教行义、全面发展的教育理念，别开生面、体系完整的逻辑理论，不泥古人、既述且作的创新意识，自苦奉献、舍身救世的人格魅力，前无古人、无与伦比的科学精神和科技成就，等等。墨子之所以高明，因为他是圣人而从不改平民本色；虽学显天下，声震诸侯，但一生以平民自居，事平民之业，谋平民之利。

世人论墨，首及“兼爱”“非攻”，这确属墨学的两大亮点。墨子主张无论亲疏、不分贵贱、视人如己、互惠互利的平等之爱和普遍之爱，比耶稣的“博爱”至少早出三百年，是中华第一，也是世界第一；墨子建树完整、系统的“非攻”理论并付诸艰苦卓绝的社会实践，也是前无古人，绝无仅有。墨学在尘封了两千年之后重新被发掘、被认识，可谓弥足珍贵。余秋雨先生称之为“黑色的珍宝”“黑色的光亮”，实不为过。

墨子学说完备圆通，一脉相承。面对诸侯割据、战乱频仍、百姓不堪其苦的社会局面，墨子反对攻战，力主和平。在思想、伦理上推行“兼爱”，“若使天下兼相爱，国与国不相攻，家与家不相乱……若此则天下治”（《墨子·兼爱上》）。在行为、政令上主张“尚同”。尚贤举贤充任各级官长，逐级统一于天子，最终统一于“天”。“天欲义而恶不义”，“顺天意者，兼相爱，交相利”，“处大国不攻小国，处大家不篡小家”（《墨子·天志上》）。可惜，无论是其所倡导和力行的“兼爱”主张，还是其假托以行义的“天志”思想，都改变不了诸侯攻战的残酷现实。他只能直面干戈，强力“非攻”。一非攻战之不义：“杀一人谓之不义”（《墨子·非攻上》），“杀人多必数于万，寡必数于千”（《墨子·非攻中》），是大不义；二非“攻战”之不利：“大国之攻小国也”，攻守双方都是“农夫不得耕，妇人不得织”（《墨子·耕柱》），“尽王民之死，严下上之患，以争虚城，则是弃所不足，而重所有余也”（《墨子·非攻中》）。无奈，墨子“非攻”的呼声在战场的搏杀声中显得那么微小，事实是战争步步升级，愈演愈烈。他只好帮助弱者拿起防御的武器，用武力的自卫去反抗暴力的攻战。正如清代学者俞樾在《墨子间诂·序》中所说："墨子惟兼爱是以尚同，惟尚同是以非攻，惟非攻是以讲求备御之法。"

墨子非攻，完全彻底，身体力行。他一方面告诫人们居安思危，无战备战；一方面亲自游说，战前止战；劝阻不果，就率领弟子扶弱济危，有战反战。

他在《七患》篇中叮嘱人们要仓有备粟，库有备械，心有备虑，城有备守，并参与、指挥各种备战事宜。其《备城门》等七篇备御文章，既有战略的设计、战术的运用，也有防御工事的建造、轻重武器的配备；既有守城兵力的部署，也有财物资源的配置；既有严明如山的军令，也有赏罚分明的军纪；尤其与他的弟子利用力学、光学、数学、形学等科学知识制造的各种守城器械，更令人叹为观止。他用缜密的备战思想和备战措施，帮助弱小国家筑起坚不可摧、守无不胜的钢铁堡垒。

他以政治家的博大胸怀和战略家的敏锐目光，洞察战争的苗头，消弭战争的火种。止齐攻鲁，止楚攻宋，止鲁阳文君攻郑，弭兵于未发，解民于倒悬。

他倾其所能的止战努力，对于四处蔓延的战火不过是杯水车薪。攻者照攻，战者照战。他只好帮助弱小国家以武制暴、以战抗战。他积极建立广泛的反战统一战线：对内发动男女老幼一齐参战，各派其用；对外说服反对攻战的国家，"大国之攻小国也，则同救之；小国城郭之不全也，必使修之；布粟之绝，则委之；币帛不足，则共之"（《墨子·非攻下》）；结成反战联盟，联弱击强，外救内守。在战略全局上，他能以少胜多、以弱胜强；在战术指挥上，他能主动出击、速战速决、守中有攻、出奇制胜，最终打败寇仇，赢得和平。

综上可知，“非攻”是只针对不义攻战、不包括正义抗战的单向的反战理论，既是理论与实践并行的军事学说体系，也是源于“兼爱”思想的一项政治主张。在墨子看来，国无论大小强弱，人不分贵贱亲疏，一律平等，当兼爱交利，和平相处。“天下之人皆相爱，强不执弱，众不劫寡，富不侮贫，贵不敖贱，诈不欺愚”（《墨子·兼爱中》），“刑政治，万民和，国家富，财用足，百姓皆得暖衣饱食，便宁无忧”（《墨子·天志中》）。这不正是古今向往的和平发展的美好愿景和人道主义的最早描述吗？爱人而如此博大无私，非攻而心系国计民生，先秦以上能冠以和平发展思想大家和人道主义理论先导者，惟墨子而已。

“非攻”出自和平思想，但是，墨子并不是和平主义者。

作为一种社会思潮，和平主义所反对的是无论义与不义的一切战争，且他们的反对仅限于理论的宣传和思想的教育。其消灭一切战争、建立持久和平的一厢情愿，瞬间会被战争的马蹄踏得粉碎，海市蜃楼般杳无踪影。思想和语言之外，他们不事作为，徒叹奈何。

与此不同，墨子反对的是战争中不义的攻战，其反对方式不仅有说教、劝阻，更有以战反战、以战求和的行动。而且，墨子认为：“昔者禹征有苗，汤伐桀，武王伐纣……彼非所谓攻，谓诛也。”（《墨子·非攻下》）且不以当今国际关系准则裁定所谓“诛”之是非，但可以看出墨子是颂“诛”的。古圣王的“诛伐”何尝不是战争呢？墨子主张并支持的自卫战、防御战亦何尝不是战争的一种、战争的构成部分呢？

如果墨子只有“非攻”理论、反战说教而没有反战实践，如果墨子一味地呼吁和平而不是以正义的抗战换取真正的和平，如果墨子不分是非地反对一切战争而不主张、不支持正当的自卫和防御，那么，墨子确实是一个和平主义者。然而，历史的墨子和墨子的历史告诉我们，他是倡导和平、捍卫和平、为和平而献身的伟大的思想家，不是不分是非、言而不行、滞留于空想的和平主义者。

墨微探因

战国时期，儒、墨同显；秦朝焚书坑儒，惟尚法家；两汉前期尊奉黄老，致使儒、墨同衰；汉武帝采纳董仲舒之言，“诸不在六艺之科、孔子之术者，皆绝其道，勿使并进”，于是，罢黜百家，独尊儒术，儒学复显，墨学复衰。自此至20世纪初近两千年的封建专制时代，其间虽有道、释两家时显于世，但并没有动摇和改变儒学在传统文化中的主导地位，儒、道、释三位一体构成了中国的主流传统文化，墨家和墨学一直被排挤在主流传统文化之外，退居非主流学术之列。然而，墨学的边缘化，并不意味着墨学的终绝。墨学如一条不屈的溪流，虽历经曲折坎坷，却时隐时现，传流不断。回眸源远流长的文化长河，墨学默默随行而并未中绝，只是衰微而已。

那么墨学衰微的原因是什么呢？对这一问题，历代学者都有探究，且不乏剀切之论，但都是从社会和墨学自身两方面分析墨学衰微的原因，弄成了两张皮，有生硬剥离之嫌。其实，墨学衰微的内外原因不是孤立的，而是并行的，是社会原因和墨学自身原因相互作用的结果。究其根本原因，还在于墨学自身。归纳起来，大概有以下几个方面：

第一，墨学主张和墨家制度为封建权贵、封建专制所不容。

历代统治阶级所尊奉、所实行的文化都是有利于自身统治、以期家国长治久安的文化，也是一个时代、一种朝代的主流文化。墨学衰微于自汉武帝至清朝末年约两千年的封建专制时期，就因为它不符合封建统治阶级的意志而不能见容于世。它能在战国时期兴盛并成为“显学”，一方面是由于它迎合了正处于上升时期但并没有获取统治地位的新生地主阶级的利益，一方面是由于它生成于诸侯争霸的乱世，手握权柄的贵族统治者专心倾力于攻城略地、兼并称雄，无心、无暇于文化学术问题。经过短命的秦王朝和西汉前期的休养生息之后，至武帝时封建制度便进入了稳定期。地主统治阶级和封建专制制度需要的是儒家的礼乐以维护社会秩序，需要的是儒家安贫知命的天命观以安民，需要的是子承父业、母以子贵的世袭制度以延续家国合一的一统天下，需要的是厚葬久丧的显摆和声色犬马的奢侈，需要的是统一的法律制度和自下而上听命于天子的国家政令。而墨子非礼、非乐、非命，主张“官无常贵而民无终贱”，“虽在农与工肆之人，有能则举之”，虽生达官贵人之门，“无能则下之”，主张选贤以尚同，禅让以举贤，反对厚葬久丧，反对奢侈浪费；而且，墨家有类似军事组织的政治社团，有独立于国法之外的墨者之法。这一切，都与统治阶级的意志和利益格格不入，甚至有蛊惑人心、祸乱朝政之嫌，若能为统治者见容而不斥为邪说反而不正常、不合情理。民国初年学者王桐龄在他的《儒墨之异同》中认为，儒学因其学说维护君权可为执政者用，故执政者以国力推行；墨学以锄强扶弱为宗旨，不利于专制，故君主多抑制之。此说不谬。由于自身主张与社会需要的矛盾和冲突，墨学衰微势在必然。

第二，墨学理想超前，不无偏激；墨者勤生薄生，自苦为极，为世人所难循。

针对诸侯贵族虐待奴隶、残害百姓的社会现实，墨子提出了“兼爱”主张，要人们像爱自己那样，一视同仁地爱天下所有的人，本质上是站在下层弱者的立场上与统治阶级对话，替下层百姓说话。这在等级森严、阶级分明的封建社会是行不通的。尽管统治者也提出过爱民、保民的主张，但那是因为他们懂得“民能载舟，亦能覆舟”，“保民”是为了“称王”。所谓“爱民”，只是一种有限的施舍、一句漂亮的口号，封建统治阶级的利益也不可能和广大百姓保持一致。再者，源于人的自私的本性和几千年的血缘宗法人际关系及道德伦理被历代世人所认同、所接受，要人们像爱自己那样去爱别人，像爱自己的父母、孩子那样去爱别人的父母、孩子，像爱自己的国家那样去爱别人的国家，不分先后，不分亲疏，不分上下，不分远近，互惠互利，一视同仁，这在封建社会同样也做不到。基于此，“兼爱”只会是一种美好而超前的理想而已。墨子主张贤人治国，下从里长上至天子，都要推选贤者以任之，让在位为官者包括天子在内，若不是贤者都要退让给贤者，以上同于“天”，这从根本上触犯了地主阶级的政权规则，无异于“犯上作乱”，乃不赦之罪，更无实行之可能。墨子“非乐”的出发点无疑是正确的，他所针对的是统治者暴夺民财、沉溺于声色而百姓却饥不得食、寒不得衣的社会现实，旨在呼吁统治者体恤百姓，但是只字未提音乐的作用，一概反对音乐，也失之偏激，过于绝对化，同样是行不通的。

墨子及其弟子崇奉夏禹之道，艰苦自律，勤生薄死，心忧天下，一心兴天下之利、除天下之害。庄子在其《天下》篇中赞叹说：“墨子真天下之好也，将求之不得也，虽枯槁不舍也，才士也夫!”但赞叹之余，庄子也理性而客观地指出，墨家“其生也勤，其死也薄，其道大觳；使人忧，使人悲，其行难为也，恐其不可以为圣人之道，反天下之心，天下不堪。墨子虽独能任，奈天下何!”人生是要吃苦的，但活着不是为了吃苦，而是为了追求幸福。追求幸福是人的天性。可是墨子及其弟子以苦为求，以绳墨自矫，生时勤苦，死后薄葬，其道反天下之心，其行令世人难为。墨家之人虽能单独做到，却难为天下人所接受。

鉴于此，墨家学说、主张既得不到上层权贵的认可而反遭拒斥，又得不到下层民众的响应而弃之不行，其衰微不兴，亦在情理之中。

第三，儒、墨对立，是墨学衰微的又一个重要原因。

尽管墨与儒有相通之处，比如双方都关注现实、推崇圣王，力图通过对伦理的改造达到变革社会、实现天下之治的目的；双方都反对不义之战，都主张尚贤任贤、见贤思齐等，但基于各自出身和立场的不同，在思想理论核心和所提供的方法途径上，还是针锋相对、水火不容。

墨家主张实行“夏政”，儒家主张恢复“周礼”；墨者攻击儒家的差等之爱，“是为群残父母而深贱世也，不义莫大焉”（《墨子·非儒下》），儒家责骂墨者的“兼爱”为禽兽之论；儒者信奉“天命”，墨者攻击儒家以命教人，“是贼天下之人者也”（《墨子·非儒下》）。这些足以显示双方的严重对立。对立的结果，墨学处于下风。原因一是由于儒学的中庸、圆通和便于实行，墨学的鲜明、偏激和难以遵从。比如儒家敬天命而远鬼神，墨家言之凿凿确信鬼神之有；儒家实行差等之爱，推己及人，墨家力倡兼爱，有违人自私的本性；儒家尚“礼”也倡节俭，墨家一味节俭言不及“礼”；儒家肯定“乐”的作用，墨家予以一概否定，等等。二是儒家立足上层为统治者进言，利于维护现实社会秩序，墨家立足下层替平民百姓说话，不合统治者的意志。因此，统治者在确定一种主流学术文化为自己的统治服务的取舍中，必然会选儒而弃墨。于是，在儒家确立了自己的正统地位之后，自然会生成一种对墨学的打击和排斥力量。在政界、学界的双重挤压之下，墨学衰微的命运不可改变。

然而，诸子百家，尽管也有儒与道、法等各家的争执乃至互相攻击，但儒家领衔，一路同行，为什么唯独墨家一路衰微、一蹶不振呢？原因还在于儒、墨的对立。道、法与儒虽有分歧，但可互补，在治国方略和学术领域并不对立。儒与法相比，儒家所关注的是整合伦理的问题，旨在通过道德说教影响世道人心；法家所关注的是政治治理问题，旨在通过法治推动社会的安定和发展；加之儒家有失迂阔、法家过于苛刻的缺陷，两者恰好相互借鉴、相互补充。汉代以后的历代王朝大都实行“外儒内法”“阳儒阴法”的统治之术，原因正在于此。儒与道相比，无论于社会还是于个人，更可互为补充，并行不悖。儒家以国家、社会、道德为关注对象，属社会哲学领域；道家以个人生命与自然的关系为关注对象，属生命哲学领域。作为国家，可以德治国，也可无为而治；作为个人，达则兼济天下，穷则独善其身。无论个人、国家，于儒于道，均可因时制宜，交互而用。儒、墨则不同，由于二者在同一领域、同一问题上的针锋相对，激烈碰撞，绕不开，躲不过，致使在胜败取舍上非儒即墨。在儒学占据主导地位之后，墨学便失去了它在主流文化中的立足之地。

第四，儒家融墨于儒，消解了墨子学说；道教假墨为道，扭曲了墨子形象。

儒、墨两学相互对立，各有长短，但由于他们创学立说的起点和路向的一致，所以也有许多相通之处。自汉武帝“罢黜百家，独尊儒术”之后，以董仲舒的“天人感应”说为先声，融墨家主张于儒学，在成就了儒学博大圆通的同时，也削弱、消解了墨学的影响，导致了墨学的湮没无闻。

董氏之学以儒家宗法思想为主线，杂以墨学、阴阳五行学的内容，建立了以“天人感应”说为中心的封建神学体系。从其学说内容看，在很大成分上借鉴并吸收了墨子的“天志”

"明鬼"思想。墨子认为"义自天出"，董氏说"道之大原出于天，天不变，道亦不变"；墨子主张下自庶人上至天子都要顺从天意，顺天意者必得赏，反天意者必得罚，董氏认为人的认识必须与天意相符，天会用福瑞、灾异表示对人的希望和惩罚；墨子认为惟圣王贤者能顺从天意，得上天之赏，董氏说"唯圣人能见之"。两相对照，何其相似乃尔。董氏借助墨家的思想主张作为宣传"君权神授"从而把封建统治秩序神圣化、绝对化的理论依据，可是，其整个学说体系却找不到一丝墨学的痕迹，从头至尾都是板着儒家的面孔说话的。尽管是墨家的言论和主张，但由于儒学的正统地位，墨家只是为人所用，已失去了话语权。

唐代大儒韩愈较之董仲舒将墨学纳于儒学更有过之，他几乎将墨子的所有主张都视同、消融于孔子之学。他在《读墨子》一文中说：

> 孔子畏大人，居是邦不非其大夫，《春秋》讥专臣，不"上同"哉？孔子泛爱亲仁，以博施济众为圣，不"兼爱"哉？孔子贤贤，以四科进褒弟子，疾殁世而名不称，不"上贤"哉？孔子祭如在，讥祭如不祭者，曰我祭则受福，不"明鬼"哉？儒墨同是尧舜，同非桀纣，同修身正心以治天下国家，奚不相悦如是哉？

韩氏在这里并未贬毁墨子，但他视墨同儒，显然在褒扬孔子，和攻墨的儒者相比，倒是显得更大度、更包容一些。接着他说出了实话，道出了实情："孔子必用墨子，墨子必用孔子，不相用不足为孔墨。"他认为儒、墨相通，儒、墨互用，但立足点还是在儒家一边，道出了墨为儒用的真相。即使如此，他这种儒、墨相通，视墨同儒的折中观点，还是受到了后世儒者的强烈指责。

汉末以降，墨学又为道教所用。方术道士将墨子神化为仙人，并伪托墨子之名，编造许多神怪方术之书，为正统学界所不齿，也扭曲了墨子的形象，影响了墨学的流传。

第五，墨学自身的局限和缺陷以及后期墨家的转向，是墨学衰微的又一原因。

从学说内容和学术体系看，墨学比儒学来得革命和彻底，但也因其立意之高远、超前而有失偏激，难以实行，远不如儒学圆通和现实而拥有更大的认可度和可行性。清代学者俞樾在《墨子间诂·序》中说："墨子惟兼爱是以尚同。"而在墨子生活的年代乃至后世，都是难以实行的。因其难行甚而不可行，致使其以兼爱为出发点的思想轨迹不能回到兼爱的出发点，这就造成了学说体系的缺陷。于是墨子又设立一个"天志"以补上这个缺口。"天志"即"上天"的意志。"上天"的意志是让人们"兼相爱，交相利"，谁若不顺从天志，"上天"就要惩罚他；反之，就奖赏他。看似圆通，实为虚设，弥补不了其学说的缺陷。荀子看出了墨学体系的破绽，在《荀子·天论》中指出墨子"有见于齐，无见于畸"；"有齐而无畸，则政令不施"。只求整齐划一，而看不到事事物物的差别，这主张是有漏洞的，是难以实行的。

的确，墨子受殷商时代人们信奉鬼神的传统思想影响，确信鬼神的存在，引用大量传闻、古籍记载反复证明鬼神之有，这正是他及其学说自身的局限。汉代学者王充在其《论衡 · 薄葬》中批评说：

> 夫论不留精澄意，苟以外效立事是非，信闻见于外，不诠订于内，是用耳目论，不以心意议也。夫以耳目论，则以虚象为言。虚象效，则以实事为非。是故是非者不徒耳目，必开心意。墨议不以心而原物，苟信闻见，则虽效验章明，犹为失实。失实之议难以教，虽得愚民之欲，不合知者之心，丧物索用，无益于世。此盖墨术所以不传也。

他认为，只凭感官知觉，不作理性判断，只信外界传闻，不去思考分析，以至于拿假象当事实，虽能满足愚民的意愿，但不为有理智的人所信服。追求为己所用而丢弃事实，于世无益。这是墨学不传的原因。王充在推翻了墨子“天志”“明鬼”学说的立论根基的同时，也指出了其学说思想的自相矛盾。他在《论衡 · 案书》中说：

> 且案儒道传而墨法废者，儒之道义可为，而墨之法议难从也。何以验之？墨家薄葬右鬼，道乖相反违其实，宜以难从也。乖违如何？使鬼非死人之精也，右之未可知。今墨家谓鬼审人之精也，厚其精而薄其尸，此于其神厚而

> 于其体薄也。薄厚不相胜，华实不相副，则怒而降祸，虽有其鬼，终以死恨。人情欲厚恶薄，神心犹然。用墨子之法，事鬼求福，福罕至而祸常来也。以一况百，而墨家为法，皆若此类也。废而不传，盖有以也。

王充认为，墨家主薄葬而崇鬼魂，自相矛盾。墨家说鬼是死人的魂灵、精神，却厚待魂灵，轻薄身体。希望厚待、厌恶薄待乃人之常情，“神鬼”也一样。用墨子的主张和办法拜鬼求福，福不到而祸常来。王充由此类推，说墨家的主张都与薄葬崇鬼一样自相矛盾，所以才衰败不传。王充指出了墨家薄葬崇鬼学说的自相矛盾，这是正确的，但又类推墨家所有学说、主张都前后抵牾，是不正确的。

墨学自身的缺陷，还有一条，就是有人所认为的“质而不文”。《荀子·解蔽》中说：“墨子蔽于用而不知文。”代表墨学及墨家思想的《墨子》一书确实不如儒家文献典籍富有文采，但说其“不知文”，也不合事实。其实，《墨子》一书及墨家言论也是讲究言语修辞、颇具文采的，只是逊于儒家而已，因此在与儒家的对立之中，确实不占优势。“言之无文，行而不远”，再加上由于墨学的长期衰微，《墨子》一书在辗转流传中的传抄、刊刻错误之多，致使《墨子》难读难解，这不能不说也是墨学衰微的原因之一。对这个问题，清代学者曹耀湘的说法比较客观：“墨者长于行，儒者长于文。行利于一时，文传于后世。诸子百家之书，皆藉儒者以传，欲著书以与儒者争，必不胜也。”

墨子创立墨学，其根本目的是匡正时弊，为天下兴利除害。当然，其有关力学、光学、数学、几何学等自然科学知识和逻辑理论也是其主要内容之一。所以，墨子既是一位思想家，也是一位科学家。墨子去世后，后世墨者把注意力转移到了科学和逻辑方面。《庄子·天下》中说："相里勤之弟子，五侯之徒，南方之墨者苦获、已齿、邓陵子之属，俱诵'墨经'，而倍谲不同。"可见，他们已经转移了墨学初创时的路向，丢下了意识形态这一"半壁江山"，既没有恪守和发扬墨子的政治学说，也没有提出新的学说理论，只是退守在介绍科技和逻辑知识的《墨经》一隅。这种学术领域的萎缩，直接削弱了墨学的影响和传播。更重要的是，在视人文科学为经国大业、鄙科学技术为雕虫小技的封建时代和封建文化中，更不会为统治阶级所选中，也不会被学界所看重。后世缺乏传人或大师级人物，这也是墨学衰微的又一原因。

墨学的命运与价值评析

两千四百多年前的战国初期，是中国社会由奴隶制社会向封建制社会过渡和转变的大变革时代，是周王朝“礼崩乐坏”、各诸侯国攻伐兼并的大动乱时代。西周时期“学在官府”，只有少数贵族子弟才有学文化、受教育的机会。随着王室的衰败，“学下私人”，孔子、墨子等一批知识分子，办学收徒，传授宣传自己的学说主张和政治理想。在春秋到战国时代的三四百年之间，相继涌现出以孔、孟为代表的儒家，以老、庄为代表的道家，以墨子为代表的墨家，以韩非为代表的法家，以许行、陈仲为代表的农家，以惠施、公孙龙为代表的名家，以邹衍为代表的阴阳家，以苏秦和张仪为代表的纵横家，另有兵家、杂家等，正所谓诸子蜂起，百家争鸣。鉴于此，也可以说，春秋战国时期，也是一个思想解放、文化繁荣、学术发展的时代。

诸子百家，出身不同，各自从自己的立场、视角构建自己的学说体系，描绘自己的社会理想，各领风骚，各有市场，各有自己的心理色调。用余秋雨的话说，老子是“缥缈的灰白色，近似于天际的雪峰和老者的须发”，看上去是那样的玄奥、古老和睿智。庄子是“飘逸的湛蓝色”，如天空般高远、博大、澄澈。韩非子是“沉郁的金铜色”，显得庄严、沉重、冷峻。孔子是“堂皇的棕黄色，近似于我们的皮肤和大地”，孔子所创立的儒学之所以长盛不衰，成为诸子百家和中华传统文化的主流，原因就在于它最贴近中华大地和中华民族的特色，最符合作为生长在黄土地上的黄皮肤的国人的胃口。墨子是“宇宙天地的始源之色。它，就是黑色”。“它使其他颜色更加鲜明，又使它们获得定力。”所以，余秋雨称墨子所创立的墨学是“黑色的珍宝，黑色的光亮”，“虽然难于实行，却为天下提出了一种纯粹的爱的理想。这种理想就像天际的光照，虽不可触及，却让人明亮”。

在先秦的众多学派中，弟子最多、办学规模最大、学说思想影响最广的是儒、墨两家。两家都是“从属弥众，弟子弥丰，充满天下”，激烈争鸣，强势对抗，并称显学。所以韩非子说：“世之显学，儒、墨也。儒之所至，孔丘也；墨之所至，墨翟也。”是孔子奠定了百家争鸣的平台，是墨子拉开了百家争鸣的大幕。

国学大师钱穆先生说，“先秦学派，不出两流”，“其倾向于贵族化者曰‘儒’，其倾向于平民化者曰‘墨’”，“儒者偏重政治，墨者偏重民生”。意思是，春秋战国时代的诸子百家，实际上可总括为两大派。凡学说思想倾向于贵族、带有贵族化色彩的都属于儒家一派，以孔、孟为代表；其学说思想倾向于平民百姓、具有平民化色彩的都属于墨家一派，以墨子为代表。政治和民生是两个既对立又统一的概念。为什么说儒家偏重政治、墨家偏重民生呢？这是由他们各自的出身、立场、思想倾向所决定的。

孔子学说的核心是“仁爱”，而实施仁爱的根本和途径是“周礼”。孔子说，“克己复礼为仁”，“一日克己复礼，天下归仁焉”。什么是仁？用周礼约束自己进而恢复周礼就是仁。周礼是什么？周礼就是西周的礼仪制度。孔子主张并宣扬“仁政”，就是肯定并恢复西周的礼仪制度。尽管当时已经“礼崩乐坏”，西周的礼仪制度大势已去，但孔子在为之痛心疾首的同时，仍然“明知不可为而为之”，办学授徒，入朝为官，周游列国，所思所想一言一行，旨归都在于恢复周礼，维护西周的礼仪制度。从政治层面上讲，“仁爱”和“复礼”的关系是“用”和“体”的关系，实行仁爱是为了恢复周礼，所以说儒家偏重于政治。

墨子学说的核心是“兼爱”，而兼爱的实质是爱民。墨子之所以主张废“周礼”而用“夏政”，就是因为周朝的政治制度不平等，他要为身处社会底层的弱势群体、草根阶层呼唤平等，争取平等。而夏朝的君主大禹，和百姓同甘共苦，并耕而食，亲自拿着劳动工具跋山涉水治理水患，造福百姓。

“兼爱”，从字面上看是普遍地、相互地、不分亲疏、不分贵贱、不分贫富、像爱自己那样平等地爱别人。但从墨子的出身、立场和立说的出发点来看，他的“兼爱”实质上是为民争爱、为民争利，关注点在民生。重温他的十大政治主张，就不难发现这个问题。

儒家主张，人死了要厚葬久丧；墨子认为厚葬久丧靡财贫民，伤生害事，主张节用、节葬。

儒家主张兴礼作乐，当时也出现了贵族大兴土木建楼台亭阁，征集大批青年男女供作乐的情况。而在墨子眼里，民有三患：饥者不得食，寒者不得衣，劳者不得息，王室贵族却声色犬马贪图享乐，这是“暴夺民衣食之财”，所以提出“非乐”。

儒家主张安贫知命，听信天命，富贵贫贱皆由命定，富贵者心安理得，贫贱者认命无为。墨子认为这是贼害天下百姓的歪理邪说，这是愚民。他说，赖其力者生，不赖其力者不生。要靠自己的努力创造财富，过上好的生活，怎么能认命信命无所作为呢？所以他主张“非命”。

儒家也尚贤，要人们“见贤思齐”，但认为“唯上智与下愚不移”，这样，下层百姓就无贤可言了，贤只能出自上层贵族。墨子尚贤与儒家有本质的不同，他认为“官无常贵而民无终贱”，“农与工肆之人，有能则举之”；王公贵族，“无能则下之”。

墨子主张尚同，认为治国要保持上下政令统一，就要用贤人治国，要推举贤人做官，因为只有贤人才能代表人民的利益，才有权威性。所以他主张自下而上民选各级官员，不能代代世袭。

墨子非攻，反对一切攻战。发起攻战的都是贵族诸侯，都是为了一己私利。而在攻战中最遭殃的还是平民百姓，受害的大多是平民百姓。

墨子还认为，头上有青天，天有意志；人死有魂灵，地下有知。鬼神的意志是什么？是“兼相爱，交相利”，是爱利人民。谁爱利人民，鬼神就降福于他；谁坑民害民，鬼神就惩罚他。他的“天志”“明鬼”学说，出发点还是为了人民。

通过上述分析不难看出，墨子学说的出发点和落脚点都是人民的生命、生活、生存，都是民生。关注民生，是墨子及其学说的旨归。所以我们说，墨子的“兼爱”实质上是爱民；所以钱穆先生说，墨家偏重民生。

政治和民生既密切联系，又相互对立，这一对命题由来已久，是治国安邦的永恒的话题。在中国特色社会主义的今天，我们以经济建设为中心，政治与民生的问题，也是发展与民生的问题。是发展为了民生，因民富而国强，因民安而国泰，还是为发展而牺牲民生、破坏民生，为 GDP 而 GDP，这个在两千多年来墨、儒两家曾激烈争论的问题，至今仍有现实意义。

讲到这里，大家自然会提出一个问题——既然墨子是关注民生的平民圣人，既然在先秦时期墨、儒并称显学，那么在从秦汉至今的两千多年中，为什么儒家、儒学一路长盛不衰，即使道、法诸学都与儒学结成同盟，相拥而行，为什么墨家、墨学却一路衰微，成为“绝学”呢？

要先纠正这种说法。说墨学命运多舛，历经衰落，这是史实，但如果说墨学是绝学，则是不对的，起码不准确。因为在漫漫历史长河中，墨学并没有绝，它只是随着中国社会的变迁而沉浮。正确的说法，是时隐时现，三起两落。随着改革开放后文化的大发展、大繁荣，随着在中西方文化的碰撞交流中人们重新确立起来的文化自觉和文化自信，人们在对优秀传统文化的传承和弘扬中，重又走近墨学、认识墨学，使墨学重放光辉，方兴未艾。

战国初期，墨子曾是儒家弟子，后杀出儒门，创立墨学，与儒家分庭抗礼。这是一起。自汉武帝“罢黜百家，独尊儒术”，直到清朝末期的约两千年间，儒学一家独显，墨学黯然失色。这是一落。但应该指出的是，两千年间治墨学者虽不像治儒学者风起云涌，风光八面，但仍不绝如缕，代有人在。清朝末年国人迫于救亡图存的需要，又选择了墨学，墨学应时之需，应运而起。这是第二起。“五四”以后至 20 世纪 80 年代初改革开放，由于战争、动乱等原因，墨学又归于沉寂。这是第二落。其实在这段历史时期内，沉寂的不仅仅是墨学，以儒学为盟主的传统文化普遍受到了冲击。20 世纪 80 年代初起至今，富有民主思想和科学精神的两千多年前的墨学，与时代精神遥相应和，于是时代呼唤墨学。这是第三起。

尽管墨学命运多舛，三起两落，但是墨子精神和墨家思想，早已融化在中华民族的血液中，早已成为中华文化大花园中一树耀眼的奇葩，成为百家争鸣大合唱中的一个响亮的音符。

从三个方面看墨学的历史命运和价值。

一、战国时代百家争鸣中的墨家学派

春秋以后，周室衰败，官学衰落，私学兴起。第一个对西周官学及典章制度进行系统的研究、整理、损益、改造并形成自己的学说思想，进而收徒讲学，集私学之大成者，是孔子，号称贤人七十、弟子三千。孔子之学为什么称儒学？孔子学派为什么称儒家？“儒”者，“人”“需”也，指当时社会所需之人。时值礼崩乐坏，奴隶主贵族的统治摇摇欲坠，孔子站在没落贵族阶级立场上，为挽救西周的贵族统治，恢复礼乐典章制度，以诗、书、礼、乐为教学内容，培养为贵族效力的有学问、有追求的时代所需之人。所以，其学为儒学，其学派为儒家。

继孔子之后战国时代的二百五十多年间，在各学派中，门派最大、影响最大的是墨家，与老字号学派儒家一样，“从属弥众，弟子弥丰，充满天下”。在诸子百家中，唯独墨家学派，以宗师墨子的姓氏命名，其他各家如儒、道、法、名、农、兵、阴阳、纵横等都不是以宗师的姓氏命名，足见墨家对宗师的崇拜和自信。

墨子自幼聪敏好学，是由庶民跻身于“士”阶层的学者，被后世誉为“平民圣人”“科技师祖”。墨子的学识来自两个渠道：一是西周失落的官学。史书记载，他曾向周天子派去鲁国讲学的史角后人学习周礼。二是孔子开创的儒学。《汉书·艺文志》说，墨子曾“学儒者之业，受孔子之术”。但由于其

“贱民”出身和平民立场，以为“其礼烦扰而不悦，厚葬靡财而贫民，久服伤生而害事，故背周道而用夏政”。可见，墨学既是对儒学的发展，又是对儒学的背叛。自此，儒、墨两家展开了激烈的论争。

儒、墨两家的对立和抗争，从根本上说，是他们的阶级立场及其所代表的阶级利益的对立和抗争。至于其余各家，都是墨、儒两家的支流。比如许行、陈仲等人所代表的农家，主张君民并耕而食，秉承的是墨家强本、节用、平等的遗风。老、庄为代表的道家，同讥儒、墨，但在愤世嫉俗、反对周礼这一点上，却与墨家臻于一致。法家韩非，师荀卿而好老子，既附和儒家差等阶级之说，又崇尚道家绝圣弃智之论，于是融儒、道两家之说，首倡法治之学。但是法家重视劳作、反对浮华文饰的主张，又与墨家相通。惠施、公孙龙为代表的名家，其学说主张与儒家“正名”思想通于一脉，但在“坚白”“同异”等逻辑命题上的论战，又与墨家属于统一哲学范畴。至于以邹衍为代表的阴阳家，一方面以天地阴阳类推上下尊卑，划分人伦等级，和儒家相通，另一方面批评封建阶级的骄奢淫逸，提倡节约简朴，又和墨家相应。鉴于此，国学大师钱穆先生说，“先秦学派，不出两流”，“其倾向于贵族化者曰‘儒’，其倾向于平民化者曰‘墨’”。

二、封建社会中“不合时宜”的墨家学说

任何一种学说都是因社会的需要而产生，随社会的变

迁而沉浮。社会对学说的价值取向决定学说的命运。学说之于社会正如商品之于市场。一种学说的兴衰取决于社会对它的需求度和它对社会的适应性。在古代社会，所谓社会需求度，根本上是统治阶级的需求度，所谓学说适应性，根本上是对统治阶级利益和口味的适应性，因而，统治阶级总是要选择符合他们利益的文化，而统治阶级的文化就成为占统治地位的文化。

中国封建专制社会长达两千多年，墨学就被封建统治者封杀了两千多年。究其原因，就在于墨学立足于平民的叛逆品格和激进特色，就在于墨学不合封建统治者的口味和封建社会的时宜。

为了说明这个问题，我们不妨拿墨家与儒家、道家、法家分别做个比较。

儒学的理论核心是“礼”。礼者，西周奴隶制社会等级制度和由此演绎出的道德规范和行为方式。尽管奴隶制在春秋战国之交行将崩塌，但儒家所主张和捍卫的等级制度和治国理念，对不同时代的各种社会却具有普适性。荀子说：“有天有地而上下有差，明王始立而处国有治。夫两贵之不能相事，两贱之不能相使，是天数也。势位齐而欲恶同，物不能澹则必争，争则必乱，乱则穷矣。先王恶其乱也，故制礼仪以分之，使有贫富贵贱之等。”他把社会等级制度视为天经地义和治国安邦之所必需，虽立场在于“人主”，但也道出了社会得以存续和发展的真谛。虽然后世封建社会的等级制度已抛弃了孔子所谓“周礼”的奴隶制内涵，但在不同社会制度的外延层面上，却因其客观的合理性和现实的可行性而被历朝历代所接受和传承。

墨家处于社会底层，要求平等，当然认为“周礼”“烦扰”而“害民”，其立场和用心固然可贵，其无视差别、取消等级的主张却不仅触动了统治者的敏感神经而不予包容，而且不合社会稳定的现实需求。正如荀子批评墨子说“有见于齐，无见于畸”；“有齐而无畸，则政令不施”。

由“礼”衍生出来的关于“爱”的争论，与儒家相比，墨家同样显得过于理想化而缺乏可行性。儒家讲“仁爱”，“仁者爱人”，分亲疏、贵贱、先后，所谓“亲亲有术，尊贤有等”（《墨子·非儒下》）。他们从人性自私而又有恻隐之心的共性出发，将爱推己及人。这种爱便于接受、利于推行。墨子讲“兼爱”，平等爱人，爱人如己，爱人父若己父，爱人国若己国，可谓博大而高尚，但毕竟有点一厢情愿。正如庄子所说：“其行难为也，恐其不可以为圣人之道，反天下之心，天下不堪。墨子虽独能任，奈天下何。”孟子詈斥“兼爱”为无父无君的禽兽之论，更为后世墨学多舛之命运雪上加霜。儒、墨均有“大同”思想，但儒家的大同是再现“周礼”制下的回首可及的西周盛世，墨家的大同却是平等民主、相爱无差、可望而不可即的夏禹时代。儒、墨都“尚贤”，儒家是为恢复周礼而举贤才，贤的标准是“克己复礼”的“仁爱”；墨家是为背周道、废周礼而举贤才，以“兼爱”为标准。其“官无常贵而民无终贱”的言论之激烈，不仅震动了当世，而且被后来的陈胜一变而为“王侯将相，宁有种乎”的起义口号而对皇权亮剑。墨子热爱和平，强力非攻，虽然对战争也有“诛”“攻”之分，然所谓“诛”者，只是初期墨家对儒家话语的沿用而已，实质上反对的是一切战争。儒家却出于维护王权的需要，主张“礼乐征伐自天子出”，由此生出了后世对战争的所谓“正义”与“非正义”之分。在战争观问题上，儒家的市场远远大于墨家。出于对下层百姓疾苦的同情和对上层贵族奢侈的疾愤，墨家反对并主张废绝一切音乐；而在儒家看来，“乐”同“礼”是一对孪生兄弟，都是社会等级制度的应有内容和表现形式，都是治国化民须臾不可或缺的国柄。事实证明了“乐”之不可废，也废不了。“乐”源于劳动，生于民间，虽有为统治者用于享乐的一面，也有社会生活所必需的一面。墨子偏激，故其“非乐”主张一直为世人所诟病和摒弃。

概而言之，作为分庭抗礼、风行当时的两大学派，儒学因其思想和理论的现实实用性和历时适应性，为自己赢得了存续的时间和空间；墨学因其思想和理论的超前性和理想化而随时代的发展和社会的变迁几经沉浮。

老子主张“道法自然”“天道无为”，庄子主张通过“坐忘”的修行方式回归自然，以达到物我齐一的忘我境界，因愤世嫉俗而看破红尘，倡无为之治而逍遥世外，针砭时弊虽形同儒、墨，却不像儒、墨那样积极入世，而是消极出世。熙熙攘攘，名来利往。在激烈的社会竞争中，有胜利者、得志者，更多失败者、失意者。那些不得已而退居台下“处江湖之远”

的“隐士”，都是生活在老、庄为他们早已营造好的精神家园里。生老病死，自然法则。人在垂垂老矣之后，在感到无为于社会、无力于名利乃至无能于自身的时候，也总是把老、庄思想作为自身物质存在的精神寄托。道家哲学消极却充满睿智，飘忽却无比博大，超拔却现实可行，玄奥却代有信徒。这正是其伴儒不衰的原因所在。

韩非上承李悝、商鞅、申不害等人，提出了法、术、势三结合的治国理论，集法家之大成，主张严刑峻法，“以法为教”；以术驭下，“以吏为师”；“抱法处势”，专制集权。这对于处于上升时期而又缺乏治国理论的新兴地主阶级无异于雪中送炭。其法治理论，不仅在两千年的封建专制社会被统治者奉为圭臬，即使在当今社会，仍有研究与借鉴之价值。

三、墨学三起两落的社会原因及其当代价值

对于儒、墨的关系，钱穆先生认为墨家之学“盖本于孔子批评贵族阶级之精神，而为更进一步之主张耳”。正是墨家的“平民”身份和“激进”风格，决定了其学说的理想化特点；而其学说的理想化特点，一方面奠定了它在战国时期的显学地位，另一方面也导致了它在中国封建时代的衰微和在20世纪初与20世纪末的两度复兴以及在当今和后世的文化历史价值。

春秋战国之交，没落奴隶主贵族阶级与新兴地主阶级生死搏杀。一方要捍卫处于风雨飘摇中的“礼”，以维护自身既有的高贵与尊严，于是他们选择了儒家；一方要打破等级森严的

“礼”以争取地位的平等和觊觎已久的权利，于是他们选择了墨家。虽然墨家的主张所导致的愿景未必就是新兴地主阶级想要的现实，但他们利用了墨家的主张改变了现实。在他们推翻了奴隶主贵族统治登上了皇权的宝座之后，他们便抛弃了墨家，转身挑选了儒家。这不是历史的玩笑，这是历史的必然。

封建地主阶级当然不需要代表奴隶主贵族阶级利益的“周礼”，但需要等级的森严和皇权的专制。当年孔子为周王朝的天子显贵所描绘、所整理、所矫正过的一切，诸如社会秩序、人伦道德、修齐治平等，都被地主阶级改头换面而贴上了新的标签。这一套不仅好听，而且管用，既可治国，又可化民。尽管两千年中轮番登场，但制度未变，故而代代尊孔。墨家主张爱无差等、人人平等，这是对封建等级制度的悖逆；墨家主张民选天子、三公下至各级官员，这是对封建世袭制度的挑战；墨家反对攻战，而统治者要用战争兼并土地，掠夺财富；墨家“非乐”倡俭，而声色犬马、骄奢淫逸正是封建统治者想要的生活；墨家“非命”尚力，而统治者要用“天命论”愚弄、麻醉百姓，让人安贫知命，对封建统治者敲诈勒索、花天酒地而毫无怨言；墨家在统治者头上设置了“天志”“明鬼”两把悬剑以示惩戒，他们便用“君权神授”“真龙天子”的说教化却这原本就子虚乌有的符咒。墨家的学说思想与封建统治者的既得利益格格不入，针锋相对，若其运不衰，反而不正常。

19 世纪末 20 世纪初的中国社会，走到了沧桑巨变的十字路口。一方面是国势衰颓，外侮频仍，最后一个封建王朝垂死挣扎，一方面是西学东渐，民主与科学撞开国门在中华大地风生水起，各界人士救亡图存的声浪日益高涨。中国需要革命，于是有识之士想起了富有革命性的墨家和理想化的墨学。国人呼吁平等，需要大爱，资产阶级革命派创办的《民报》在创刊号上评价“墨子是世界第一平等博爱主义大家”。中国需要科学思想，而在先秦诸子学说中，惟墨学有与西方相媲美的科技创造和科学理论。于是，随着千年睡狮的苏醒，湮没已久的墨学得以复兴。无奈好景不长，命运多舛的墨学又在连年内战和抗战救亡中沉寂。20 世纪 80 年代实行改革开放以后，人们发现，姗姗来迟而又蹒跚前行的民主与科学、和平与发展的社会命题，并不是西方的专利，早在两千四百年前的墨家那里，就已经有了最原始的描述和朦胧稚嫩的萌芽。墨子主张兼爱天下，人人平等，不分贵贱，选贤任能，非攻反战，和平共处；墨子重视科技，致力创新，成果丰硕，建树卓绝。改革现实的需要，实现理想的愿望，促使人们再次走近久违了的墨子，重新认识被亏待了的墨学。推动民主进程，构建和谐社会，实现科学发展和中国梦，墨家那里有值得借鉴和弘扬的宝贵精神财富。英国学者汤因比说：“把普遍的爱作为义务的墨子学说，对现代世界来说，更是恰当的主张。”

在多灾多难的时代，墨学本是一剂救世济民的良药，却被两千多年的封建制度和封建统治者无情地埋没了。这是一大悲剧。

拿破仑曾经说过：“狮子睡着了，苍蝇都敢落在他的头上叫几声。中国一旦被惊醒，世界会为之震动。”中国这头睡狮本来就有儒学和墨学两只眼睛，不能只睁着“独尊儒术”的一只眼，而要同时睁开儒、墨并显的两只眼。如此，中华民族全面复兴的那一天还会远吗？

鲁迅先生说，伟大也要有人懂。你不知道伟大的墨子，你不懂得伟大的墨学，你就永远徘徊在中国完整的文化殿堂之外，就好像进了故宫不知有太和殿，身在中国不知道有长城。

五彩缤纷中的先秦“显学”

两千五百多年前孔子创立的儒学，是中国传统文化的盟主，是中华民族黄皮肤、黄土地的文化主流，是我们的传家之宝；两千四百多年前的墨子，出身“贱民”，身处黑暗的社会底层，一张黑色的脸庞，一身黑色的衣服，一生为生活在黑暗中的草根百姓奔走呼号，为当时的天下黎民，为人类的美好未来，播下了黑色的理想之光。对理性化的诸子百家，余秋雨先生有一段感性化、形象化的描述。余先生说：“诸子百家的了不起，就在于他们被选择成了中国人的心理色调。”在他看来，老子是“缥缈的灰白色，近似于天际的雪峰和老者的须发”；庄子是“飘逸的湛蓝色”，如天空般高远、博大、澄澈；韩非子是“沉郁的金铜色”，庄严、沉重、冷峻；孔子是“堂皇的棕黄色，近似于我们的皮肤和大地”；墨子是“宇宙天地的始源之色。它，就是黑色”，“它使其他颜色更加鲜明，又使它们获得定力”。余秋雨评价墨子创立的墨学是“黑色的珍宝，黑色的光亮”,“虽然难于实行，却为天下提出了一种纯粹的爱的理想。这种理想就像天际的光照，虽不可触及，却让人明亮”。

老、庄、韩、孔、墨五彩缤纷。孔、墨两家一黄一黑，最为夺目，先秦时代并称“显学”。

“先秦”有广、狭两种含义。广义指秦统一六国即公元前221年以前的历史时期，狭义是指秦统一六国之前的春秋战国时期。先秦“显学”指的是春秋战国时代具有源头性质的最显赫的两家学说，一是孔子创立的儒学，一是墨子创立的墨学。在中国文化史上，这是两大对立的学派，也是影响最广大、最深远的学派。

如果说中华传统文化是推动中华民族一路前行的车轮，那么先秦文化是这个车轮的轴心；没有这个轴心，辐条就失去依附，历史就无法前行。如果说先秦文化是一个博大、完整的学说、文化体系，那么，先秦显学是这个体系的核心，没有这个核心就变成一盘散沙，就支离破碎。

中国传统文化属于人文科学，人文科学是研究人类社会现象的科学，是关于人和做人的科学。要做一个什么样的人呢？要做一个有教养的人。

你想做一个有教养的人吗？那就要懂得优秀的中国传统文化，就要懂得儒学和墨学。山东大学已故教授、被誉为“当代墨子”的张知寒先生说：“正确对待优秀的中国传统文化是每一个有教养的和想成为有教养的中国人应该懂得的。”“在中国这块土地上，任何不符合中国文化传统的事注定要失败，任何违背中国人做人道德的人必然要垮台。这是几千年的历史一再见证了的。”远的不说，就说“文化大革命”中的“四人帮”，虽然曾猖獗一时，但由于他们倒行逆流，肆意践踏和破坏中国传统文化，最终被送上历史的审判台。

改革开放四十年，我们有太多的欣慰、太多的自豪。当我们成功地使GDP跃居世界第二的时候，当我们坐在教室里听课、在图书馆看书、在美丽的校园里散步的时候，当我们在面对纷扰的社会现实谋划自己的未来的时候，你是否感觉到了太多的困惑、太多的纠结、太多的浮躁、太多的诱惑？你是否也感觉到了竞争与发展的压力？是否在掂量自己的幸福指数？

经济发展了，生活改善了，但在一些领域的一些人身上，却出现了道德滑坡、心态浮躁、精神空虚、文化沙化等现象。没有钱痛苦，有钱人也不痛快；没有社会地位感觉没尊严、不好过，有社会地位的人也有人说不好过。人们禁不住发出拷问：今天我们所面临的，有多少机遇、多少危机？我们究竟缺失了什么？

改革进入深水区。走出深水区，需要一种支撑，需要一种引领。这种支撑是文化的支撑，这种引领是文化的引领。

文化是国家发展的软实力，削弱或失去了这种软实力，就削弱或失去了民族的凝聚力、向心力，国家的发展就失去了后劲和底气。所以，我们党一直十分重视文化建设。早在革命战争年代，毛泽东就号召党和人民，要一手拿“枪杆子”，一手拿“笔杆子”。改革开放之后，我们党坚持物质文明和精神文明一起抓，两手都要硬，不能一手软、一手硬。但是，很多问题人们往往想不到、看不到，即使想到了、看到了、说到了，但未必能做得到、做得好。一段时间里穷怕了、急于改变经济落后面貌、急于走上富裕之路的国人，眼睛转向了西方新鲜陌生的文化和发达实用的科技，漠视了自己优秀的传统文化，动摇了我们赖以跻身世界强国之林的资本和根基。当我们在前进道路上发现了自身的问题，看到了西方的顽症的时候，蓦然想起，我们差点丢失了自己不该丢失的东西，那就是中华优秀传统文化。

任何民族、任何时代的文化都不会凭空产生。文化是一种传承，优秀传统文化是先进文化的母体；建设先进文化，必须继承、弘扬传统文化。道理很简单，没有昨天就没有今天，今天是昨天的延续和发展。

也许你还穷困，有了教养你就会“穷且益坚，不坠青云之志”；也许你很富有，有了教养你就会为富以仁，兼济天下；如果你是官员，有了教养，你会为官清正，留下一世清名。你想成为有教养的人吗？那你就要了解和懂得中华优秀传统文化。不了解过去，就不懂得现在，就没有未来。数典忘祖，割断历史，抹杀自己与生俱来的文化传统基因，那不仅会遗失自己，而且别人会看不起你。学习、研究、传承、弘扬中华优秀传统文化，是每一个人，尤其是年轻人，完善自我、立志成才的必修课程，也是每一位中华儿女义不容辞的历史使命。

习近平同志在党的十九大报告中指出，中国共产党“从成立之日起，既是中国先进文化的积极引领者和践行者，又是中华优秀传统文化的忠实传承者和弘扬者”。实践证明，什么时候忽视了优秀文化的继承和先进文化的建设，什么时候就会道德滑坡，人心涣散。如果失去了优秀传统文化的支撑和先进文化的引领，我们的经济社会就不健康、就没有前途。一段时期里，有些人受西方拜金主义的影响，唯钱是图，见利忘义，在家不讲孝道，在外不讲公德，对人不讲诚信，对己不讲人格，导致物欲横流，良心沦丧，官风不正。防不胜防的假冒伪劣，打击难尽的坑蒙拐骗，荡涤不清的污泥浊水，层出不穷的贪腐案件，一次又一次地敲响了警钟。

这正应了两千多年前孔子的那句话：“道之以政，齐之以刑，民免而无耻。道之以德，齐之以礼，有耻且格。”对百姓用政令政纪约束他们、管制他们，用法律、刑法来威慑他们、惩治他们，他们会千方百计逃避政令、法律的约束和制裁，但没有羞耻之心，不会讲廉耻；如果用道德来教化他们，用社会规范来引导他们，他们不仅不会犯法，不会做出格的事情，而且会懂得廉耻，讲究道义。圣人就是圣人，圣人的话在两千多年后的今天，依然是那么亲切、那么中肯，真的是视通千载，承先启后。

我们需要富起来，需要经济的增长，但我们同样需要提高全民的文化素养和道德水平。当年孔子带着他的弟子周游列国，一天，他的弟子冉有给他赶着车到了卫国，看到都城里熙熙攘攘，一片兴旺景象，孔子感慨：“这里的人真多啊！”冉有问：“一个国家人口多了，那么作为领导人，下一步该做什么呢？”孔子说：“富之。”让人民富起来。冉有又问：“老百姓富裕了，下一步再做什么呢?”孔子回答：“教之。”发展文化教育事业，提升他们的道德水平。现在我们的国家富了，很多人都有钱了，当务之急，是用优秀的传统文化，用中国特色社会主义先进文化教化国民，不正逢其时吗?

中华民族历来重视文治教化。今天，我们需要法治，也需要德治。建立、健全、完善法治，要以伦理规范、社会公德为基础。没有伦理规范、社会公德作保障，就会有法难依、执法不严、执法不公，甚至会使法治扭曲、变质。孔子弟子子贡曾经向孔子求教，问如何治理好一个国家。孔子回答说：“足食，足兵，民信之矣!”要有足够的粮食，让老百姓吃饱饭；要有强大的军队，以防御外侮；要对老百姓讲诚信，让老百姓信任你。子贡又问：“必不得已而去，于斯三者何先?”如果不得已要去掉一项，在这三者中去掉哪一项呢? 孔子说：“去兵。”先不考虑发展军事问题，把发展生产和取信于民放在前面。子贡又问：“再不得已而去，于斯二者何先?”如果不得已再去掉一个，在这两项中先考虑哪一项呢? 孔子曰：“去食。”就剩了一项——“信”。意思是在发展生产和建立诚信两者中，先考虑建立人的诚信。为什么呢? 孔子接着说：“自古皆有死，民无信不立。”人死不足畏，人生自古谁无死?“民无信不立”有两方面含义：一是作为领导人，治理一方或治理一国，如果不能取信于民，失去了人民对他的信任，自己的地位不保，国家不保。二是一个国家，一个民族，如果百姓不讲诚信，社会就会动荡，同样是社稷不保。可见，无论是做官还是为民讲诚信是何等重要。孔子把讲诚信看作立身之本、立国之本。

“信”是中华优秀传统文化的重要部分，是中华民族的传统美德。民间对政府、官员信任缺失，人与人之间信任缺失，上下之间，人与人之间，如果说得多，做得少，好话多，好事少，假话多，真话少，“面子”多，“里子”少，形式多，内容少，轻诺寡信，谎言盛行，等等，都会导致民心流失、信任危机。

中华文化，上下五千年。所谓五千年，是从中华民族的祖先黄帝时代算起的。按史书记载，至今四千七百年多一点。实际上，中华文化还要久远。1978—1979年在枣庄市滕州东南北辛村发掘的人们居住的窖穴，使用的陶器、石磨等，属于新石器时代的历史文物，在公元前5400年至公元前4400年之间，距今约七千年。

文字是人类社会发展到一定阶段的产物，是人类的文明、文化走向成熟的标志。如果从文字的产生看，西安半坡遗址发现的记录事件的有规则的简单符号，那是汉字的雏形，至今已有五六千年的历史。殷商时代的甲骨文是成熟的汉字，距今也有三千多年的历史。这就是说，我国在三千多年前就有了用文字记载的历史了。世界上没有哪一个民族的文化能比得上中华文化的历史悠久且传承不息。悠久的历史促成了文化积淀的丰厚，而丰厚的文化积淀培育了中华民族之根本，铸就了中华民族之魂魄，强化了中华民族之血脉。历史上，我们的民族强大辉煌过，也衰弱耻辱过。外族的铁蹄践踏过我们的国土，列强的刺刀戕害过我们祖先的肉体。但是，正是因为我们有悠久深厚的文化，有强大的文化支撑，我们的民族才始终屹立不倒，并一路走来，走向辉煌。

那么，什么是中华优秀传统文化？我国传统文化从广义上讲，指的是中华民族在长期的社会实践中所获得的物质生产、精神生产的能力和所创造的物质财富、精神财富的总和。从狭义上讲，指的是精神生产能力和精神财富，包括科学技术和人文文化。一是自然的，一是社会的，二者如历史列车的两个车轮，如民族腾飞的两个翅膀，缺一不可。而科学技术与人文文化相比，人文文化更深厚、更久远，它是民族生命之根、是国家立国之本。中国科学院院士、华中科技大学杨叔子教授有句名言："一个国家，一个民族，如果没有先进的科学技术，一打就垮；如果没有优秀的人文文化，不打自垮。"我们的民族，我们的国家，曾因科学技术落后而挨打，但是我们终究没有被打垮，最终是想打垮我们的人却被我们打垮。靠的是什么？靠的就是强大、优秀、悠久的人文文化。

说到中华传统文化，我们首先想到的是先秦文化。先秦文化是中华传统文化的重要阶段，是中国历史上辉煌、繁盛、开放的文化代表。先秦文化奠定了中华传统文化的基石和内涵。尽管当今的文化有传统的，有现代的，有本土的，有外来的，但经过整合、融通之后，仍离不开先秦文化之根，都带着从先秦文化脱胎出来的印记，都能看出先秦文化的影子。

说到先秦文化，大家首先会想到春秋战国时代的诸子百家和百家争鸣。对儒家的创始人孔子、孟子，道家的创始人老子、庄子，法家的创始人韩非、商鞅等，都耳熟能详，但对当年在诸子百家中，敢于向孔子叫板、与儒家抗争、同儒家一样显赫的墨子和墨家，却知之甚少。为什么呢？因为在秦朝以后两千多年的封建社会中，儒家学说一路风光，成为诸子百家和中华传统文化的盟主。而墨家学派自秦以后，因为不符合封建统治者的意志而被封杀、排斥，打入冷宫。直到改革开放之后，人们才扫去了历史的尘埃，使墨家学说重现光辉。现在学界有一个公认的事实和历史的结论，那就是，当年是孔子打造和奠定了百家争鸣的平台，诸子百家、三教九流都源于儒；是墨子和墨家拉开了百家争鸣的大幕，是墨子和墨家建树了与古希腊比肩的科学高锋。所以，当年韩非就说："世之显学，儒、墨也。儒之所至，孔丘也；墨之所至，墨翟也。"

讲到这里，我想给大家读一段话，这是 1998 年 5 月，身患重病、逝世前夕的张知寒先生，躺在病榻上给江泽民同志和中央政治局所写的信中的一段话——

> 春秋战国时期，中国出现的儒家、墨家、法家、道家四大学派，其中最重要的是儒家和墨家，在当时并称"显学"。儒家崇尚由己及人的"别爱"，强调宗法观念；墨家主张平等的"兼爱"，重视科学技术的发展。为了适应封建社会的需要，汉武帝选中了儒家，于是"罢黜百家，独尊儒术"，后来逐渐形成了以儒、法为主，道、佛相辅的统治阶级的上层文化，而墨子思想由于其民主性和科学性而难于为统治者所接受，因而成为劳动人民的下层文化。

审视中国传统文化，只有墨学是属于劳动人民的文化，也最具民主性，科学性。

墨子精神被冷落了两千年，是我们民族的不幸。

现在我给大家介绍一下墨子。

有一个面目黧黑、一身黑衣的人，背负行囊，行色匆匆地从两千四百年前的战火硝烟中走来。他一路风尘，满面风霜，从战国走到秦汉，从秦汉走到今天。一路上前有封建专制的封杀，后有不同学派的责难。他艰难地行进着，大声地呼喊着："吾言足用矣……以其言非吾言者，是犹以卵投石也。尽天下之卵，其石犹是也，不可毁也。"

他走得很难，他肩上的行囊太重，那里面装着他对亿万苍生的牵挂、天下太平的理想和取之不尽的科学宝藏。

他累了，坐在路边歇息的他需要有人扶起，他背上过重的行囊需要有人担承……

当历史的脚步跨进 20 世纪门槛的时候，当中华民族积贫积弱、呼唤民主与科学的时候，一批立志救亡、寻求复兴的有识之士遇上了他，走近了他，接过了他的行囊，义无反顾地背到了自己的肩膀上——

梁启超认定，要救亡图存，只有学习和弘扬他的精神和他的学说，于是，和同仁一道，对积重难返的中国进行了艰难的改良。

孙中山认为，古时最讲爱字的莫过于他，资产阶级革命派创办的《民报》甚至评价他是"世界第一平等博爱主义大家”。这位中国革命的先驱，立誓要把爱的种子平等地播撒于中华大地，百折不挠，推翻了腐朽的清政府。

出身平民而又积极作为的毛泽东，对同样是出身平民而又以天下为己任的他情有独钟，赞扬他是“比孔子更高明的圣人”。毛泽东以“粪土当年万户侯”的英雄气概，带领中国人民推翻了三座大山，缔造了一个崭新的中国。

人类需要和平，社会需要和谐，发展需要科学。江泽民引用他的话，说明中华民族是一个爱好和平的民族，并强调指出，他的著作里包含了丰富的自然科学知识。胡锦涛在构建和谐社会的讲话中说，他所提出的爱无差等的理想社会方案，反映了广大人民群众对美好生活的向往。著名学者杨向奎先生说，他的一部经书，“无论在自然科学的哪一方面，都超过整个希腊，至少等于整个希腊”。

在冷峻犀利的鲁迅眼中，他是“中国的脊梁”。

他是谁呢？他就是战国初期与儒学并显的墨子学说和墨家学派的创始人，就是我国古代伟大的思想家、教育家、科学家、军事家和社会活动家——墨子！

在距今约两千四百年的战国初期，中华大地正经历着一场由奴隶制向封建制过渡的大变革和诸侯争霸、战争频发的大动荡。如何疗救社会转型期的剧烈阵痛？如何拯救挣扎于铁血水火中的天下苍生？面对严峻的社会课题，诸子蜂起，学派纷呈，拉开了战国百多年间百家争鸣的序幕。

庄子追随老子，绝圣弃智，物我两忘，看破红尘，飘然出世。他无欲于己，无为于世。孟子承袭孔子，主张仁者爱人，推己及人，“老吾老以及人之老，幼吾幼以及人之幼”，维护的是周礼的等级秩序。以韩非为代表的法家学派，只有冰冷的刑法，没有温暖的爱心。杨朱“为我”，自怜自爱，“拔一毛以利天下而不为”。唯有墨子的“兼爱”，视人如己，爱人平等，如日月经天般无私，如江河行地般彻底。

当年，面对不同学派对墨家的围攻和责难，墨子的弟子们高呼：“天下无人，子墨子之言也，犹在。”——即使当今天下没有人赞成我们的主张，即使今后天下没有了我们墨家的人，但是，我们老师墨子的话依然留存于天下！

墨子学说果真如他本人所说像磐石那样不容动摇、不容诋毁吗？果真如弟子所说是历经百代而颠扑不破吗？在中华民族遭到列强入侵、内忧外患、面临生死存亡的昨天，梁启超说：“今欲救亡，厥惟学墨。”——想要拯救国家危亡，只有弘扬墨子学说，效法墨子精神；在国人为民主与科学而呼唤、而为之奋斗的今天，余秋雨说：“墨子，墨家，黑色的珍宝，黑色的光亮，中国亏待了你们，因此历史也亏待了中国。”

墨子一生概括起来有三大建树：一是爱无差等的平民意识，被后世称为“平民圣人”；一是领先当时、泽被后人的发明创造和科学精神，被后世称为“科技师祖”；一是备御救守的军事思想，与《孙子兵法》共同构成了我国军事天空中的双子星座。

虽然我叫不出你们的名字，朋友们！但我知道你们是谁。你们是黄河激浪、大江流水，你们是继往开来的新一辈！虽然我不知道将来你们会走向哪里，但我相信——

你们会带着儒家温暖的和气，道家潇洒的大气，法家凌厉的锐气，墨家源自泥土的底气，带着中华儿女的浩然正气，带着新时代的蓬勃英气，走向光明，走向幸福，留下一路闪光的足迹！

墨、儒长短论

任何一种学说都是应社会需要而产生、随社会变化而变化的，其生命力在于它对社会的适应性、可行性和社会对它的认同性、可受性，可谓“物竞天择，适者生存”。社会是变动、发展的，一种学说的被认同、被选择或其生命力的萎缩和张扬，总是因时代、社会的变更而变化。墨学在两千多年封建社会中的衰落，就在于自身原因而为统治者所不容；在两千多年后的今天的复兴，正说明它自身具有潜在的生命力而终于被新的时代、新的社会所激活，从而显示出重要的现实价值。

墨、儒两家学说都是有生命力的，儒学的长盛不衰和墨学的衰而复兴便是明证。然而，两千多年来，墨学一直被儒学挤压在中国传统文化殿堂的角落，甚至被压制于中国传统文化大厦的底层而乏人问津。究其根本，在于墨学既与儒学对立但缺乏竞争力，又与儒学相通而失去独立性。

对立有三种结果：一是并行不悖，长期共存；二是两败俱伤，同归于尽；三是此长彼消，一荣一损。前两种是势均力敌的结果，后一种是弱不敌强的结果。遗憾的是，墨学在政治气候客观上比较宽松、学术思想客观上比较自由的战国时代成为显学之后，随着封建制度的确立和完善，在统治者对墨、儒两家不愿兼得而定于一尊的语境下，因自身不合时宜不能见容于世，终而为世人所冷落。

相通有两种结果：一是通融互补，相得益彰，你中有我，我中有你，各有特点，相依相生；二是一方被另一方同化、吸纳，两方合而为一，我有你而大，你入我而没。同样遗憾的是，墨与儒相通却缺乏儒学的圆通包容、进退自如，从而不幸被儒学消化湮没。

一

墨与儒的对立，突出表现于“非乐”“非命”“尊天”“事鬼”“节葬”“节用”等六项主张。

在《非儒下》中墨家鲜明地表达了自己的“非乐”主张，指出：“孔某盛容修饰以蛊世，弦歌鼓舞以聚徒……繁饰邪术以营世君，盛为声乐以淫愚民。”“好乐而淫人，不可使亲治。”在《公孟》中还不无夸张地指出：“弦歌鼓舞，习为声乐，此足以丧天下。”在当时饥者不得食、寒者不得衣、劳者不得息的情况下，这种“非乐”的主张是代表下层劳动者利益的，无疑有它的进步性。但墨家对于“乐”采取完全否定、一概排斥的态度，无疑是有些片面化了。“乐”产生于劳动，具有两面性：既可以服务于劳动者，也可以服务于统治者；既有娱乐功能，也有教化功能。荀子说：“乐者，圣人之所乐也，而可以善民心，其感人深，其移风易俗。”（《荀子·乐论》）墨子只看到“乐”的享乐功能，而漠视“乐”的教化功能，从而力主“非乐”，虽有一定合理性，但也过于绝对化，在与儒家关于“乐”的对立上，不占优势。

墨子主张“非命”，批判儒家“以命为有，贫富寿夭、治乱安危有极矣，不可损益也。为上者行之，必不听治矣；为下者行之，必不从事矣，此足以丧天下”（《墨子·公孟》），指出“执有命者之言”乃“暴王所作，穷人所术，非仁者之言也”（《墨子·非命下》），较之儒家“不知命，无以为君子也”（《论语·尧曰》）和“死生有命，富贵在天”（《论语·颜渊》）的天命观无疑要进步得多。然而，他们在否定了孔子宿命论的同时，却主张“尊天”“事鬼”，认为鬼神可以主宰人的行为，人的行为亦可感应鬼神。当然，如有的学者所说，墨子是借助鬼神推行自己的主张，其所谓“天志”，不过是他个人的意志。但是，他用大量所谓事实、传闻不厌其烦地宣传鬼神的存在和鬼神的意志，无非是让人们相信鬼神，听任鬼神的主宰。对此，无论做何解释，都无法否认这是一种落后。在“天命”与鬼神的问题上，墨子是信鬼神而非天命，孔子是信天命而远鬼神，墨子远没有孔子表现得灵活、圆通、可进可退。在墨子看来，“儒以天为不明，以鬼为不神，天鬼不说，此足以丧天下”（《墨子·公孟》），确实有些绝对化和夸大化了；而孔子从“不语怪、力、乱、神”（《论语 · 述而》），认为“未能事人，焉能事鬼”（《论语 · 先进》），“祭神如神在”（《论语 · 八佾》），主张“敬鬼神而远之”（《论语 · 雍也》），对鬼神的看法模糊处之，游刃有余。在这一问题的对立和争论中，墨家较孔子逊了一筹。

墨子针对当时的统治者“厚作敛于百姓，暴夺民衣食之财”（《墨子 · 辞过》）的奢侈之风和儒家“厚葬久丧”的主张，提出“节葬”“节用”，对于强本抑末、除害利民是有积极意义的，其“为食也，足以增气充虚、强体适腹而已矣”（《墨子 · 辞过》）的俭朴作风，较之儒家“食不厌精，脍不厌细”（《论语 · 乡党》）的贵族气派也是十分可贵的。他对儒家的批判却失之于偏激。“厚葬久丧”固不可取，但认为“此足以丧天下”似有些夸大其词；说儒家“倍（背）本弃事而安怠傲，贪于饮食，惰于作务”（《墨子 · 非儒下》）也有些言过其实。事实上，儒家也主张节用以爱人，“礼，与其奢也宁俭”（《论语 · 八佾》）。孔子最得意的弟子颜回，家境贫困，生活俭朴，“一箪食，一瓢饮，在陋巷，人不堪其忧，回也不改其乐”，孔子对其大加赞赏，“贤哉，回也！”（《论语 · 雍也》）令人遗憾的是，墨子的“节葬”“节用”与其“尊天”“事鬼”逻辑不一，前后矛盾。“事鬼”就要葬之以礼，“尊天”就要祭之以物，一旦“珪璧之不满度量”，“酒醴粢盛之不净洁”，“牺牲之不全肥”，“春秋冬夏选失时”，就要被视为不恭不敬而被鬼神杖毙于祭坛之上，“诸不敬慎祭祀者，鬼神之诛至”（《墨子 · 明鬼下》）。“鬼神”竟如此讲究祭礼之规格、祭品之丰盛，竟如此挑剔和灵验，还谈何“节葬”和“节用”呢？

在与儒学相对立的多种主张中，墨学在放射出积极、进步的光芒的同时，却也露出了一些破绽。

二

墨子“兼爱”“非攻”“尚同”“尚贤”等主张与儒家虽有差异，但也有相通之处。

“兼爱”和“仁爱”分别是墨学和儒学的思想核心。墨子主张“兼爱”，当然包括父子、兄弟之间的血缘亲情之爱，他指出“子自爱不爱父”，“弟自爱不爱兄”……此所谓乱也；“父之不慈子，兄之不慈弟……此亦天下之所谓乱也”（《墨子·兼爱上》）。孔子主张“仁爱”，也不是只“亲亲”不爱众。孔子所解释的“仁”即“爱人”（《论语·颜渊》），绝不仅限于血缘亲属的小圈子之内，而是“泛爱亲仁，以博施济众为圣”（《韩昌黎集·读墨子》）。泛爱思想一以贯之地贯穿于孔子的整个学说和思想体系中，如“忠”“信”“恭”“宽”等主张和“已所不欲，勿施于人”（《论语·颜渊》）、“已欲立而立人，已欲达而达人”（《论语·雍也》）以及“老者安之，朋友信之，少者怀之”（《论语·公冶长》）等的说教。可见，在“爱”的起点和归宿上，墨、儒是一致的，分歧在于实现“爱”的方式和手段，即怎样实现“爱”。对此，墨子有两点主张：一是“爱人若爱其身”（《墨子·兼爱上》），“兼以易别”（《墨子·兼爱下》），即以普遍的对所有人像爱自己那样的爱，代替以亲情之爱为核心进而由近及远、由内而外地推及他人的有差等的爱；二是“交相利”（《墨子·兼爱下》），主张爱人以利，要兼相爱就必须交相利，只有交相利才谈得上兼相爱。孔子则主张“仁者，人也，亲亲为大”（《中庸》），“孝悌也者，其为人之本与”（《论语·学而》）。孔子重义不重利，认为“君子喻于义，小人喻于利”（《论语·里仁》），主张爱人以“礼”。他的“爱”是内在“仁”和外在“礼”的统一，侧重于心理感情。两相对照，不难看出，墨子的“兼爱”虽然具有进步性、超越性、普遍性，但在以血缘亲情为纽带、以礼教为人际关系准绳的宗法制封建社会，是难以实行的；而孔子的“仁爱”就来得较为现实，较为适合人的本性，较容易为人们所普遍地认同和接受，具有较强的适应性和可行性。“天下之本在国，国之本在家，家之本在身”（《孟子·离娄上》），修身、齐家、治国、平天下，由内而外，由亲及疏，“老吾老以及人之老，幼吾幼以及人之幼”（《孟子·梁惠王上》），这是儒家设计的“爱”的模式；无内无外，无亲无疏，无论远近，无论尊卑，一律爱人如己，爱无差等，这是墨子幻想的“爱”的蓝图。但是在阶级社会里，没有超阶级的爱，没有无缘无故的爱。如果说孔子的“仁爱”是一种美好的理想，那么墨子的“兼爱”则是一种“有见于齐，无见于畸”（《荀子·天论》）的空想而已。

墨子主张“非攻”，他对“贼虐万民”的兼并战争深恶痛绝，无情地批驳了好战者的种种谬论。但是他非“攻”不非

“诛”，在他看来，类如汤伐桀、武王伐纣的战争是有道之君伐有罪之君，是“诛”不是“攻”，这与孟子“以至仁伐至不仁”（《孟子·公孙丑》）的主张极为一致。虽然孔子在这方面的议论不多，但也曾提出“天下有道，则礼乐征伐自天子出”；“天下无道，则礼乐征伐自诸侯出”（《论语·季氏》）的主张。在孔子看来，征伐出自天子为“有道”，诸侯之兼并战争为“无道”。正是在这里，墨子的“非攻”思想与孔子也契合相通了。后世孟子痛斥“春秋无义战”（《孟子·公孙丑》），显然也是一种非攻思想。

墨子主张“尚同”，他把人自下而上分为六个等级，在最高处又加上了一个“天”，即庶人—士—大夫—诸侯—三公—天子—天，从下到上，逐级服从，直至统一于“天志”。“天”主宰一切，赏罚分明。畏于“天志”，人人都“兼相爱，交相利”，不攻国；对违犯“天志”者，自上而下可奉“天志”而诛之，以实现天下太平，国家一统。他认为“无自下正上者，必自上正下”（《墨子·天志下》），即只能下服从上，上统治下。这和孔子的“君君、臣臣、父父、子子”（《论语·颜渊》）和“礼乐征伐自天子出”的主张无大差别。韩愈指出：“孔子畏大人，居是邦不非其大夫，《春秋》讥专臣，不‘上同’哉？”（《读墨子》）

墨子主张“尚贤”，孔子主张“举贤”；墨子主张“官无常贵而民无终贱，有能则举之”，“无能则下之”（《墨子·尚贤中》），孔子主张提拔重用德才兼备而又出身卑微的仲弓，“虽欲勿用，山川其舍诸？”（《论语·雍也》）并要求统治者用人不可求全责备，要“赦小过，举贤才”(《论语·子路》)。

综上所述，墨学与儒学对立，但没有儒学那种适宜的社会土壤，没有儒学的圆通性、普适性；墨学与儒学相通，但自身缺乏可行性和包容性，故而“儒道传而墨法废”（王充《论衡·案书》)。

对于宗法制封建社会，墨学是激进的、超前的、理想化的，因而不能见容于世、见用于人，导致了自身的衰落；对于人类社会的历史长河，墨子是革命的、进步的、彻底的，因而有着长久的生命力。所以，代表平民利益的墨学虽然在封建的文化专制和思想专制下衰落，但并没有衰亡。相反，随着封建社会的消亡和民主与科学时代的到来，随着当今世界和平与发展两大主题的确立，墨学因社会土壤的改造和时代气候的变化而开始复苏并焕发出强大的活力。研究和弘扬墨子文化，有着重大的现实价值和广阔的前景。

儒、墨的文化品位与学说争鸣

一、先秦显学

战国末期，法家代表人物韩非曾这样评价先秦诸子学说：“世之显学，儒、墨也。儒之所至，孔丘也；墨之所至，墨翟也。”

孔子，春秋末期鲁国人。远祖曾是宋国贵族。他三岁丧父，十七岁丧母，家境贫困，后自己回忆说：“吾少也贱，故多能鄙事。”十五岁“志于学”，“学无常师”，“学而不厌”。二十岁做过“委吏”“乘田”。学有所成，“三十而立”，开办私学，教书授徒，培养了贤人七十、弟子三千。“四十而不惑”，一边教书，一边研究、整理古代文献。进入“知天命”之年后，五十一岁那年被官府发现任用，做中都宰；五十二岁被提拔为鲁国司空；因政绩卓著，五十五岁时升任鲁国大司寇，并兼理外交礼仪工作；不久，因与国君及主政大臣政见不合，辞官去鲁。为推行他的政治主张、治国理念，带领弟子周游列国，前后长达十四年之久，历经艰辛和磨难。六十八岁回到鲁国，仍从事教学、研究工作。七十三岁去世。

纵观其一生，他出身贵族，也一度跻身官场，几度贫贱，几度尊贵，一生大部分时间是教书治学。其政治立场在贵族一边，如他所说，“郁郁乎文哉，吾从周”。

墨子，战国初期人，里籍无定说，一说是鲁国属下的小邾国人，一说是楚国属下的鲁阳人，一说是宋国人，等等。其远祖在从殷商到春秋初的宋国曾是贵族，到墨子一代，其家族早已沦为平民。他子承父业，少时从事工匠技艺劳动，所以自称“贱民”。与孔子一样，墨子勤奋聪敏。庄子评价墨子“好学而博”。墨子一生做了三类事：一是教书授徒，创立学说；二是从事科学研究、科技发明和工艺制造；三是游说诸侯，非攻止战。墨子始终没有脱离教学职业，终生是一名教师，从未跻身仕途。虽然司马迁在《史记》中对他有“仕于宋”的说法，但史无定论。不是没有机会，而是他不愿意做。越王曾许诺给他方圆五百里的封地，亲自套车，让他的学生接他去越国做官；楚王也曾听从鲁阳文君的推荐，许以封地让他去楚国做官，但都被他拒绝了。墨子本人不做官，但经他培养和推荐的弟子在各国做官的很多。他办学培养三类弟子：一类从事，侧重于学习工匠技艺、器械制造、守城保卫、军事技术等科技知识，学成之后，或从事生产劳动，或从事科技发明，或从事军事活动；一类说书，侧重于学习墨家学说、圣王之道、文化典籍，学成之后，从事讲学、传道等活动。一类谈辩，侧重于学习墨家的逻辑知识、论辩之术、治国之道，学成之后，游说诸侯，跻身官场，参政从政。墨子的办学规模和社会影响，如《吕氏春秋》中所说，“从属弥众，弟子弥丰，充满天下”。墨学与儒学并称显学。

纵观墨子一生，他出身贫贱，终生为师，由此决定了其立场是在平民一边的，其学说思想代表的是平民百姓的利益。所以后世称之为“平民圣人”。

二、儒、墨的文化品位

春秋战国之交，是中国由奴隶制社会向封建制社会过渡的大变革时代。周天子已经失去了天下共主的地位，新兴地主阶级为了登上历史舞台，与奴隶主贵族统治者展开了生死搏杀。各诸侯国攻伐兼并，此消彼长；百姓处于水深火热的环境中，啼饥号寒。礼崩乐坏，天下大乱。如何安定天下，救百姓于倒悬？先天赋有忧患意识，以忧国忧民忧天下为己任的知识分子、有识之士纷纷著书之说，讲学游说，各自推出了自己的政治主张。于是儒家、墨家、道家、法家、农家、名家、阴阳家、纵横家纷纷登台亮相，激烈争鸣。说是“百家”，不过是说学派之多，大体算来只有十家。虽然学派纷呈，主张各异，但争论的焦点只有一个，归纳起来只有两派。争论的焦点：是改良、恢复西周政治制度，还是废除西周政治制度，建立一种新的政治制度？前者站在既得利益集团的奴隶主贵族立场上，走的是保守、倒退、改良的道路；后者是站在下层平民百姓的立场上，走的是进步、变革的道路；前者是保守派，后者是激进派。正如国学大师钱穆先生所说："先秦学派，不出两流。""其倾向于贵族化者曰'儒'，其倾向于平民化者曰'墨'。"墨家学派"其思想激进，于先秦诸子中可称左派，而儒家一脉则右派也"。诸子百家中，一边是激进的左派，以墨子和墨家为代表；一边是保守的右派，以孔子和儒家为代表。自秦汉之后至晚清的封建社会的两千年中，墨家一路走低，几成绝学。孔子则大度、中庸，从来不说大话、过头话。因为在孔子看来，"过犹不及"，君子要"慎于言"，"恐言之不逮也"，他做事的准则是"执两—用中—行权"，顾及两端，取其中间，保持平衡，这就是所谓的中庸之道。中庸之道说明白点，就是平衡之道、稳定之道。

孔子从不偏激，从不说大话，身后却有"不虞之誉"——没想到的荣誉。孔子的孙子子思的学生孟子第一个称孔子为圣人（圣之时者也——合乎时宜的圣人）。一向轻视儒生的刘邦在取得政权之后，亲自带牛、羊、猪等太牢祭品，对孔子行祭祀大礼。汉武帝"罢黜百家，独尊儒术"，开此后两千年以儒学为正统的先声，使儒学成为中华传统文化的盟主、国学的正宗。

司马迁在《史记》中把孔子位列王侯，且称孔子为"至圣"。东汉王充反对神话孔子，却也称孔子是"万世之圣"。宋代朱熹称颂孔子"天不生仲尼，万古如长夜"。明代称孔子为“天下文官主，百代帝王师”。清乾隆皇帝称孔子是“万世师表”。代代加冕，不一而足，直至“大成至圣文宣王”等称号。

不难看出，在一个社会需要稳定、需要和谐、需要发展的时候，都崇尚儒家、推崇孔子。

与此相反，凡是处于劣势地位的个人、集团、阶级、阶层，凡是不满于当时腐朽或不公平的制度、政权的个人、集团、阶级、阶层，当他们要求新求变的时候，当他们呼吁平等、为民请命的时候，都批儒反孔，都推崇墨子。

晚清时期，康梁变法，要改造清朝落后腐朽的政治制度，在学界、在全社会推崇墨家的政治主张和学说思想。在梁启超看来，墨子“兼爱”是平等地爱所有的人，“实爱说中极普遍极高尚者也”。言外之意，孔子之“爱”不是首屈一指的。

鲁迅是近代文化名人，他称墨子是“中国的脊梁”。

毛泽东是革命者，他称赞墨子“是一个劳动者，他不是官，而他是比孔子更高明的圣人”，称墨子是古代辩证唯物论大家，是中国的赫拉克利特。

在两千多年的中国封建社会，儒家以传统文化的正宗和盟主的身份长盛不衰，一路风光；墨学却一路衰微，湮没无闻。孔、墨同为圣人，儒、墨同为显学，其命运为什么如此大相径庭？原因在哪里呢？

三、儒、墨兴衰的由来

任何一种学说都是因社会的需要而产生，随社会的变迁而浮沉。社会对学说的价值取向决定学说的命运。学说对于社会，犹如商品对于市场。一种学说的兴衰取决于社会对它的需求度和它对社会的适应性。明确地说，就是看合不合广大社会成员的口味。粗略划分，社会成员有两大块：一块是上层统治阶级，一块是下层劳动人民。统治阶级的意志、好恶、取舍，往往决定一种学说的命运。因为，在任何一个社会，统治阶级的文化都是占统治地位的文化。

那么，孔子创立的儒家文化和墨子创立的墨家文化，哪个会更合乎统治阶级的需要？哪个更有普适性呢？

要回答这个问题，余秋雨的两句话或许对我们有所启发。他把孔、墨两人比作国人的两种心理色调。他说孔子是“堂皇的棕黄色，近似于我们的皮肤和大地”；墨子是“宇宙天地的始源之色。它就是黑色”，“它使其他颜色更加鲜明，又使它们获得定力”。孔子及其学说所呈现和代表的黄色，岂不最适合生在黄土地、长在黄土地、喝的是黄河水的黄皮肤的国人的心理和胃口吗？黄皮肤的统治者需要它，黄皮肤的草根百姓也需要它，历朝历代都需要它。这不正是孔子和儒学的普适性吗？而墨子及其创立的墨家所呈现和代表的是黑色，黑色是来自社会底层的原始之色，它所代表和涵盖的正是社会的下层，而且在这种黑色的衬托和对照之下，孔子和儒学反而显得更加堂皇、更有定力。所以墨学因自身普适性的缺失，而使儒学更具普适性。

事实正是如此。下面我们从社会和个人两个层面来说明这个问题。

首先，从社会层面看。

孔子维护周礼，墨子反对周礼。周礼是什么？周礼是规矩，是秩序，是西周的政治制度和由此衍生出来的伦理道德、社会规范和社交礼仪。周礼该不该废除？应该。因为周礼是特定时代的产物，随着社会的发展，周礼显得落后、腐朽。社会要进步、要发展，必然要废除周礼。墨子主张废除周礼，是对的，但他只对了一半。为什么这样说呢？从内涵上看，周礼是奴隶制政治制度，是奴隶主贵族统治的政治工具，是应该否定。但是，从外延上看，周礼又是分等列序、自上而下的宝塔形的立体的社会结构。无论何种社会、何种制度，都是这种结构。社会永远不可能是一个平面结构。进入封建社会，社会进步了，但统治阶级对周礼改头换面、偷梁换柱，又贴上了新的标签，实行的仍然是等级森严的政治制度。墨子也承认分等列序的社会结构，但是他主张自下而上选举各级官员。这不仅是对世袭制度的挑战，这分明是对统治阶级的亮剑。他的“官无常贵而民无终贱”的呐喊，几百年后，变成了陈胜、吴广“王侯将相、宁有种乎”的起义口号。墨子认为，每一个人都是“上天”的子民，所有人都是平等的。但是他在否定周礼的同时，也否定了社会等级差别的合理性。正如荀子所批评的，墨子只看到了平等的一面，一味追求平等，但他没看到社会、事物间的差别。这样，只讲平等，不讲差别，社会政令就无法推行，社会就无法得到治理，整个社会就乱套了。

孔、墨都讲“爱人”。但怎么“爱”呢？孔子讲仁爱，墨子讲兼爱。仁爱是由亲到疏、由近及远、由上到下的爱。先爱自己，连自己都不爱，自己都没有了，怎么去爱别人呢？自己之外首先要在家爱父母，这就是孝（孝养，孝敬，孝顺）；对上要爱国君，这就是忠。一忠一孝，尽忠尽孝，然后推己及人，推而广之，去爱别人。这是一种有差别、分等级的爱，明确地说，就是不平等的爱。墨子的兼爱，不分亲疏，不分远近，不分尊卑，主张视人如己，爱别人像爱自己，爱别人的父母像爱自己的父母，爱别人的家像爱自己的家，爱别人的国像爱自己的国，是一种平等的爱。同时，墨子主张要“爱人以利”，认为爱不是一种廉价的同情之心，不是一种好听的空洞的口号，而要爱得实在，要给人好处，爱人必须要做有利于人的事，做有利于人的事才叫爱人。爱人利人，爱利不分。而孔子从来不言利，他说“小人喻于利”——只有小人才讲利。这样看来，儒家的仁爱说到底也就是一种同情恻隐之心而已。两种爱，哪一种更好实行呢？当然是孔子的“仁爱”。正如余秋雨所说：“在爱的问题上，儒家比较实际，利用了人人都有的私心，层层扩大，向外类推，因此也较为可行；墨家比较理想，认为在爱的问题上不能玩弄自私的儒术，但他们的‘兼爱’难于实行。”当年孟子曾斥骂墨子的兼爱，说爱别人的父母像爱自己的父母，就是把别人的父母都看成了自己的父母；别人的父母都是自己的父母，那么就连自己真正的父母是谁都不知道了；不知道自己的父母是谁，这不是禽兽吗？

两千五百多年了，至今孔子的“忠孝之道”仍长盛不衰。忠孝是民族的优良传统，是国人的美好道德。不讲忠孝，何以为人？可见孔子“仁爱”主张对不同社会、不同时代、不同人群的普适性。墨子“视人如己”的兼爱，固然理想而高尚，但很少有人能做得到。

墨学的衰微，不仅由于其学说思想在封建社会的不合时宜，而且在于墨家学派的组织制度与封建统治者格格不入，对封建统治者构成了威胁。

墨家学派内部有严格的制度和严明的纪律。这种制度和纪律使墨家学派不仅仅是一个学术团体，更像一个准军事化的政治组织。如墨子止楚攻宋，楚王聘用公输般造好云梯，准备攻打宋国。墨子闻讯后一面派大弟子禽滑厘率领三百多弟子开赴宋国，帮助宋国守城；一面去楚国国都揭露、制止公输般和楚王的战争图谋。墨子做好了两种准备：要么说服成功，把战争制止在萌芽阶段；要么说服不成，被楚王杀掉。但他临危不惧，胸有成竹，因为他的三百多弟子已经按照他的战略战术，并应用墨家制造的守城器械，在宋城上严阵以待了。楚宋一旦开战，楚国必败，宋国必胜。再如孟胜殉义，墨子弟子孟胜与楚国的阳城君交好。受阳城君之托，孟胜带一百八十多个弟子帮阳城君守城。这两个例子足以证明，墨家学派是一个带有政治色彩的准军事化组织。任何一个朝代，任何一个国家，如果在国家军队之外，还有不属国家领导的另外一支准军事化力量，这对统治者来说，如骨鲠在喉、芒刺在背，能不除之而后快吗?

墨家学派在组织上实行巨子制。"巨",大;"子",教师;"巨子制"即大师制。巨子有绝对权威,弟子对大师要绝对忠诚、绝对服从,为了巨子,皆可赴汤蹈火,"死不旋踵"。孟胜率众弟子帮阳城君守城,后因朝廷事变,楚王收回了阳城君的封地,阳城君出逃。作为巨子的孟胜践行墨家的"义",决定集体自杀。死前他要把巨子之位传给在宋国做官的田襄子,就派两个弟子去宋国找田襄子宣告自己的"旨意"。两弟子走后,一百八十多人集体自杀;两弟子见到田襄子传达完孟胜"旨意"之后,田襄子劝他两个留下,而这两个弟子不听挽留,又跑回阳城自杀,和那一百八十三个弟子死在一起。天无二日,国无二主,"率土之滨,莫非王臣",所有臣民只能忠于一个人,那就是国君。而墨家弟子尽忠的却是他的巨子。试想,有哪一个朝代、哪一个国君能容下他们呢?

任何一个国家,都只能有一部大法,那就是国法。而墨家学派,在国法之外,还有他们自己的"法律"。墨家弟子如果犯了墨家的"法律",他们就可以按自家的"法律"处治。如"腹䵍杀子":腹䵍是墨家巨子,在秦国做官。他的儿子杀了人,仗着自己是"官二代",认为杀了也白杀。果然是这样,秦惠王考虑腹䵍年纪大了,又只有这一个儿子,决定照顾这位年迈的大臣,对他儿子法外开恩,亲自下令行刑官免行死刑,并告诉腹䵍不要违抗王命。腹䵍深知王命难违,却回答说:"按墨家之法,杀人者死,伤人者刑——这是天下之大义。大王您虽然赐他不死,但我腹䵍不能不行墨家之法。"最终,腹鯙遵照墨家的“法律”，杀死了自己的儿子。这个故事记载于《吕氏春秋》，书中赞叹：儿子是人所最偏爱的，但能割舍最偏爱的人而大义灭亲，巨子可谓公矣。这个故事也告诉我们，墨家学派有独立于国法之外的自己的“法律”。试想，无论是专制集权的封建社会，还是讲民主法治的当今社会，有谁能容许哪一个学派、团体，在国法之外还能有自己的“法律”呢？

鉴于上述分析，不难想象：墨学及墨家学派在长达两千多年的封建社会中的衰落，是由其学派、学说的自身原因和社会价值取向的外部原因综合作用的必然结果。

其次，从个人层面看。

儒学比墨学也更具有普适性、可行性。

墨子反对周礼，但他推崇夏禹时代的政治制度。他说：“昔者，禹之湮洪水，决江河，而通四夷九州也，名川三百，支川三千，小者无数。禹亲自操橐耜，而九杂天下之川。腓无胈，胫无毛，沐甚雨，栉疾风，置万国。禹，大圣也，而形劳天下也如此。”“使后世之墨者，多以裘褐为衣，以跂蹻为服，日夜不休，以自苦为极。曰：‘不能如此……不足谓墨。’”——像大禹那样身先百姓，亲自劳作，与百姓同甘共苦，君民平等，生活简朴，把辛苦自己、造福天下作为人生的最高境界。做不到这些，就不是墨家弟子，就别进墨学之门。史书记载，“墨突不黔”，“墨无暖席”，一天到晚，一年到头，都在野外辛苦劳作，但个个都任劳任怨。试问，古往今来，有多少人能做到？为了行义，为了践行墨家主张，一百八十多名弟子能集体自杀。试问，古往今来，有多少人能做到？为了恪守墨家之法，能大义灭亲，杀死自己的儿子。试问，古往今来，有多少人能做到？对此余秋雨曾撰文赞叹说：“千年崇高，百代刚烈，不在朝廷兴废，更不在书生空谈，而在这里。”

墨子、墨家，其人、其学、其事的确崇高而伟大，然而，较儒家做人、为学、处世的“明哲保身”“不偏不倚”，其可行性、普适性却大打折扣。正如庄子所说：“墨子独生不歌，死不服，桐棺三寸而无椁，以为法式。以此教人，恐不爱人；以此自行，固不爱己”，“其生也勤，其死也薄，其道大觳，使人忧，使人悲，其行难为也，恐其不可以为圣人之道，反天下之心，天下不堪。墨子虽独能任，奈天下何？”

以上通过对社会和个人两个层面的分析，不难看出，孔、墨虽同为圣人，但儒家中庸现实，合乎社会需求和人之本性，具有普适性；墨学偏激，过于理想化，难于令社会和个人接受和效仿，从而导致命运不济，一路衰微。

四、儒、墨学说争鸣

在春秋战国时代的百家争鸣中，是儒家奠定了争鸣的平台，是墨家拉开了争鸣的序幕，争鸣最激烈的是儒、墨两家。

墨子早年曾“学儒者之业，受孔子之术”，是儒门弟子。但在学习中，他感到儒家是站在贵族立场上说话的，于是离开儒家，另立门户，创立了与儒家对立的、属于平民阶层的墨家学说。从此在一系列关系国计民生的论题上，两家展开了激烈的论争。

那么，争论的出发点在哪里？争论的核心问题是什么？回答这个问题，我个人同意钱穆先生的观点。钱穆先生说，儒家倾向于贵族化，墨家倾向于平民化，“儒家偏重政治，墨家偏重民生”。

儒家学说的核心是仁爱，而实行仁爱的途径和保证是“周礼”。孔子说：“克己复礼为仁。”克制自己的欲望言行，搞好自身修养，在周礼即西周系列制度的规范下做事做人，就是仁。他还说：“一日克己复礼，天下归仁焉。”有朝一日，人人都能做到克己复礼，天下人就都成了仁人了。这就是他著名的“仁政”思想。由此看来，“复礼”和“仁爱”是一种体和用的关系。复礼为体，仁爱为用。那么，仁的表现是什么呢？或者说怎样做才算仁呢？在家孝敬父母，居国忠于国君，然后推己及人，团结友爱，以和为贵，安于本分，这样社会就安定了，西周盛世就能重现了。

墨子学说的核心是兼爱。兼爱是没差别的平等的爱。身处社会底层的草民百姓，饥不得食，寒不得衣，劳不得息，而国家政治制度、上层统治者从未爱过广大平民。所以墨子提出兼爱，是为广大人民争取平等、争取利益、争取爱，兼爱的实质是爱民。墨子以为，爱民必须利民，要给人民实实在在的好处，要兴天下之利，除天下之害。而孔子不言利，只讲义。所以，墨子讽刺儒家的仁爱时说，听起来很好听、很温暖，但是太虚无缥缈，离百姓太远了。

墨子非攻，反对一切攻伐战争，一方面从理论上宣传自己的非攻主张，一方面从行动上止战、备战、反战。哪里有战争苗头，他就走到哪里，通过游说劝阻，将战争制止于萌芽状态，曾止楚攻宋，止鲁阳文君攻郑，多次止齐攻鲁。面对此起彼伏、连绵不断的战争，他的止战努力，不过是杯水车薪。他就率领弟子帮助弱小国家，拿起武器，筑城设防，搞好备战，随时准备粉碎大国的进攻。战争一旦爆发，他就率领弟子奔赴被入侵的弱小国家，守城自卫。为了减少人民在战争中的疾苦和死亡，他一向是不计生死、义无反顾。

在对待战争的问题上，孔子要超脱得多。一方面，他认为“礼乐征伐自天子出”。无论天子要征伐、攻打哪一个国家，都是正义的，他都支持。另一方面，他主张“天下有道则现，无道则隐”，“道不行，乘桴浮于海”。天下安定，政治清明，就出世做官，参与政治；天下混乱，就守拙不出，甚至为了躲避战乱，宁可乘坐木筏飘游到海上去。这就是所谓的“用行舍藏”。孔子主张危邦不入、乱邦不居。可见，他是不参与乱世之争的，更不可能在战争的拼杀声中去制止战争。

儒家主张，人死了要厚葬久丧，所谓慎终追远，认为不如此不能表示对死者的尊重、对父母的孝敬。墨子认为厚葬是浪费财富，导致百姓贫穷；长久服丧会伤害身体，妨碍生产劳动，所以他针锋相对地提出“节丧”。

孔子爱好音乐，是个音乐家，不仅自己会弹琴，会唱歌，而且把音乐作为自己的教学内容之一。他三十五岁那年去齐国时，和齐国乐师一起欣赏《韶》乐，听得如痴如醉，竟三月不知肉味。孔子十分重视礼乐的教化、治理作用，把乐和礼看得同等重要。但墨子坚决非乐，主张废除一切音乐活动。他认为那些当官的人，不顾饥寒交迫的百姓的死活，掠夺百姓血汗钱，供他们作乐，是残暴、无耻的行为。

孔、墨都尚贤。但对贤人的标准、贤人的来源，两人看法迥然不同。孔子所谓的贤人是能“克己复礼”之人，是“仁爱”之人。这种人只能来自君子、来自上层。在他看来，“唯上智与下愚不移”。墨子所谓的贤人是能实行“兼爱”的人，能有财以分人、有力以营人、有道以教人。选贤要不分贵贱、不分贫富，虽在“农与工肆之人，有能则举之”，即使出身贵族的人，“无能则下之”。

孔子相信天命，让人们安贫知命，“死生有命，富贵在天”，“不知命，无以为君子”。墨子认为，所谓天命，这是麻醉、愚弄、残害人民的歪理邪说。他说，赖其力者生，不赖其力者不生。百姓要改变自己的命运，要过上好日子，只能靠自己的劳动、自己的努力。所以他坚决非命。

墨子相信鬼神，主张尊天事鬼。他认为，头上有青天，青天有意志；人死有鬼魂，鬼魂辨善恶。上天的意志是什么？是“兼相爱，交相利”，是爱民利民。谁爱民利民，鬼神会降福祉奖励他；谁坑民害民，鬼神会降灾祸惩罚他。他的“天志”“明鬼”学说，都是为了保佑下层百姓。

孔子在“鬼神”问题上要比墨子超脱圆滑。他说，不能事人，焉能事鬼。——对人的问题都没搞清楚，对人的事情都没做好，怎能知道鬼神的事情，怎能去做侍奉鬼神的事情。他还告诉人们，要敬“鬼神”而远之，可以敬，但要远离；“祭神如神在”，祭“神”的时候，无论“神”有没有，就当

“神”在你身边。不说其有，也不说其无，没有自己的观点，却也顾及了信奉者的心理，而他自己则从“不语怪、力、乱、神”，的确圆滑而又超脱。

从上面孔、墨两家学说的对比中可以看出，孔子学说的立足点是周礼。面对周王朝的礼崩乐坏，他大喊“郁郁乎文哉，吾从周”，明知不可为而为之，要人们“克己复礼”，以周礼为规范和准则做人、做事、做学问。所以说儒学偏重政治。

墨子学说的出发点和落脚点都是民众，都是民众的生命、生活、生存、生产，都是民生。所以说墨学偏重民生。

五、当代墨学

在先秦诸子学说中，儒、道、法等学派彰显的是人文科学精神，但欠缺的是民主思想的启蒙和自然科学的建树。在墨家那里，既有原始、朴素的民主平等思想的主张和描述，也有与古希腊相媲美的科技发明和科学思想。墨子不仅是立心为民、立说为民的“平民圣人”，而且是潜心科技、勇于创新、勤于实践、造福人类的“科技圣人”。令人遗憾的是，在汉武帝“罢黜百家，独尊儒术”之后，在中国长达两千年的封建专制社会，墨家的民主意识因触犯皇权而为统治者所不容，墨家的科技思想因不合统治者的“文治武功”而被世人所抛弃，致使墨学衰微既久、湮没无闻。鉴于此，余秋雨撰文说：“墨子，墨家……中国亏待了你们，因此历史也亏待了中国。”

19 世纪初，在中华民族生死存亡之际，梁启超大声疾呼：

"今欲救亡，厥惟学墨。"但随着戊戌维新的失败，墨学仅重光一时，昙花一现，很快又归于沉寂。

直到 20 世纪 80 年代，改革开放，社会进步，文化繁荣，传统文化升温，很快热遍了大江南北。"国学热"大潮中，有两大亮点，一是儒学，二是墨学。在山东大学和枣庄滕州市的推动下，一次次"墨子国际研讨会"，一部部墨学著作，一篇篇墨学论文，促成了墨学的当代复兴。

习近平同志十分重视中华优秀传统文化的传承和弘扬，他在十九大报告中指出，中国共产党"从成立之日起，既是中国先进文化的积极引领者和践行者，又是中华优秀传统文化的忠实传承者和弘扬者"。在一系列有关传统文化的讲话中，只要谈到诸子百家，总是将孔子、墨子并提。如在布鲁日欧洲学院的演讲："2000 多年前，中国就出现了诸子百家的盛况，老子、孔子、墨子等思想家上究天文、下穷地理，广泛探讨人与人、人与社会、人与自然关系的真谛，提出了博大精深的思想体系。他们提出的很多理念……至今仍然深深影响着中国人的生活。"再如在中法建交五十周年纪念大会上的演讲："老子、孔子、墨子、孟子、庄子等中国诸子百家学术，至今仍然具有世界性的文化意义。"等等。他在十九大报告中点赞的科技亮点中，就有以"墨子"命名的墨子号量子通信卫星。

两千多年前，墨子说："吾言足用矣。……以其言非吾言者，是犹以卵投石也。"他的弟子说："天下无人，子墨子之言也，犹在。"可以想见，在当年激烈的百家争鸣中，墨子和他的弟子，对墨家学说是何等的自信。可是，他们不会想到，在两千多年后的今天，墨子的名字能飞上太空。

习近平同志指出："中国特色社会主义文化，源自于中华民族五千多年文明历史所孕育的中华优秀传统文化。"（十九大报告）党领导人民在革命、建设、改革中创造的革命文化和社会主义先进文化与中华优秀传统文化，手手相牵，一脉相连。习近平同志要求："要加强对中华优秀传统文化的挖掘和阐发，努力实现中华传统美德的创造性转化、创新性发展。"（2014 年2 月17 日在省部级主要领导干部学习贯彻十八届三中全会精神全面深化改革专题研讨班开班式上的讲话）我们要在对中华优秀传统文化向社会主义核心价值观的转化、发展中，提高文化自觉，增强文化自信。大浪淘沙，让现实拥抱传统；披沙拣金，让传统走向未来。为实现中华民族伟大复兴的中国梦，不忘初心，牢记使命，砥砺前行。

是是非非话国学

不久前的一天，有一位年轻的朋友找到我，说在他小区里有个人办了一个国学班，招收一至五年级的小学生，教学内容是《弟子规》《三字经》《千字文》《百家姓》《论语》《老子》等，时间是早晨上学前的六至七点，下午放学后的五至六点，正犹豫是否让他正上二年级的孩子报名，想听听我的意见。我告诉他：不去为好。由于当今应试教育的顽疾尚未解决，孩子们的学习负担已经够重的了。请看看放学路上的孩子们，带着厚厚的眼镜，背着沉甸甸的书包，一个个弓腰塌背。他们所欠缺的不是知识的学习、校规校纪的约束、老师家长喋喋不休的唠叨，而是田野里的地气、广场上的撒欢儿、家长温暖的怀抱。学校教师所传授的知识，学好了就已经不错了，如果再让孩子们读点感兴趣的课外书，这就足够了。还要加班加点，还要加码增重，还要让孩子们牺牲天性、告别快乐去死记硬背、生吞活剥什么“人之初，性本善”，还要让孩子们“吾日三省吾身”，这不是对孩子身心的摧残吗？这不是赶孩子们走摇头晃脑“之乎者也”的回头路吗？就这种教育方式，我担心的不是孩子们的成才，而是孩子们的成长。一棵幼苗只有先长起来，然后才谈得上成才；不能茁壮成长，何来参天大树？放眼古今中外，有哪一个贤达政要，哪一个伟人巨擘，是被学习负担压出来的？是被教师、家长逼出来的？大到一个国家、一个民族，如果老是让青少年醉心于国粹兼收并蓄，不分良莠不加批判，沉湎于过去不搞创新，不向前看，不向外看，都成了温、良、恭、俭、让的谦谦君子，那么这样的孩子还能有出息吗？这样的国家和民族还能有前途吗？你给孩子选择的那条起跑线是错误的，是那些误人子弟的歪嘴和尚给你划的，是那些一知半解的“半吊子文人”给虚拟出来的，是那些黑了心的专门在孩子们身上打主意赚钱的“半瓶子醋”们给孩子们挖的黑色陷阱。

说他们是“半吊子文人”“半瓶子醋”，一点儿也不冤枉他们。不信，你问问他们：什么是国学？哪是精华？哪是糟粕？他们可能连最基本的东西都不知道。或在中小学囫囵吞枣学过几篇古文，或道听途说，或凭在网上百度来的那点知识，就自封什么国学大师，就开什么国学班。自己招摇撞骗也就罢了，可为了赚钱不惜误人子弟，就坏了良心了。

什么是我们的国学呢？对这个问题仍有争论。通常的说法是，国学是指以儒学为主体的中华传统文化与学术。

20 世纪，从世纪初期到世纪中叶，国学一路走低。五四运动以反对旧文化，提倡新文化，废除文言文，提倡白话文，“打倒孔家店”为口号和旗帜，几乎将传统文化打翻在地。

新文化运动的领袖人物陈独秀说：“全部十三经，不容于民主国家者盖十之九九，此物不遭焚禁，孔庙不毁，共和招牌，当然挂不长久。”但他并没有全盘否定儒学，又说：“非孔，非谓其温良恭俭让信义廉耻诸德及忠恕之道不足取。”在批判的同时，对儒学也还是有所保留的。

李大钊说：“孔子者，历代帝王专制之护符也。”“孔子之道者，含混无界之辞也。”但他也不是全盘否定，又说：“余之抨击孔子，非抨击孔子之本身，乃抨击孔子为历代君主雕塑之偶像的权威也；非抨击孔子，乃抨击专制政治之灵魂也。”“吾华之有孔子，吾华之幸，亦吾华之不幸也。”抨击的是孔子、孔学的立场和本质，因孔子是代表专制统治阶级说话的；但在做人、做事、做学问等方面，孔学还是有可取之处的。所以，中华有孔子，有孔学，幸与不幸各有其意味。

鲁迅说：“孔夫子之在中国，是权势者们捧起来的。”“希望做官的人，都是读‘四书’和‘五经’，做‘八股’。”“文官考试一及第……这砖头也就被抛掉了。孔子这人，其实是自从死了以后，也总是当着‘敲门砖’的差使的。”他认为孔子及其学说是求官者走进官场的一块敲门砖，一旦当上了官，这块转头就弃之不用了。

这些思想、文化大家的推动所形成的不可阻挡的社会思潮，使以儒学为主体的“国学”走入低谷。

但是，文化毕竟是民族之灵魂、民族之血脉、民族之根本。这条根不能断，这条根必须发展壮大，这样才能有民族、国家的发展壮大。所以到了改革开放大幕的拉开，国内兴起了“寻根热”，有大量的寻根文学和寻根学术文章问世。90 年以后，这股“寻根热”又表现为“国学热”，至今方兴未艾，势头正猛。一路高温却失去了冷静，至今鱼龙混杂，良莠不分，假冒伪劣，泥沙俱下。一批所谓文化人打着弘扬国学的旗号冒充国学大师，办班赚钱，混淆视听。其实他们连“国学”这个词的由来和出处都不知道。

有一种现象不知大家留意了没有？什么现象呢？在民间，在学界，“国学”被炒得沸沸扬扬，从“文人雅士”到草根百姓，言必称“国学”。但是，据个人所知，国家领导人在有关场合的有关讲话中，没有谁用过“国学”这个词，他们用的都是传统文化一类的词。

2014 年 2 月 17 日习近平总书记在省部级主要领导干部学习贯彻十八届三中全会精神全面深化改革专题研讨班开班式上的讲话中说：“要加强对中华优秀传统文化的挖掘和阐发……努力实现中华传统美德的创造性转化、创新性发展。”后来的多次讲话习总书记多次提到中华优秀传统文化及其重要性。

在国人大谈“国学”，“国学”一词响遍长城内外、大江南北的时候，国家领导人口中从没有“国学”一词，而讲的是“中华优秀传统文化”。这是为什么？讲到这里，要问大家一个问题——你知道“国学”一词的由来吗？

从本义上讲，“国学”就是祖国本土固有的文化和学术，是一个国家区别于其他国家的文化和学术。在中国的词典上，虽然自古就有“国学”这个词，但在一百多年前没有“国学”的这种意义。中国的“国学”一词，最早出现于两千多年前的西周时代。那时候，“学在官府”，学校和教育都是官办的。由国家兴办和管理的高级教育机构和学校叫“国学”，即国家学府，如后来的“太学”“国子监”等，与“国学”的现代意义相去甚远，可见此“国学”非彼“国学”；由地方政府兴办的教育机构或学校叫“乡学”，如“庠”“序”等。

那么国家本土固有的文化和学术这个“国学”的现代意义，是什么时候、从哪里来的呢？是19世纪末20世纪初，从日本那里借来的。19世纪中叶日本明治维新以后，日本学者面对国门的开放、外来文化的冲击和本土文化的洋化倾向，为了排斥、压制包括中国的儒学和中国化了的佛学在内的外来文化，抬高本土的神道文化和武士道文化，提出了“国学”之说。大约经过半个世纪，章太炎等一大批求学或游学于日本的学者，引进了“国学”的这种现代意义，在中国提出了“保存国学”“振兴国学”的口号，从而第一次兴起了具有中国特色的“国学”热。这就是说，当今我们所理解所使用的“国学”的现代意义，是在一百多年前从日本借来的。

这奇怪吗？不奇怪；这正常吗？很正常。文化没国界，交流、借鉴、通融，这是文化的天性。如同日本人借用中国的汉字造出很多日本词，我们为什么不能借用日本词的词义呢？在中国的语言殿堂里，这种借用外来词的现象屡见不鲜。比如“革命”“文明”两个词，早在两千多年前的《易经》里就有了。“革命”是实施改革以顺应天命的意义，“文明”是文采光明的意义。至于这两个词为当今人们所理解、所使用的现代意义，也都是从日本借来的。另外像“干部”“服务”“引渡”“景气”“取缔”“资本”等大量的词汇，都是从日本借来的。

讲到这里，就不难理解了：任何一种文化都是本土的，也是世界的。文化如水，天生具有流通性和渗透性，没有哪种文化是不可交流的。任何文化都是智慧的文化，人类的智慧是相通的，智慧的通同性决定了文化的通同性，往往你中有我、我中有你。就说孔子的“己所不欲，勿施于人”，在基督教、佛教、伊斯兰教、犹太教等的教义里面，都有大致相同的表述。就说孔子的仁爱、墨子的兼爱、耶稣的“博爱”和佛家之爱等都不无相通之处。世界上从来就没有过纯粹的“国学”，“国学”从来就没有泾渭分明的界定和确切严密的概念。中国的传统文化是儒、释、道集于一身，而佛学却不是中国的“土特产”，是从印度传过来的“舶来品”，只是传入中国后被中国化了，变成中国传统文化的一部分。

国家领导人讲话是严肃的、审慎的。他们为什么只提中华优秀传统文化，而不提“国学”，通过上面的分析，我们也许能找到一点原因。当然，在学术界、文化界，在民间乃至社会各阶层，把中国传统文化和学术称为“国学”，也无可厚非。借鉴交流，洋为中用，也是我们所提倡的。问题在于既要说“国学”就要弄清楚“国学”一词的由来及其含义的演变。这是研究“国学”的起码要求。否则你就没有资格研究“国学”。同样的，讲“国学”而不懂先秦文化，不懂诸子百家，你还是没有资格，那是大言不惭，那是自欺欺人。

世道之乱，首推春秋战国。恰恰就是春秋战国之乱，客观上造就了诸子百家，引发了百家争鸣。先秦文化是中华传统文化的轴心，没有这个轴心，中华文明之车就跑不起来，就不会有今天的文化和文明。所以说，讲“国学”而不了解先秦文化，不了解诸子百家，那就是无源之水、无本之木。

讲先秦文化，不能不讲诸子百家；讲诸子百家，不能不讲儒、墨抗争。因为是儒家的创始人孔子，奠定了百家争鸣的平台；是墨家的创始人墨子，拉开了百家争鸣的大幕。

孔子伟大，伟大在于是他彻底打破了当时“学在官府”的教育制度，广收弟子，学显天下，为国人留下了宝贵的文化遗产和智力资源。墨子伟大，伟大在于是他打破了儒学独大的私人办学局面，走出儒门，另创学派，另立学说，其弟子之众、信徒之多、办学规模之大、思想影响之深，能与儒学并肩而立，同称天下“显学”。

儒、墨两家为什么要抗争呢？原因很简单，什么树开什么花，什么阶级说什么话。他们的出身不同，阶级立场不同，所代表的阶级利益不同。

立场不同，出身不同，话是说不到一块去的。孔子出身贵族，后又跻身贵族，虽然也曾穷困，但其血管里流淌的是贵族的血液，他当然要代表贵族的利益，替贵族说话。正如鲁迅先生所说：“不错，孔夫子曾经计划过出色的治国的方法，但那都是为了治民众者，即权势者设想的方法，为民众本身的，却一点也没有。”墨子出身平民，一辈子就做了两件事，一面教书育人，立说为民，一面从事工匠劳动、工艺制造和科学发明，一天官也没有当过。身为草根一族，他当然要代表百姓说话。

一方是大力维护大势已去、大厦将倾的贵族统治，一方是为了百姓而兴利除弊，不遗余力。儒、墨两家各自代表一方的力量、一方的诉求、一方的利益而激烈争论、抗争，这是必然的、在情理之中的。

接下来要回答这样一个问题：曾经并称“显学”的儒、墨两家，为什么自汉代以后，儒家一路风光、一家独大、显赫千秋，而墨家却一路走低、长期衰微不振呢？

原因大致有两个方面：一是外在的社会原因，一是自身的内部原因。两者互为表里，相互作用，导致了墨家和墨学的衰落。

先说外部社会原因。

列宁说过，任何一个国家、一个民族都有两种文化：一种是属于统治阶级的上层文化，一种是属于劳动人的下层文化，而上层文化是占统治地位的文化。在封建社会，儒家文化属于上层文化，是统治阶级的文化；墨家文化属于下层文化，为统治阶级所不容。

墨家除了立场、思想、观点、主张为统治阶级所不乐见，墨家还有自己的准军事组织。这个准军事组织大都是由“敢死之士”组成的，经常帮助弱小国家备战反战。为了践行墨家的教义，曾经为了一个失去社稷的国君，一百八十多人集体自杀。墨家还有独立于国家法律之外的自家的“法律”。有一个腹䵍杀子的故事。身兼墨家领袖和秦国高官的腹䵍，其子杀了人，要杀人偿命。秦王念他年事已高，且只有这么一棵独苗，要赦免他的儿子。腹䵍却说，大王的心意我领了，但我们墨家有自己的“法律”，“杀人者死，伤人者刑”，身为墨家领袖，不能不奉行墨家之法，最终，他把自己的儿子给杀了。试想，在长期的中国专制时代，有哪一个王朝能容得下反对现有的政权、又拥有独立于政权之外的属于自己的队伍和“法律”的墨家学派和墨家文化呢？

这是社会原因。至于自身内部原因，当然有很多，但主要的还是来自认识上的问题。比如看一个东西，是从上往下看看得清楚，还是从下往上看看得清楚？当然是从上往下看。

对社会，孔子是从上往下看，墨子是从下往上看。所以墨子得出的是“平等”的结论，表达的是“平等”的诉求。洋洋近十万字的一部《墨子》，说到底就三个字：乌托邦。孔子站得高、看得清，看到了人类社会的本质和规律，这个本质和规律就是等级制度。没有等级就没有权威，没有权威就没有领导，没有领导就没有政府，没有政府就没有社会。反之亦然。这是铁的逻辑。天有日月星辰，地有高山平原，社会也不可能是平的。等级是人类社会的标记，没有这个标记何来社会？既然社会分等级，人群有贵贱，所以爱要分差等，所以墨子的“兼爱”行不通。有差别才有稳定，没有差别的平等是不存在的。但差别也需要合理，差别过大就不合理，不合理就会失去平衡。孔子高明，他发明了“中庸之道”，使差别趋于合理，让社会保持平衡，从而使各色人等都能心安理得地承认差别，接受绝对不平等下的相对平等。儒、墨高下如此分明，终至于儒显墨隐。这不在情理之中吗？

儒学兴盛，但也有其脱胎于当时社会的先天缺陷和历经两千多年风雨的剥蚀而散发出来的陈腐之气；墨学衰落，但也有其尘封不住的思想光辉和至今令人振聋发聩的文化价值。如同金无足赤，人无完人，任何一种文化都不是完美的。这又会引出下面一个问题，即对待传统文化的态度问题。

新形势下，“国粹”主义沉渣泛起，有人重新弹起了“中学为体，西学为用”的老调，甚至宣扬唯“国学”独大，以“国学”治国。历史的教训记忆犹新，前行的车轮不能重蹈覆辙。请问：今天的时代是什么时代？纵观世界文化和我国文化的各个领域，还有没有纯粹的“国学”和“国学”的纯粹？因此，学习和研究“国学”不能回避且必须注意两个问题：一是要承认、正视和推动文化发展的多元性。和科学技术、思想学术一样，作为它们的母体，文化没有国界。如果把文化关进国界的笼子里，那么，这种文化就没有前途，就会走向死亡。二是不要忘记和放弃批判的武器。虚无主义、全盘否定不对，一味泥古、兼收并蓄也不可取。还是那句老话，在继承中批判，在批判中继承。要厘清传统文化中的精华和糟粕。对糟粕要坚决地批判和摒弃；对精华要在学习、继承、弘扬中进行创造性转化，使之升华、融入社会主义核心价值观。

就说老子和孔子，一个道圣，一个儒圣，都是圣人。他们的伟大在于在各自所处的时代语境中建树了可致用于当世、借鉴于后人的精神高地和社会高标，但并不意味着他们的思想全都是一成不变的普世标准、他们的话语全都是不容置疑的金科玉律。随着历史前进的脚步和世界多元文化的碰撞交流，他们头顶上的光环已掩饰不住日益显露的陈腐和瑕疵。比如老子有一宝，叫“不敢为天下先”，意思是不当先进、甘为人后。孔子也有一宝，叫“中庸之道”。“中”者，持中不偏；“庸”者，持久不变。合之为不偏不倚、守中不变。持中不偏是平衡，持久不变就稳定，不先不后走中游。说明白了，中庸之道就是平衡之道。孔子还“信而好古”“述而不作”，意思是，他信古好古，一切都是过去的好，所以对古代的东西，他只讲述，只传承，不改变，不创新。

说法不同，意思一样，两者都是让人明哲保身，四平八稳，不事创新，甘于平庸。正是因为国人将圣人之宝奉为至宝，才自认为泱泱中华唯我独大，才使后起之邦纷纷超越五千年中华，又反过来欺凌中华，才使“睡狮”一睡就是上千年，醒来后不得不奋起直追、励精图治。

孔子说：“唯女子与小人为难养也，近之则不孙，远之则怨。”他把女子与小人等量齐观，认为一样难以调教。这不是轻蔑女人是什么？而且这种轻蔑不是人云亦云、信口说来。若没有多次与女人的接触和了解，他是不会有如此深刻的体会、发如此意味深长的感慨的。

出自对圣人的崇拜和对圣人尊严的维护，偏偏有人站出来为之辩白，硬要把有说成无、把是说成不是。有学者说此“女子”非女人，乃“小女孩”是也；此“小人”非小人，乃“小男孩”是也。引据是江南一带称小孩子为“小人”，北方亦有称未成年人为“小人儿”者。

这就很令人费解：难道“小孩子”“未成年人”只有男孩

没有女孩吗？既然小孩子包括小女孩，孔夫子为什么要将小孩子与小女孩并提呢？是圣人的糊涂还是释者的荒谬？“子所雅言”，当教师的孔子说的是当时的普通话，唯独说这句话的时候使用了南北夹杂的方言？辩白者顾此失彼，欲圆圣人之说反而适得其反，出了破绽。

也有知名教授为撇清圣人重男轻女的嫌疑，不惜引经据典，结果还是没能圆得起来。教授数引《易经》《礼记》《大学》《中庸》《论语》等大牌经典，说“乾为男，坤为女”，乾与坤无轻重之分。“孔子晚而喜《易》”，读《易》“韦编三绝”，对《易》推崇有加，哪会重男轻女？又说“儒学即仁学”，“仁者爱人”，爱人则“泛爱众”，“众者”当然包括女人，何来重男轻女？岂不知爱与不爱同轻重与否是两个概念。还说，仁爱的根本是一个“孝”字，孝者，孝父母也。父母一样孝敬，没有轻重之别。他们把自己的母亲同天下所有女人画上了等号，这又是明显的偷换概念。最后，教授拿出了事实论据，说圣人所谓“小人”“女子”是特指，不是指所有小人和所有女人。那么这个特指的“女子”是谁呢？教授说是“南子”。原来是孔子周游到卫国时欲向卫灵公推行治国理念，无奈卫灵公宠姬南子从中调拨，排斥了孔子。这个特指的“小人”是卫灵公宦官雍渠。卫灵公和孔子一块乘车时，本该坐客位的孔子坐了下位，不该坐上位的宦人坐在了孔子上位，惹得孔子心生烦恼，大为不悦，于是有感而发，唯小人与女子“为难养也”。讲到这里倒是个不错的故事，但故事只能是故事，不是事实。事实是卫灵公不愿见孔子，主动想见孔子向孔子讨教的是南子，所以才有了后来的“子见南子”，所以才惹得子路等弟子们对老师有意见，老师只好指天发誓，一表清白。在事实面前，无论辩白者如何长篇大论地自圆其说，最终还是不攻自破。

那么，国人重男轻女的传统是滥觞于孔子吗？重男轻女是孔子的个人偏见吗？不是。重男轻女是人类历史的产物。人类历史上也有重女轻男的时代，那是在母系氏族社会。一妻多夫，人只知其母，不知其父，女人不仅当家主事、执掌大权，而且享有家庭、财产、权位的继承权，社会地位方面女重男轻。而重男轻女，是从父系氏族社会开始的。恩格斯在他的《家庭、私有制和国家的起源》一书中说，男女不平等，男尊女卑，是自人类社会确立了按男子定血统以及父系的继承权开始的，“为了保证妻子的贞操，从而保证子女出生自一定的父亲，妻子便落在丈夫的绝对权威之下了”，从此就开始了男尊女卑、重男轻女。在孔子以前的西周时期，为了加强对女人的控制和奴役，就已经给妇女制定了“三从四德”的精神枷锁。直到人类社会迎来了近代文明，提倡人人平等，男女平等，重男轻女、男尊女卑才作为历史的垃圾被人们所唾弃。中国封建社会较西方多了一千年，又经过一段时期的半封建半殖民地社会，才进入了男女平等的社会主义新社会，所以中国的男尊女卑传统要比西方更长、更重，至今遗毒尚存。

由此，可以认为，孔子是重男轻女的，但重男轻女是他的历史局限，不是他的责任，不是他的过错，他更不是男尊女卑的始作俑者。同样不能因此否认这是其学说思想中的糟粕。

下面，想在儒家的“孝道”上多说几句——

大家知道，儒家文化的思想核心是“仁”。“仁”是什么？“仁者，爱人”。那“仁”的核心是什么呢？孔子说：“孝弟也者，其为人之本与！”意思是孝敬父母，敬重兄长，这是“仁”的根本。不难理解，孝是儒家文化核心中的核心，是建学立说的出发点。儒学的逻辑是：从孝敬父母开始，进而忠于国君，然后推己及人，“泛爱众”，爱大众，爱他人。这样你就成了一个有爱心、能爱人的仁人了。

所以，讲国学避不开儒学，讲儒学避不开仁学，讲仁学要从孝道开始。

一部《论语》，专门讲“孝”的近二十处之多。那么什么是“孝”呢？怎样做才算“孝”呢？把《论语》中有关“孝”的说教归纳起来，可概括为四条：一是敬，二是养，三是顺，四是慎终追远。

对父母，生，事之以礼；死，葬之以礼。父母活着的时候，讲礼节，讲礼貌，按天伦之理，怀敬重之心，竭心尽力，周到侍奉；死后，要按礼节、礼仪隆重安葬。这就叫“敬”。“有事，弟子服其劳；有酒食，先生馔”。父母有事，儿女们替他去做；吃饭的时候酒菜饭食端上来了，让父母先吃。这就叫“敬”。

孝敬父母，“敬”字在先，养在其次。按时寄钱回家，就是不愿“常回家看看”，父母虽吃穿不愁，但身边少了亲情，饱受思念的煎熬，这能叫“孝”吗？再说，很多父母有工资，不缺钱，甚至还屡屡被那些“啃老族”们“啃”，被那些“坑爹族”们“坑”，伸手要钱时叫声爹娘，钱一到手转身走人，这能叫“孝”吗？我还见过一种人，母亲卧病在床，他做了好吃的饭菜端到床前，同时撂下一句话：“吃吧，老不死的东西。”这种表现能算“孝”吗？对这种人，孔子打了个比方说：“至于犬马，皆能有养。不敬，何以别乎？”意思是，对父母不敬，只是像养犬马那样养着，那孝父母和养犬马不是一样了吗？

讲到这里，我想问大家一个问题：对自己父母的生日、年龄，在座的都能回答得上来吗？如果你知道，那么在你回答这个问题的时候，你的心情如何呢？孔子说：“父母之年，不可不知也。一则以喜，一则以惧。”对父母的诞辰、年龄，身为人子，不能不知道啊。知道了，一方面是高兴，父母能活这么大年纪，是一家人的福气；现在仍身体健朗，仍能享受父母之爱，尽人子本分，岂不快乐？一方面是害怕，人生总有个归期，父母年事已高，不知哪一天要撒手人寰，对父母的报答一天比一天少了，能不担心吗？能有如此想法，就是敬，就是孝。

法律规定，赡养父母是每一个公民应尽的义务。这是一条很好的法律条款，又是一条很可悲、很无奈的法律条款。赡养父母本来是发自肺腑的孝心，是为人之子的本分，是天经地义的天伦，是不讲条件、不计回报的自发和自觉的天然行为。但是，偏偏有一些不孝之子，能做得出不养父母、无父无母的禽兽之事。不仅是他自己坏了天良，而且酿成了一个严重的社会问题，使得国家不得不用法律逼人行孝，难道这不可悲吗？

除了“敬”和“养”，对父母还要“顺”。所谓“孝顺”，“顺”也算是“孝”。

也许你很穷，没有钱让父母吃得好、穿得好、住得好，但这并不是你不孝，你仍然可以尽孝，那就是“顺”，那就是“听话”。对此，孔子叫“无违”。不要违背父母，要顺从父母，要做个听话的孩子。即使在某个问题上和父母有了不同的想法，甚至父母的意见是错的，你只能耐心婉转地劝说。“见志不从，又敬不违，劳而不怨”。父母还是不听你的劝说，固执己见，怎么办呢？还是要恭敬，不能违背他们；自己虽然受了劳苦，走了弯路，也不埋怨父母。做到这一点当然也不容易。难在哪里呢？孔子说：“色难。”难在脸色上、表情上。无论何时何地，无论遇到什么事情，无论自己心情如何，在父母面前都要显出一幅恭顺和悦的脸色。这种“顺”不只要表现在父母在世时，即使在父母死后，“三年无改于父母之道，可谓孝矣”。多年继承父母的遗愿和生前未竟之事，这才是孝啊。

孝敬父母，不只指亲生父母，也包括继父继母。民间有个孝子叫闵子骞，早年丧母，父亲再娶，后母又生了两个儿子。天冷了，后母给亲生的两个儿子做的是暖和的棉袄，给非亲生儿子的却是用芦苇做的不保暖的芦花袄。父亲得知后要休了后母，闵子骞却央求父亲说：“母在一子寒，母去三子单。”求父亲宽恕后母。对此，孔子点赞道：“孝哉！闵子骞。”

“孝”的第四条表现是“慎终追远”。所谓“慎终追远”，就是慎重地对待父母的死亡，缅怀、追念远去的祖先。这个传统已延续了两千多年，至今还是这样。如父母临终前儿女们守护在身边；寿终后儿女们戴孝守灵；出殡时儿女亲戚们隆重祭拜，泣送归茔；清明节、春节前扫墓祭祖，等等。这都是“孝”的表现。但是，慎重不等于奢侈。孔子说，办丧事宁可节俭不要奢侈；悲痛、忧伤在心，不要过度铺张。办丧事无论场面大小，只要符合礼仪就行了。今天，有些不孝之人，父母活着的时候不赡养、不进门、不尽孝，而在父母死后大肆操办，其实这一切都已与死去的父母无关，他们是办给活人看的，要么是为了要脸，要么是为了赚钱，要么是既要脸又赚钱，这能叫“慎终追远”吗？这能叫“孝”吗？

“孝”是儒家文化的核心内容，是中华民族的传统美德。但儒家所倡导之“孝”，也有其瑕疵和局限。比如孔子所说的“父母在，不远游”，现在已经不合时宜了。父母死后，孔子主张儿女要“守丧三年”，如今看来不仅过于迂腐，而且伤生害事。父亲偷了人家的羊，儿子揭发父亲的不良行径。孔子认为儿子这样做不合人情伦理，正确的做法是“父为子隐，子为父隐”，儿子做了坏事，父亲要为儿子隐瞒、掩盖，这是“慈”；父亲做了坏事，儿子要为父亲隐瞒、掩盖，这叫“孝”。这种观点显然是糟粕。现在看来，父亲也好，儿子也好，做错了事，犯了法，应该劝他自首，帮他改过，“大义灭亲”，不然就犯了包庇罪、窝藏罪。

有一个“孝”的故事，民间耳熟能详。有一个叫郭巨的人，上有老母，下有一子，家境贫寒，难得温饱。奶奶疼孙子，有点吃的总是先给孙子。郭巨眼看着母亲身体消瘦，一天不如一天，于是跟老婆商量说：“没了儿子可以再生，母亲只有一个。既然养不活一老一小，干脆把儿子埋了吧。”儿媳也孝顺，表示同意。当郭巨背着活泼可爱的儿子到野外挖坑准备埋掉的时候，却挖到了一大锅金子。这就是二十四孝中的“郭巨埋儿”的故事，听后你会做何感想呢？鲁迅说：“我已经不但不敢再想做孝子了，而且怕我的父亲去做孝子了。”

举上面几个例子，为的是要说明一个道理：“国学”宝贵，但并不完美。既不能隔断历史，数典忘祖，也不能泥古复古、厚古薄今，要分清良莠，有取有舍，批判继承，古为今用，继往开来，发展创新。

弘扬优秀传统文化，树立社会主义核心价值观，是振兴中华、实现中国梦的题中应有之义，是伴随中华民族一路前行的伟大历史使命，但不能“跟风”，也无需“热炒”。

传统文化不是任人打扮的小姑娘，用之靠前，说得完美无瑕；不用靠后，贬得一文不值。文化不是权力的附属品，不是功利的专用品，不是让权力呼来喝去、围着权力打转转的工具和奴隶。文化由人民创造，同时也造就新人。厘清传统文化之良莠，弘扬传统文化之精髓，才有发扬光大之前途。

“贵和”与“尚同”

——孔、墨和谐思想比较

“和”是中国传统文化的一个重要特点，也是中国古典哲学的智慧结晶。无论是儒家侧重人际关系和谐的“中庸之道”，还是道家侧重天人关系和谐的“道法自然”及佛家侧重身心关系和谐的“净心修性”，其思想指向都是一个“和”字。世有以儒治世、以道治身、以佛治心之说，三者并行，以实现人与人、人与自然和人自身的和谐。祈望三大关系的和谐以实现社会的和谐，是人类有史以来的美好愿望和追求目标。人类正是在和谐与不和谐的动荡、交替中，朝着和谐的方向艰难而又坚定地蹒跚着自己的步履。

铭刻在中华文明史册上的先哲先贤，无一不是和谐社会的追求者、倡导者、设计者和践行者。只是因时代的不同而对和谐社会内涵的理解不同，因各自立场、观点的不同致使各自的设计方案和实现路径不同。早在中华文化轴心时代的春秋战国时期，作为儒学和墨学两大“显学”创始人的孔子和墨子，鉴于当时的“礼崩乐坏”和社会战乱，分别打出“贵和”与“尚同”的旗帜，以求收到教化人心、整合社会、促进和谐、实现太平之功效。

一、孔子“贵和”

孔子认为，“礼之用，和为贵”（《论语·学而》）。在他看来，要恢复并实行“周礼”，建立稳定的社会秩序，保持各安其分的社会心态，“和”是最珍贵、最重要的。他进而把“和”与“同”作为两个对立的概念，作为区分君子与小人的标准：“君子和而不同，小人同而不和。”（《论语·子路》）他所说的“和”，侧重点在于人与人之间的和睦相处。但这里面有个前提，那就是承认并安心于人与人在贵贱、贫富等方面的社会差异。若无视这种社会差异，“名不正则言不顺，言不顺则事不成”（《论语·子路》）。所以，他把“君君、臣臣、父父、子子”（《论语·颜渊》）的等级秩序作为铁则一成不变，要人们心安理得，恪守不渝；否则将“礼崩乐坏”，国将不国。孔子的“贵和”思想，从哲学上讲，他看到了事物之间及事物内部的差异性、多样性的客观存在，并面对和尊重这种客观存在而提出了整合、统一、使之趋于和谐的办法；从社会学上讲，他看到了社会是建立在等级制度之上的立体结构，不是没有差别的平面板块。如何弱化和解决这种不平等造成的矛盾和冲突？他提出了“和为贵”的解决方案。

那么，怎样求“和”或者说实现“和”的途径是什么呢？综合孔子的和谐思想，大致可归纳为两点：一是“中庸之道”，二是“克己复礼”。

所谓“中庸”，“中”者不偏，“庸”者不变，合之为不偏不倚、守中不变之义。若人人都有中和、中正之心，加之持中不易之行，那么，人之身心会趋于平和，人之言行会趋于平稳，人际关系会趋于平安，社会秩序会趋于和谐。所以孔子认为，“中庸之为德也，其至矣乎”（《论语·雍也》）。实行“中庸之道”，是相安于己、友善于人、有益于社会的至高无上的美德。若背离“中庸”，于人于世，会“过犹不及”，“同则不继”，天下无序，万物失“和”。

“乐”和“礼”，都是社会发展到一定阶段的历史性产物，古人行礼必伴以作乐，作乐并施以礼仪。行礼作乐，是我国传统文化的主要内容和重要特色之一。到西周时期，以孔子为代表的儒家把“乐”和“礼”整合为功能合一、相辅相成的统一体，共同造就和体现和谐的最高境界。《国语·周语》中载，“乐从和”，可以和心气，即人的身心之和；可以和民声，即人际关系之和；可以和上下、贵贱，即社会秩序之和；可以和天地，即人与自然之和。《乐记·乐论》指出，“乐通伦理”，“礼乐相成”。以等级秩序为伦理内容，强调各阶级各阶层和谐相处，从而达致社会和谐的“礼”，与讲究和谐的“乐”一脉相通、一体相连。同“乐”一样，“和”也是“礼”的核心内容和本质要求。正是靠“礼”的规范，西周造就了政权的稳固和社会的“和谐”。春秋以后，奴隶制大势已去，新生封建势力强势进逼，从而导致了西周王朝的“礼崩乐坏”，失去了往日的“和谐”。钟情于西周盛世，主张以“和”为贵的孔子，企图挽狂澜于既倒，要人们修身克己、恢复周礼。“郁郁乎文哉，吾从周。”（《论语·八佾》）在孔子看来，周朝繁昌雅正、等差有序，是最美好的社会制度。只有克己复礼，才能使天下重归和谐；也只有天下趋于和谐，才能实现复礼之目的。所以，“知和而和，不以礼节之，亦不可行也”（《论语·学而》）。

二、墨子“尚同”

墨子认为，“尚同”是使国家强盛、人民富裕、吏治清明、社会安定的治国之本和行政之要。

随着诸侯争霸愈演愈烈，原有阶级关系迅速崩裂，社会转型期的阵痛日益剧烈。墨子生活的战国时代较之孔子生活的春秋时代更不“和谐”。国与国相互攻战，天下大乱；人与人相互残害，没有宁日；官与民极贵极贱，尖锐对立；人与天不相和合，天怒人怨。是什么原因造成如此之不和谐呢？墨子认为是由于自上而下的政令和人与人之间思想的不统一，以致“厚者有斗，而薄者有争”，“天下之乱，若禽兽然”（《墨子·尚同上》）。那么怎样才能使天下太平、社会和谐呢？墨子主张“唯能以尚同一义为政，然后可矣”（《墨子·尚同下》）。

墨子的“尚同”思想有三个方面的含义。一是上下统一思想。他自上而下设计了一个宝塔似的社会结构：天—天子—三公—诸侯—卿之宰—乡长—家君—庶民。从底层庶民上至天子，下级服从上级；从上层天子下至庶民，保持思想一致，政令统一，以实现社会的和谐；天子必须服从上天的意志，兼爱万民，替天行义，以实现天人的和谐。要保持上下情通，政令畅达。黎民百姓和下级官员，见到利人、利家、利国的好人好事和害人、害家、害国的坏人坏事必须逐级上报。见善而上报者有赏，隐恶而不报者受罚，是以赏罚分明，善恶必报，国家必治。二是国民统一感情。墨子认为，“国之与国之相攻，家之与家之相篡，人之与人之相贼，君臣不惠忠，父子不慈孝，兄弟不和调”，皆“以不相爱生”。（《墨子·兼爱中》）所以他主张以“兼爱”统一天下人的感情。兼爱不分亲疏，无论贵贱，是平等之爱；视人如己，广济博施，是普遍之爱；“爱人者，人必从而爱之；利人者，人必从而利之”（《墨子·兼爱中》），“投我以桃，报之以李”（《墨子·兼爱下》），是互惠互利之爱。如此“天下之人皆相爱，强不执弱，众不劫寡，富不侮贫，贵不敖贱，诈不欺愚”（《墨子·兼爱中》），“百姓皆得暖衣饱食，便宁无忧”（《墨子·天志中》）。三是统一法律、法令。墨子认为：“天下从事者不可以无法仪，无法仪而其事能成者，无有也。”（《墨子·法仪》）他借用周穆王告诫子孙的话说，有了国家、土地还不够，要使百姓安定，还必须有好的刑法。他把完善法治当作治国理政的三大目标之一，指出：“天下之王公大人皆欲其国家之富也，人民之众也，刑法之治也。”（《墨子·尚贤下》）墨子不仅是统一法律、法令的倡导者，也是统一法律、法令的制定者和践行者。他在帮助弱小国家抵御强敌入侵的时候，都制有严明、详尽而又有可行性的法令条文，并严格执法，令行禁止，赏罚分明，以振士气。

墨子“尚同”，既有政治层面的，也有伦理、法律层面的。无论官民意志的保持一致，还是以爱为纽带的国民感情的和合融洽，抑或是有法可依、执法有度的法治主张，都共同指向一个目标，那就是国家的富强、人民的安定、社会的和谐。

三、孔、墨和谐思想之异同

早在远古图腾崇拜时期的巫术文化中，中华文化就孕育出了“和”的理念。

在各种祝祷和祭祀活动中，人们亦乐、亦歌、亦舞，以声乐之和祈求人神之和与政象之和。春秋战国时代的诸子百家继往开来，是“和”文化的继承者、发展者和集大成者。作为两大“显学”的创始人孔子和墨子，从不同角度、不同路径朝着“和谐社会”的同一方向，把和谐思想发挥得淋漓尽致，殊途同归。

孔、墨的和谐思想有哪些不同呢？

首先是立足点不同。

孔子出身贵族，恋念西周社会，他说：“吾学周礼，今用之。”（《中庸》）他以西周的政治秩序和道德范式作为标准，建构其和谐思想体系及和谐社会蓝图。墨子出身“贱民”，力倡俭朴，追求平等，崇尚夏禹自苦为极、共民苦乐，墨者说：

"不能如此，非禹之道也，不足谓墨。"（《庄子·天下》）他用平民的眼光和尺度丈量当时的和谐程度，希望再现像夏禹时代那样的和谐图景。

出身败落的贵族又一度跻身贵族的孔子，眼看着"贱民"为争取自身的自由、生活的平等而"不安本分"，诸侯们为扩辟疆土、争权夺利、觊觎天下而破坏名分，眼看着王室大厦将倾，社稷四分五裂，当然要求"和"。人人心平气和，家家和睦无争，诸侯和平相处，礼乐纲常一如既往，普天之下一团和气，这天下岂不和谐？身处社会下层、代表平民利益的墨子，眼看着贵族社会行礼作乐、挥霍无度，下层百姓啼饥号寒、命如草芥，眼看着贤人在野、恶人嚣张，盗贼横行、无法无天，列强凌弱，生杀予夺，当然要求"同"。用同样的政令统一天下，同样的爱普施天下，同样的法律治理天下，这天下岂不和谐？一个是立足上层包括下层百姓在内的全社会的和谐，一个是立足下层包括贵族阶层在内的全社会的和谐。虽然是前者未曾忘记平民，后者同样设有等级，两者在和谐的内容上有所交叉、有所重叠，但毕竟是来自两个不同的层面。

其次是立论的前提不同。

孔子建立和谐思想体系的前提是"礼"和"仁"。他认为"和"要以"礼"为标准，不能为"和"而"和"（《论语·学而》）。"和"与不"和"，要看合不合"礼"。什么是"礼"？"礼"就是周朝等级森严的礼仪制度，就是"仁者爱人"的道德规范。两者一成不变，社会稳定，天下和谐；一旦动摇了它，打乱了它，就社会动荡，失去和谐。所谓"爱人"，是爱亲人，爱尊长，然后推己及人。“亲亲为大”（《中庸》），尊卑有等，由近而远，由亲而疏，由上而下，层层推而广之。孔子又说：“克己复礼为仁。”（《论语·颜渊》）归根到底，和谐与否，还是以“礼”为标准、为前提。

墨子建立和谐思想体系的前提是“兼爱”和“尚贤”。“兼爱”是平等、普遍、互惠互利之爱。儒家的“仁爱”远没有像墨子的“兼爱”那样爱得全面彻底、不折不扣。在墨子看来，社会的失衡乃至动乱，都是由于人的不平等而导致的爱的不平等，因此，“尚同”必须以“兼爱”为前提。如果人们不能像爱自己那样去爱别人，如果人们的感情伦理不统一，“尚同”就无从谈起。

但是，“尚同”并不否认差别，也没否认社会等级。荀子批评墨子“有见于齐，无见于畸”（《荀子·天论》），有失偏颇。“尚同”要自上而下统一思想、统一政令，但谁来主政、谁来统一呢？只能是贤者。否则，要么是思想、政令不统一而天下失序，要么是暴君或恶人发号施令、颐指气使而祸国殃民。贤者“厚乎德行，辩乎言谈，博乎道术”（《墨子·尚贤上》），治国理政能上“中圣王之道”，下“中国家百姓之利”（《墨子·尚贤下》）。贤从何来？一是像古代圣王那样任人唯贤，举用贤者；二是自下而上逐级推选贤者。上下同心同德，人人心悦诚服，社会自然和谐。

再次是实现和谐的途径不同。

孔子是以“礼”求“和”。他立足政治上的社会等级秩序和伦理上的感情亲疏差别，以“中庸之道”教化人心、规范人事，从而恢复周礼，以求得人心的安定、社会的稳定和人际关系的和谐。墨子是以“同”求“和”。他立足人们对政治平等、感情平等的共同心理追求，以“兼爱交利”说服世人，统一思想和法律法令，从而建立人与人、家与家、国与国的互惠互利，以实现社会的和谐。

作为先秦伟大的思想家，孔、墨所追求的目标是一致的，那就是通过和谐而走向大同，因此在不同观点的碰撞中也擦出了共同的火花。孔子“贵和”，也有“尚同”的因素。“孔子畏大人，居是邦不非其大夫，《春秋》讥专臣，不‘尚同’哉?”（韩愈《读墨子》）墨子“尚同”，也没有否认差别，其设立八级社会等级的主张便是明证。墨子生活的时代稍后于孔子，曾“学儒者之业，受孔子之术”（《淮南子·要略》），其学说虽有对孔子思想的背离，也有对孔子思想的秉承。其爱人如己的兼爱思想就是对孔子推己及人的仁爱思想的发展和光大。至于儒学后人的批墨，不可否认也有狭隘的门派之见夹杂其中。“墨子的‘非儒’，实质上乃相应于国民人类的渐趋成熟，将孔学的优良传统更向上发展一步，而与孔子的后学相对立。”（侯外庐《中国思想通史》卷一）

综合孔、墨和谐思想，虽然角度、路径不同，但指向一致，可以相互补充、相互为用。正如唐代韩愈所说：“孔子必用墨子，墨子必用孔子，不相用不足为孔墨。”（《读墨子》）联系目前建设和谐文化、和谐社会、和谐世界的世界性课题，孔子的“贵和”思想固然可贵，墨子的“尚同”思想同样值得珍视。

墨学的春天

——纪念“中国墨子学会”成立20周年

“东方风来满眼春。”邓小平南方谈话像一股强劲的东风，吹遍大江南北、黄河两岸。改革开放的航船朝着中国特色社会主义方向破浪前进，中华民族走上了全面复兴之路。

民族的振兴，社会的进步，经济的发展，需要来自世界各国的多元文化和先进科学技术的加盟，也需要源自本土的优秀传统文化的支撑。于是，人们在放眼世界、面向未来的同时，也立足本土、回眸历史，在上下五千年的中华文明和古老传统中披沙拣金，古为今用，使中华优秀传统文化出现了空前发展和繁荣的局面。

振兴的号角呼唤着国人与时俱进。人们清醒地认识到，与时俱进不是割断历史、抛弃家珍，而是要带着自己的血统，清点身上的行装，带上可用来与他人交换的资本，有尊严、有底气、有气度地融入时代的大潮，迈开超越的脚步。同时认识到，作为中国传统文化轴心的先秦诸子文化，不仅是弥足珍贵的文化遗产，也是民族振兴可资借鉴、不可缺少的精神财富。儒家的和谐思想，法家的法治学说，道家“物我齐一”的大自然理念，等等，两千多年前的先哲们留给后人的国粹，至今仍散发着袅袅的余香和耀眼的光辉。儒、道、法诸学虽不乏人文科学精神，但欠缺民主思想的启蒙和自然科学的建树。而这些，恰恰是民族复兴最为急需的。令人遗憾的是，早在战国时代的墨家那里，虽然已经有了对民主的最原始的描述和朦胧稚嫩的萌芽，已经有了与古希腊相媲美的科技发明和科学思想，但是，在长达两千年的中国封建专制社会，墨家的民主意识因触犯皇权而为统治者所不容，墨家的科技思想因不合于统治者的“文治武功”而被世人所丢弃。墨学衰微既久，湮没无闻。“墨子，墨家，黑色的珍宝，黑色的光亮，中国亏待了你们，因此历史也亏待了中国。”（余秋雨《黑色的光亮》）

拂去尘埃，墨学重光。人们在走近久违了的墨子之后，蓦然发现：墨子不仅是出身“贱民”而终身又以“贱民”身份为天下“贱民”奔走呼号的平民圣人，也是大胆创新、潜心研究、勤于实验、造福人类、既有丰富科学理论又有无数发明创造的科技圣人。人们终于读懂了——为什么继孔子之后的250余年间，墨学能与儒学一样并称显学，能与儒家一样“从属弥众，弟子弥丰，充满天下”（《吕氏春秋·当染》）；为什么资产阶级革命派称墨子是“世界第一平等博爱主义大家”；为什么毛泽东说墨子是“比孔子更高明的圣人”。

鲁迅说，伟大也要有人懂。对于墨子及其学说的伟大，长期以来封建统治阶级及其御用文人避之犹恐不及，根本不想懂，更不让广大平民百姓懂。墨子兼爱，主张爱无差等，人人平等，这是对封建等级制度的悖逆和对宗法道德伦理的颠覆；墨子尚贤，呼吁“官无常贵而民无终贱”，这是对专制皇权和豪门贵族的“亮剑”和反叛；墨子尚同，主张民选上至天子、三公下至乡长、里长等各级官员，这是对封建世袭制度的挑战；墨子非攻，热爱和平，刺痛了统治者攻城略地、劫财害民的好战的神经；墨子非乐倡俭，针对的是统治者奢侈糜烂的生活；墨子非命尚力，打破了统治者愚弄百姓、以“天命”自持的心理平衡；墨子重视科学，主张创新，长于发明，善于制器，而在统治者的文韬武略、修齐治平面前，统统被视为雕虫小技而遭到排斥和鄙夷。对于墨子的伟大和伟大的墨学，罔民畏民、高高在上的封建统治者及其卫道士，他们读不懂，也根本不想读懂。此乃时代使然、立场使然、感情使然。真正能读懂墨子的，是身处社会下层的劳动人民和替劳动人民说话的革命者。

19 世纪末 20 世纪初，梁启超疾呼“今欲救亡，厥惟学墨”，并把富有科学精神的墨子比作西方的亚里士多德、培根和穆勒。爱国志士易白沙说：“周秦诸子之学，差可益于国人而无余毒者，殆莫如子墨子矣。”他们在青睐于西方民主与科学的同时，也在中国深厚绵长的文化积淀中找到了民主与科学的渊源。无奈由于社会的长期动荡和无休止的战乱，并没有成就墨学的复兴，只是使命运多舛的墨学昙花一现。

20 世纪 70 年代末，改革开放，国势日强，传统文化大张。

发展是硬道理，民主是发展的题中应有之义，是发展的活力；科技是第一生产力，是发展的动力。而民主和科学，并不是西方的发明专利，在中华优秀传统文化中，早已有了民主思想的萌芽和科学思想的奠基。民主、平等像一条红线贯穿于墨子“尚贤”“尚同”“兼爱”“非攻”等一系列政治主张，“一部《墨经》，无论在自然科学哪一方面，都超过整个希腊，至少等于整个希腊”（杨向奎语）。江泽民在两院院士代表大会上指出，早在两千三百多年前，我国古代思想家墨子的《墨经》中，就包含了丰富的有关力学、光学、几何学、工程技术知识和现代物理学、数学的基本要素。胡锦涛在构建和谐社会的讲话中指出，墨子所提出的爱无差等的理想社会方案，反映了广大劳动人民对美好生活的向往。墨子精神和墨学思想，不仅具有深远的历史文化价值，而且具有广博的世界文化意义。正如英国学者汤因比所说：“把普遍的爱作为义务的墨子学说，对现代世界来说，更是恰当的主张。”

“青山遮不住，毕竟东流去。”历史印证了两千多年前墨子弟子的预言：“天下无人，子墨子之言也，犹在。”时代的进步和社会的发展，促使人们走近墨子、读懂墨子、接受墨子。在促进中国特色社会主义文化大发展、大繁荣的高潮中，国人在不断增强文化自信的同时，也增强了文化的自觉。在迈向现代化的征程中，我们需要儒家着眼于社会稳定的和气、道家飘逸天地间的大气、法家治国安邦的锐气，更需要墨家始源于民间的底气。于是在儒、道、法等先秦子学薪尽火传、相拥而行，而唯墨学一家独衰、几经断流的两千年之后，墨家、墨学适逢其时，复兴之势，不可阻挡。

天时，地利，人和。1992 年，“中国墨子学会”应运而生。

“中国墨子学会”的诞生，标志着墨子学说的全面复兴，象征着以社会主义价值观为核心的中国特色社会主义文化的繁荣，推动了以先秦诸子文化为轴心的中华优秀传统文化研究的昌隆。

在连续数届“墨子国际研讨会”的推动下，一部部墨学著作频频问世，一篇篇墨学论文层出不穷。墨学研究进入高峰期，呈现出四大特点：一是全面性。全方位、多层面、多角度研究墨学，改变了过去偏于《墨经》研究的单一发展的治学格局。二是深入性。大批学者及其论著，不仅有对墨学本身的准确把握和深刻阐释，也有对墨学现代价值的珍贵发现和独到见解。三是开放性。我国治墨学者（包括港澳台地区）加强了与海外学者的对话与交流，不仅给墨学研究提供了新的视角、新的方法，注入了新的活力，而且推动墨学走向世界，光大了墨学文化的世界性价值。四是普及性。墨学研究人员日益增多，研究队伍不断壮大，出现了老、中、青三结合的梯队式学术研究结构和后继有人的可持续发展态势。同时，《墨子》普及读本如译注、选注、导读、今译等大量问世，方便了普通读者的解读，促进了墨学知识的普及。

在“中国墨子学会”成立 20 周年之际，抚今追昔，我们深知今天的墨学研究之盛事来之不易。我们缅怀张知寒、王裕安等先贤为弘扬墨学文化而呕心沥血的筚路蓝缕之功。展望未来，我们将把墨学在优秀传统文化交响曲中的琴弦奏得更响，我们将谱出更多无愧先哲、永垂后世的华丽篇章。

转化创新　墨为今用

——在国际墨子研讨会上的发言

讲三个问题，请同仁指正。一、坚定墨学文化自信，激活墨学文化生命力；二、墨学文化的创新性特点；三、转化创新，墨为今用。

一、坚定墨学文化自信，激活墨学文化生命力

2016年5月17日，习近平总书记“在哲学社会科学工作座谈会上的讲话”中指出：“坚定中国特色社会主义道路自信、理论自信、制度自信，说到底是要坚定文化自信。”文化自信是更基本、更深沉、更持久的力量。历史和现实都表明，一个抛弃了或者背叛了自己历史文化的民族，不仅不可能发展起来，而且很可能上演一场历史悲剧。培养和弘扬社会主义核

心价值观，实现中华民族伟大复兴的中国梦，必须立足于中华优秀传统文化，因为中华优秀传统文化是中华民族之根本、血脉和灵魂。

墨学是中华优秀传统文化中的一大经典体系。坚定墨学文化自信是坚定文化自信的题中应有之义和重要部分。滕州墨子研究中心、中国墨子学会今天召开第十一届国际墨子研讨会，就是坚定墨学文化自信的具体实践和有力证明。

我们没有理由不坚定墨学文化自信。中国传统文化中的两大“显学”，墨学占去了半壁江山；在以和平与发展为主题的当今世界，在以民生和发展为主题的当代中国，中国历史文化长河中的诸子百家、三教九流，没有哪一家能像墨子思想、墨学文化那样，能与当代文化、现代社会更适应、更协调、更合拍。从孙中山到毛泽东，从古代圣贤鸿儒到近现代大师巨擘，无一不看重墨子思想和墨学文化。毛泽东说墨子“是比孔子更高明的圣人”，绝不是信口之言，是他博古通今、参透历史的经典结论。

但是，墨学文化命运不济，因为出身草根，从诞生那天起，两千多年里一直被打压、被排挤。改革开放，迎来了科学文化的春天，也迎来了墨学文化的春天，中华大地上又重新站起了墨子的形象，响起了墨子的声音。毋庸讳言，和儒学文化相比，墨学文化的声音还是微弱的。在墨学文化圈之外的其他文化领域，仍然看不到墨子的踪迹，听不到墨家的声音。不是墨学文化不够分量，而是对墨学文化在两千多年来的缺失，我们的填补不够，我们的重视程度不够，我们的工作力度不够。

今天，我们应该借十一届国际墨子研讨会的东风，奋发有为，进一步提升墨学文化的生命力，这是每一个治墨学者的使命。

二、墨学文化的创新性特点

创新性是墨学文化的天然品格和最大亮点。

墨学文化本身就是中华文化史上的一大创新。墨子原本“学儒者之业，受孔子之术”。“贱民”出身的墨子对既有的儒家文化了解愈深，愈是认识到儒家文化的缺陷和迂腐，愈是感受到与自身思想感情的格格不入，于是横空出世，改弦易辙，一反儒学的贵族性质，创立了平民性质的墨家学说和墨家门派，既是对儒家文化的批判和抗衡，也是对儒家文化的创新和发展。其“从属弥众，弟子弥丰”，一鸣惊人，学显天下，势属必然。

墨子的十大主张，除了“天志”“明鬼”，无一不具有创新性。孔子“尚贤”,“尚”的是贵族之“贤”；墨子“尚贤”，呼吁“贤”不回避“农与工肆之人”。孔子“贵和”，为的是调和阶级矛盾，维护贵族统治的礼乐正统，长治久安；墨子“尚同”，旨在不分贵贱，选贤任能，实现上下一致、天下平等。孔子讲“仁爱”，由亲到疏，由贵到贱，到平民那儿很难分到“爱”的一杯羹；在统治者那儿，对平民只剩下了“爱”的外衣；所以墨子才针锋相对，大呼“兼爱”。所谓“兼爱”，实质就是“爱民”。墨子不仅有“非攻”理论，而且身体力行，以身试险，到处游说止战，主张以和平方式解决争端。贵族阶级制礼兴乐，厚葬久丧，耗财伤民，贻误生产，阻碍发展，但多少年多少代一直认为是“天命”如此，天经地义；墨子却一反世俗观念，挑战儒家权威，力主“节用”“节葬”“非乐”“非命”。其言论之勇敢、思想之新潮，在当时的社会，可谓惊世骇俗。

最值得称道的是墨家的科学思想和科技创新。孔子信而好古，“述而不作”。墨子说：“述而不作，非君子之道也。”墨子认为只有创造、创新，才能有越来越多的有利于民生、有利于社会、有利于发展的好的东西。墨子之前，包括儒学在内的传统学说，只重经世治国、伦理纲常，有的是人文关怀，缺的是科学技术。只有墨家，人文关怀与自然科学并重，不仅建树了至今仍颠扑不破的科学理论、科学定义，而且发明、创造了与古希腊相媲美的科学技术和科技产品，在中华大地上，筑起了第一座科学高峰，开中华民族科技创新之先河。

三、转化创新，墨为今用

随着改革开放的日益深入和经济社会的不断进步，墨学文化越来越多地表现出与当今时代的适应性和契合点。进一步挖掘和阐发墨学文化资源，努力实现其向社会主义核心价值观的创造性转化和创新性发展，必将有力助推中国特色社会主义的伟大实践。

建设中国特色社会主义，核心问题是民生和发展。而在两千多年前的墨子学说里，民生问题是一条贯穿始终的主线。在汗牛充栋的先秦子学典籍里，虽然到处可见一个“民”字，但真正立说为民的，唯有墨子。孔老夫子仁民爱物，但立足点不在平民这边，甚至如鲁迅先生所说：“孔夫子曾经计划过出色的治国的方法，但那都是为了治民众者……为民众本身的，却一点也没有。”

墨子出于根深蒂固的“贱民”情结和行广无私的爱民情怀，发出了公义至上的平等诉求，描绘了天下安康的民生愿景。面对百姓饥者不得食、寒者不得衣、劳者不得息与统治者花天酒地、声色犬马的极富极贫和尖锐对立，墨子直面社会不公，横眉冷对上层，疾呼“节用”“非乐”。毫不夸张地说，在先秦诸子中，唯墨子是旗帜鲜明反对腐败的真英雄。

习近平同志说：“一个没有发达的自然科学的国家不可能走在世界前列，一个没有繁荣的哲学社会科学的国家也不可能走在世界前列。”（2016 年 5 月 17 日“在哲学社会科学工作座谈会上的讲话”）改革开放前中国的落后，就在于自然科学的缺位和薄弱。中国有过辉煌骄人的自然科学，早在两千多年前的墨家那里就有体现，遗憾的是被后来的封建统治者和只重人文关怀的主流文化给排挤出局、湮没无闻了。在科学技术成为第一生产力的今天，我们重温墨学文化中的科学思想、科学态度，重拾墨学文化中的科技精髓、创新精神，不正适逢其时吗？

虽然，当今世界绝大多数国家正政力于和平发展，但是暴力恐怖尚未绝迹，局部战乱时有发生，新的战争危机四伏。我们的民族热爱和平，主张谈判解决争端。对此，两千多年前的墨子已经率先垂范。他的非攻思想、止战努力、备御实践，早已成为中华民族的基因，贯彻到中华民族的血液里。

挖掘和阐发墨学文化资源，推陈出新，墨为今用，必将有光明的前景。

后　记

怀旧，大概是退休老人都有的情愫。或同三五老友，忆往昔，叹人世，聊家常，说养生；或霜鬓还乡，探亲人，访发小，游田园，寻乡愁。此外，本人还舍不下那支用惯了的秃笔，人进斜阳，大梦方醒，成书《斜阳醒梦》；晚景清寂，更觉“月是故乡明”，谱一曲《乡韵》，画一幅老家的风景。也不时地打开旧时的讲义和发表、出版过的文稿，以找回彼时的感觉和牵连着的往事。有点自赏，更多遗憾。信手翻来，于字里行间仿佛看到功利和矫情的隐约的影子。因此物作祟所导致的观点的摇摆、文字的雕琢，甚至浮华不实、大而无当，令心中颇生纠结而悔不当初。每每与旧友新知谈及此情此事，常有感于“今是而昨非”。有谏曰“何不‘改过而自新’?”良言醒人，油然萌生再出新作之想。蒙枣庄学院领导和社科处同仁的关心和支持，获 2019 年度山东省社科规划项目“文化自信视阈下子学精神的当代价值与传承研究（编号：19CZXJ07）”的资助，于是，伏案笔耕，又操起了旧业。老树新枝，颇多新见。新稿既成，再修旧稿。更新查重，另辟蹊径。疏枝散叶，删冗就简。“脱胎换骨”之后继之以“梳洗打扮”，像对待自己刚刚出生的婴儿，像对待待嫁闺中的姑娘。

本书既有对墨子、墨学的多方面的描述探讨，也有对墨与儒、墨与其他诸子的比较研究。期能有助于读者，有裨于对中华优秀传统文化的传承和弘扬。

后记附笔，希方家、同仁、读者不吝赐教。